AF332595

NOUVELLE
GRAMMAIRE LATINE
DE LHOMOND,

COMPLÉTÉE ET DISPOSÉE SUR UN PLAN MÉTHODIQUE,

PAR A. OUDOT,

professeur agrégé de grammaire.

2e ÉDITION,
REVUE ET SIMPLIFIÉE.

PARIS,
A LA LIBRAIRIE CLASSIQUE
DE MADAME VEUVE MAIRE-NYON,

QUAI CONTI, N° 13.

1851

PARIS. — IMPRIMÉ PAR E. THUNOT ET Cᵉ., RUE RACINE, 26.

PRÉFACE.

Depuis quelques années , la force moyenne des classes,
loin de s'être accrue, semble s'affaiblir. La principale causé
en est peut-être au développement exagéré donné à l'enseignement théorique. Autrefois on faisait des grammaires
savantes pour les maîtres et des grammaires élémentaires pour les élèves. Ceux-ci avaient Lhomond ; ceux-là
les méthodes de Port-Royal. Aujourd'hui on paraît s'écarter
de cette voie, on traite nos jeunes écoliers en philologues.
Aussi qu'arrive-t-il ? c'est que très-peu d'élèves profitent
de ce nouvel enseignement; il y a donc là un vice que j'ai
dû signaler, et qu'il faudrait faire disparaître. Le seul re-
mède au mal serait de suivre exactement, pour l'enseignement élémentaire, les préceptes de Fénelon : « Un savant
» grammairien, dit-il, court risque de composer une
» grammaire trop curieuse et trop remplie de préceptes.
» Il me semble qu'il faut se borner à une méthode courte
» et facile Ne donnez d'abord que *les règles les plus*
» *générales;* les exceptions viendront peu à peu. Le grand
» point est de mettre une personne le plus tôt qu'on peut
» dans l'application sensible des règles par un fréquent
» usage. » Ajoutons à ces sages conseils ceux de Rollin :
« Il faut d'abord apprendre les déclinaisons, les conju-
» gaisons et *les règles les plus communes* de la syntaxe.....

« C'est un avis nécessaire pour tout le cours des études
» de bien faire ce que l'on fait, d'enseigner à fond ce que
» l'on a à enseigner, de bien inculquer aux enfants les prin-
» cipes et les règles, et de ne point trop se hâter de les
» faire passer à d'autres choses plus relevées et plus agréa-
» bles, mais moins proportionnées à leurs forces. Cette
» méthode d'enseigner, rapide et superficielle, qui flatte
» assez les parents et quelquefois même les maîtres, parce
» qu'elle fait paraître davantage les écoliers, bien loin de
» les avancer, les retarde considérablement, et empêche
» souvent tout le progrès des études. Il en est de ces
» principes des sciences comme des fondements d'un édi-
» fice : s'ils ne sont solides et profonds, tout ce qu'on bâtit
» dessus est ruineux. Il vaut mieux que les enfants sachent
» peu de chose, pourvu qu'ils le sachent à fond et pour tou-
» jours. Ils apprendront assez vite s'ils apprennent bien. »

De toutes nos grammaires élémentaires, aucune ne convient mieux que celle de Lhomond aux maîtres qui veulent appliquer cette méthode simple et rationnelle. Ce qui
le prouve d'une manière incontestable, c'est que, malgré
ses imperfections, ce livre, composé depuis plus de cinquante ans, s'est maintenu dans les lycées de Paris et dans
presque tous les établissements ecclésiastiques. J'ai pensé
qu'un ouvrage qui avait ainsi résisté à cette longue épreuve
du temps et à cet amour de la nouveauté qui nous est si
naturel, n'était pas sans valeur. J'ai donc entrepris de le
corriger, de le rajeunir, pour ainsi dire, en le mettant, dans
une juste mesure, au niveau des progrès que la science
grammaticale a faits de nos jours. Il m'a semblé qu'une
grammaire, qui réunirait les avantages de l'ancienne école
à ceux de l'école moderne, rendrait quelques services à
nos études classiques ; mais je n'ai pas entrepris ce travail
sans en avoir longtemps envisagé les difficultés. Selon
moi, la principale était de s'écarter le moins possible de la
marche suivie par l'auteur du *De viris*. C'est ce que je me
suis efforcé de faire dans cette seconde édition. Mettant à

profit les conseils qui m'ont été donnés, j'ai remanié
entièrement mon premier travail; ce n'est plus ma grammaire que j'offre à mes collègues, c'est celle de Lhomond,
mais disposée sur un plan nouveau et méthodique, com-
plétée dans ses lacunes et corrigée dans ses erreurs. Je
dois compte au public, dont le bienveillant accueil a dé-
passé mes espérances, du plan que j'ai suivi.

Un des grands avantages de Lhomond, c'est que ses
règles sont graduées, et qu'il nous donne ainsi un programme pour nos différentes classes de grammaire. Il
présente d'abord, dans sa lexicologie et dans sa syntaxe,
ce qui entre le plus fréquemment dans la construction
de la phrase. Or, comme le maître de la classe supérieure
revient toujours, dès le commencement de l'année, sur les
matières qui ont été enseignées l'année précédente, il en
résulte que les premiers principes de la langue latine se
gravent facilement dans l'esprit des enfants. Ce programme,
tracé par une main habile et sûre, n'était pas néanmoins
exempt d'imperfections. Je me suis attaché à les faire
disparaître.

Pour tout ce qui précède la syntaxe, j'ai suivi l'ordre
établi. Le plan de cette première partie est irréprochable
dans Lhomond; tout est à sa place, tout vient à propos.
Ce qui pourrait embarrasser ou rebuter les commen-
çants est soigneusement écarté. Les irrégularités, les exceptions arrivent lorsque l'écolier est assez fort pour les
classer dans son esprit. Afin de joindre le plus tôt possible
la pratique à la théorie, Lhomond a mis à la fin de chaque
espèce de mots la règle générale de syntaxe qui la concerne. Rien n'est plus propre à dissiper l'ennui inséparable
des premières leçons; l'écolier se sent tout fier de s'exercer
dans une langue qu'il ne connaissait pas encore peu de
jours auparavant. Je me suis donc bien gardé de retrancher
ces règles, comme l'ont fait certains grammairiens, qui ont
prétendu qu'elles faisaient double emploi avec la syntaxe.

Ce qui donne de la valeur à une grammaire élémentaire,

c'est sans contredit une bonne conjugaison. Le système de Lhomond me paraît excellent : chez lui la conjugaison latine est modelée sur la conjugaison française. La calquer sur la conjugaison grecque qui ne sera étudiée que deux ans plus tard, c'est ajouter une nouvelle difficulté à une chose déjà fort difficile. Les langues s'apprenant par comparaison, il fallait un point de départ. N'était-il pas naturel de prendre ce point de départ dans la langue maternelle ? J'ai également conservé avec le plus grand soin cette formation des temps avec laquelle plusieurs générations de latinistes ont appris si facilement les différentes formes des verbes.

J'arrive à la syntaxe. Sans doute cette partie de la grammaire demandait des améliorations, mais elle est beaucoup moins défectueuse qu'on ne le croit généralement. Ce n'est point, comme on le prétend, un amas de règles jetées au hasard. Est-il rien de mieux ordonné que la syntaxe des noms, que celle des adjectifs, et des degrés de comparaison ? Les différents compléments des verbes, les questions de temps et de lieu, toutes ces difficultés pouvaient-elles être placées ailleurs que là où elles sont ? Est-il un maître, pour peu qu'il ait d'expérience, qui ne sache qu'il faut parfaitement posséder tous ces principes de latinité, si l'on veut étudier avec fruit le reste de la syntaxe ; le bon sens nous indique qu'avant d'apprendre à assembler des phrases, il faut connaître ce qui entre le plus souvent dans la composition de ces phrases.

Il me reste à dire quelques mots des modifications que j'ai cru devoir introduire.

J'ai divisé la syntaxe en syntaxe générale et en syntaxe particulière.

La *Syntaxe générale* contient les règles usuelles, celles dont la connaissance est indispensable pour faire des thèmes et des versions. Parmi ces règles, je classe celles qui ont rapport à la liaison des propositions : pour qu'elles se gravent plus facilement dans la mémoire des enfants, je me suis appliqué à les enchaîner les unes aux autres. L'intelligence de l'enfant, faible comme elle l'est au premier âge, a besoin d'aller par degrés du connu à l'inconnu. Je déduis autant que possible ce qui suit de ce qui précède; je présente à mon élève le développement successif de la phrase; je lui enseigne à la décomposer. Lhomond avait complétement négligé l'analyse logique; j'ai voulu lui donner dans ma grammaire la place à laquelle elle a droit. Lorsque l'enfant a reconnu le nombre de propositions que renferme la phrase, il fait connaître le sujet, le verbe et l'attribut de chacune d'elles. Je veux qu'il distingue la proposition principale de la proposition subordonnée, et qu'il désigne la nature des compléments, afin qu'il puisse appliquer facilement les diverses règles de syntaxe qui s'y rapportent. En un mot ma syntaxe générale est un tout complet dont les diverses parties peuvent se classer nettement dans l'esprit, et sont à la portée de tous. Cette marche m'a semblé la plus propre à développer l'intelligence et à fortifier le jugement des élèves; j'ai reconnu par une longue application de cette méthode que j'atteignais ce but.

La *syntaxe particulière* contient les règles secondaires; tout ce qui est d'un usage moins fréquent, tout ce qui est idiotisme y trouve naturellement sa place.

Grâce à ce plan méthodique, on ne verra plus des écoliers de 5e ignorer des règles importantes dont l'application se présente dans les premiers chapitres de l'*Epitome sacræ*. L'explication d'une phrase latine ne sera plus défectueuse, parce qu'il aura plu à un grammairien de mettre à la fin de son livre ce qu'il aurait dû mettre au commencement. On pourra donc, dès la sixième, habituer chaque jour l'élève à retrouver dans ses auteurs les principales règles de la langue latine. Cette pratique journalière fortifiera singulièrement la théorie et contribuera à élever le niveau des études.

Tous les modèles de déclinaison et de conjugaison,

presque tous les énoncés des règles ont été maintenus. J'ai cru devoir conserver aussi les exemples qui par leur simplicité et leur concision se gravent si aisément dans la mémoire des enfants. C'est là un avantage qui m'a paru racheter la naïveté de quelques-uns d'entre eux et leur origine peu authentique. Que nous importe en effet que *Ludovicus rex* et *amo Deum* ne se trouvent pas dans Cicéron, si ces titres de règles amènent les élèves à comprendre les pages sublimes de l'orateur romain ?

Mais tout en respectant ce qu'il y avait de bon, de parfait dans Lhomond, je me suis attaché, avec le soin le plus scrupuleux, à rectifier les principes erronés, les locutions d'une latinité suspecte, qui déparaient son livre, et qui avaient servi de prétexte aux attaques de ses détracteurs. J'ai aussi comblé bien des lacunes; en un mot, je n'ai rien négligé pour rendre l'ouvrage plus pratique et le mettre à la hauteur des traités les plus récents.

Ainsi modifiée, cette grammaire pourra suffire aux besoins de l'enseignement élémentaire auquel elle est destinée. Mon livre ne s'adresse point aux élèves des classes supérieures : des maîtres plus habiles ont écrit pour ces derniers et n'ont rien laissé à faire après eux. Cet ouvrage n'est qu'une introduction aux excellents travaux de MM. Burnouf, Dutrey, Villemeureux, qui peuvent être dans l'application trop savants et trop élevés pour les enfants, mais qui rendent tous les jours les plus grands services dans les classes d'humanités. J'ai eu souvent l'occasion de puiser à ces sources précieuses pour préciser quelques points que Lhomond avait laissés obscurs ou faire disparaître les erreurs qui lui étaient échappées.

Puisse ce faible essai contribuer au succès des études latines! Je m'estimerai suffisamment récompensé de mes efforts, si cette grammaire trouve dans le public un accueil bienveillant.

NOUVELLE
GRAMMAIRE LATINE.

PREMIÈRE PARTIE.

Il y a en latin neuf espèces de mots : le *nom sub-stantif*, l'*adjectif*, le *pronom*, le *verbe*, le *participe*, l'*adverbe*, la *préposition*, la *conjonction* et l'*interjec-tion*. Le latin n'a point d'article.

PREMIÈRE ESPÈCE DE MOTS.

LE NOM SUBSTANTIF.

Le nom substantif est un mot qui sert à nommer une personne ou une chose, comme *Pierre, Paul, livre, chapeau.*

Les noms substantifs ont deux nombres : le *singulier*, quand on parle d'une seule personne ou d'une seule chose : ainsi *un homme, une rose*, sont au nombre singulier; le *pluriel*, quand on parle de plusieurs personnes ou de plusieurs choses : ainsi *les hommes, les roses*, sont au nombre pluriel.

Outre le masculin et le féminin, les Latins ont un troisième genre, c'est le *neutre*. Les noms qui ne sont ni du genre masculin, ni du genre féminin, sont du genre neutre.

Le genre de chaque nom est marqué ainsi : *m.* pour le masculin; *f* pour le féminin; *n.* pour le neutre.

En latin, le nom change sa dernière syllabe : ainsi

ros-a fait *ros-æ*, *ros-am*, *ros-arum*, *ros-is*, *ros-as :* ces différentes manières de terminer un nom s'appellent cas. Il y a six cas, savoir : le *nominatif*, le *génitif*, le *datif*, l'*accusatif*, le *vocatif* et l'*ablatif*. Réciter de suite les six cas d'un nom, tant au singulier qu'au pluriel, cela s'appelle *décliner*.

Pour bien décliner, il faut savoir distinguer le radical de la terminaison. Le *radical* est la partie du nom qui ne change pas ; la *terminaison* est la partie du nom qui change suivant le nombre et le cas. Dans *ros-æ*, le radical est *ros*, la terminaison *æ* ; dans *ros-arum* le radical est encore *ros*, mais la terminaison est *arum*.

Il y a en latin cinq déclinaisons différentes que l'on distingue par le génitif singulier et le génitif pluriel.

PREMIÈRE DÉCLINAISON.

La 1re déclinaison a le génitif singulier en *æ* et le génitif pluriel en *arum*.

SING.	*Nominatif,*	f.	Ros a,	*la rose.*
	Génitif,		Ros æ,	*de la rose.*
	Datif,		Ros æ,	*à la rose.*
	Accusatif,		Ros am,	*la rose.*
	Vocatif,	ô	Ros a,	*ô rose.*
	Ablatif,		Ros â,	*de la rose.*
PLUR.	*Nominatif,*		Ros æ,	*les roses.*
	Génitif,		Ros arum,	*des roses.*
	Datif,		Ros is,	*aux roses.*
	Accusatif,		Ros as,	*les roses.*
	Vocatif,	ô	Ros æ,	*ô roses.*
	Ablatif,		Ros is,	*des roses.*

Ainsi se déclinent tous les noms dont le génitif singulier est en *æ* et le génitif pluriel en *arum*.

Noms féminins.			Noms masculins.		
Statu a, æ,	la statue.		*Agricol a, æ,*	le laboureur.
Hor a, æ,	l'heure.		*Conviv a, æ,*	le convive.
Port a, æ,	la porte.		*Naut a, æ,*	le matelot.
Penn a, æ,	la plume.			
Mens a, æ,	la table.			
Herb a, æ,	l'herbe.			

TERMINAISONS DE LA 1ʳᵉ DÉCLINAISON.

Singulier.		Pluriel.	
Nom.	a.	*Nom.*	æ.
Gén.	æ.	*Gén.*	arum.
Dat.	æ.	*Dat.*	is.
Acc.	am.	*Acc.*	as.
Voc.	a.	*Voc.*	æ.
Abl.	â.	*Abl.*	is.

———

SECONDE DÉCLINAISON.

La seconde déclinaison a le génitif singulier en *i* et le génitif pluriel en *orum*.

SING.	*Nom.*	*m.* Domin us,	*le seigneur.*
	Gén.	Domin i,	*du seigneur.*
	Dat.	Domin o,	*au seigneur.*
	Acc.	Domin um,	*le seigneur.*
	Voc.	ô Domin e,	*ô seigneur.*
	Abl.	Domin o,	*du seigneur.*
PLUR.	*Nom.*	Domin i,	*les seigneurs.*
	Gén.	Domin orum,	*des seigneurs.*
	Dat.	Domin is,	*aux seigneurs.*
	Acc.	Domin os,	*les seigneurs.*
	Voc.	ô Domin i,	*ô seigneurs.*
	Abl.	Domin is,	*des seigneurs.*

Ainsi se déclinent tous les noms dont le génitif singulier est en *i* et le génitif pluriel en *orum*.

Noms masculins.		Noms féminins.	
Hort us, i,	le jardin.	*Pir us, i,*	le poirier.
Lup us, i,	le loup.	*Ulm us, i,*	l'orme.
Popul us, i,	le peuple.	*Popul us, i,*	le peuplier.
Cerv us, i,	le cerf.		
Capill us, i,	le cheveu.		
Asin us, i,	l'âne.		
Corv us, i,	le corbeau.		
Philipp us, i,	Philippe *.		
Petr us, i,	Pierre.		

———

* Ces deux derniers noms ne se déclinent qu'au singulier, comme étant des noms propres.

Noms de la seconde déclinaison qui ont le nominatif singulier en er.

(Dans ces noms, le *vocatif* est semblable au *nominatif.*)

SING.	*Nom.*	*m.*	Puer,	*l'enfant.*
	Gén.		Puer i,	*de l'enfant.*
	Dat.		Puer o,	*à l'enfant.*
	Acc.		Puer um,	*l'enfant.*
	Voc.	ô	Puer,	*ô enfant.*
	Abl.		Puer o,	*de l'enfant.*
PLUR.	*Nom.*		Puer i,	*les enfants.*
	Gén.		Puer orum,	*des enfants.*
	Dat.		Puer is,	*aux enfants.*
	Acc.		Puer os,	*les enfants.*
	Voc.	ô	Puer i,	*ô enfants.*
	Abl.		Puer is,	*des enfants.*

Déclinez ainsi :

m.	*Magister, magistr i,*	le maître.
	Aper, apr i,	le sanglier.
	Liber, libr i,	le livre.
	Vir, vir i,	l'homme.

Alexander, Alexandr i,	Alexandre.	} *Ces deux noms n'ont*
Antipater, Antipatr i,	Antipater.	} *pas de pluriel.*

Remarque sur le radical.

C'est le radical du génitif qui forme tous les autres cas, excepté le nominatif et le vocatif du singulier. Dans *liber*, *libri*, le livre, le radical est *libr*.

Noms neutres de la deuxième déclinaison.

SING.	*Nom.*	*n.*	Templ um,	*le temple.*
	Gén.		Templ i,	*du temple.*
	Dat.		Templ o,	*au temple.*
	Acc.		Templ um,	*le temple.*
	Voc.	ô	Templ um,	*ô temple.*
	Abl.		Templ o,	*du temple.*
PLUR.	*Nom.*		Templ a,	*les temples.*
	Gén.		Templ orum.	*des temples.*
	Dat.		Templ is,	*aux temples.*
	Acc.		Templ a,	*les temples.*
	Voc.	ô	Templ a,	*ô temples.*
	Abl.		Templ is,	*des temples.*

Ainsi se déclinent tous les noms neutres dont le génitif singulier est en *i* et le génitif pluriel en *orum*, comme :

Brachi um, *i*,	le bras.	*Vin um*, *i*,	le vin.
Foli um, *i*,	la feuille.	*Coll um*, *i*,	le cou.
Bell um, *i*,	la guerre.	*Exempl um*, *i*,	l'exemple.
Viti um, *i*,	le vice.	*Studi um*, *i*,	l'étude.

REMARQUE. Dans les noms neutres, le nominatif, l'accusatif et le vocatif sont semblables, et au pluriel ces trois cas sont terminés en *a*.

TERMINAISONS DE LA DEUXIÈME DÉCLINAISON.

Noms masculins et féminins.

Noms terminés en *us*.

SING.		
Nom.	us.
Gén.	i.
Dat.	o.
Acc.	um.
Voc.	e.
Abl.	o.

Noms terminés en *er*.

SING.		
Nom.	er.
Gén.	i.
Dat.	o.
Acc.	um.
Voc.	er.
Abl.	o.

PLUR.		
Nom.	i.
Gén.	orum.
Dat.	is.
Acc.	os.
Voc.	i.
Abl.	is.

Noms neutres.

SING.			PLUR.		
Nom.	um.		*Nom.*	a.
Gén.	i.		*Gén.*	orum.
Dat.	o.		*Dat.*	is.
Acc.	um.		*Acc.*	a.
Voc.	um		*Voc.*	a.
Abl.	o.		*Abl.*	is.

TROISIÈME DÉCLINAISON.

Le troisième déclinaison a le génitif singulier en *is*.
Le génitif pluriel est en *um* et quelquefois en *ium*.

SING.	*Nom.*	*f.* Soror,	*la sœur.*
	Gén.	Soror is,	*de la sœur.*
	Dat.	Soror i,	*à la sœur.*
	Acc.	Soror em,	*la sœur.*
	Voc.	ô Soror,	*ô sœur.*
	Abl.	Soror e,	*de la sœur.*
PLUR.	*Nom.*	*f.* Soror es,	*les sœurs.*
	Gén.	Soror um,	*des sœurs.*
	Dat.	Soror ibus,	*aux sœurs.*
	Acc.	Soror es,	*les sœurs.*
	Voc.	ô Soror es,	*ô sœurs.*
	Abl.	Soror ibus,	*des sœurs.*

Ainsi se déclinent tous les noms masculins et féminins dont le génitif singulier est en *is* et le génitif pluriel en *um*.

Noms masculins.

Labor, labor is,	le travail.
Dolor, dolor is,	la douleur.
Mœror, mœror is,	le chagrin.
Homo, homin is,	l'homme.
Comes, comit is,	le compagnon.
Miles, milit is,	le soldat.
Judex, judic is,	le juge.
Pater, patr is,	le père.
Frater, fratr is,	le frère.
Sermo, sermon is,	le discours.

Noms féminins.

Arbor, arbor is,	l'arbre.
Uxor, uxor is,	l'épouse.
Oratio, oration is	le discours.
Virgo, virgin is,	la jeune fille.
Virtus, virtut is,	la vertu.
Merces, merced is,	la récompense.
Palus, palud is,	le marais.
Mater, matr is,	la mère.
Voluntas, voluntat is,	la volonté.
Voluptas, voluptat is,	le plaisir.

REMARQUE. Parmi les noms en *or*, trois seulement sont du féminin, *arbor, soror, uxor*; quatre sont du neutre, *ador, æquor, cor, marmor*. Tous les autres sont du masculin.

Noms neutres de la troisième déclinaison.

SING.	*Nom.*	*n.* Corpus,	*le corps.*
	Gén.	Corpor is,	*du corps.*
	Dat.	Corpor i,	*au corps.*
	Acc.	Corpus,	*le corps.*
	Voc.	ô Corpus,	*ô corps.*
	Abl.	Corpor e.	*du corps.*

PLUR.	*Nom.*	Corpor a,	*les corps.*
	Gén.	Corpor um,	*des corps.*
	Dat.	Corpor ibus,	*aux corps.*
	Acc.	Corpor a,	*les corps.*
	Voc.	ô Corpor a,	*ô corps.*
	Abl.	Corpor ibus,	*des corps.*

Déclinez ainsi les noms neutres suivants :

Tempus, tempor is,	le temps.
Caput, capit is,	la tête.
Lumen, lumin is,	la lumière.
Nemus, nemor is,	le bois.
Olus, oler is,	le légume.
Pecus, pecor is,	le troupeau.
Pectus, pector is,	la poitrine.
Vulnus, vulner is,	la blessure.

Noms dont le génitif pluriel est en ium.

Les noms en *es* et en *is* qui sont parisyllabiques, c'est-à-dire qui n'ont pas plus de syllabes au génitif qu'au nominatif, comme *clades, cladis, mensis, mensis,* ont le génitif pluriel en *ium.*

SING.	*Nom.*	f. Av is,	*l'oiseau.*
	Gén.	Av is,	*de l'oiseau.*
	Dat.	Av i,	*à l'oiseau.*
	Acc.	Av em,	*l'oiseau.*
	Voc.	ô Av is,	*ô oiseau.*
	Abl.	Av e *,	*de l'oiseau.*
PLUR.	*Nom.*	Av es,	*les oiseaux.*
	Gén.	Av ium,	*des oiseaux.*
	Dat.	Av ibus,	*aux oiseaux.*
	Acc.	Av es,	*les oiseaux.*
	Voc.	ô Av es,	*ô oiseaux.*
	Abl.	Av ibus,	*des oiseaux.*

Déclinez ainsi :

MASC. *Hostis, host is,* l'ennemi.	FÉM. *Cædes, cæd is,* le carnage.
Collis, coll is, la colline.	*Messis, mess is,* la moisson.
Civis, civ is, le citoyen.	*Ovis, ov is,* la brebis.
Mensis, mens is, le mois.	*Vulpes, vulp is,* le renard.

Voyez, au supplément de la troisième déclinaison, la liste des noms qui ont le génitif pluriel en *ium.*

---

* Ou quelquefois *av-i.*

TERMINAISONS DE LA TROISIÈME DÉCLINAISON.

Noms masculins et féminins.

SING.			PLUR.		
Gén.	is.		*Nom.*	es.
Dat.	i.		*Gén.*	um.
Acc.	em.		*Acc.*	es.
Abl.	e.		*Voc.*	es.
			Abl.	ibus.

Noms neutres.

SING.			PLUR.		
Gén.	is.		*Nom.*	a.
Dat.	i.		*Gén.*	um.
Acc. }	semblables		*Dat.*	ibus.
Voc. }	au *Nom.*		*Acc.*	a.
Abl.	e.		*Voc.*	a.
			Abl.	ibus.

QUATRIÈME DÉCLINAISON.

La quatrième déclinaison a le génitif singulier en *ùs,*
et le génitif pluriel en *uum.*

SING.	*Nom.*	*f.* Man us,	*la main.*
	Gén.	Man ûs,	*de la main.*
	Dat.	Man ui,	*à la main.*
	Acc.	Man um,	*la main.*
	Voc.	ô Man us,	*ô main.*
	Abl.	Man u ,	*de la main.*
PLUR.	*Nom.*	Man us,	*les mains.*
	Gén.	Man uum,	*des mains.*
	Dat.	Man ibus,	*aux mains.*
	Acc.	Man us,	*les mains.*
	Voc.	ô Man us,	*ô mains.*
	Abl.	Man ibus,	*des mains.*

Déclinez ainsi :

Noms masculins.		Noms féminins.	
Exercitus, exercit ùs,	l'armée.	*Porticus, portic ùs,*	le porti-que.
Fructus, fruct ùs,	le fruit.		
Vultus, vult ùs,	le visage.	*Nurus, nur ùs,*	la belle-fille.
Currus, curr ùs,	le char.		

Noms neutres de la quatrième déclinaison.

Les noms neutres de la quatrième déclinaison sont

indéclinables au singulier, c'est-à-dire qu'ils ne changent point leur dernière syllabe , mais ils se déclinent au pluriel.

SING. Cornu,	} pour tous	PLUR. *Nom.*	Corn ua,	*les cornes.*
		Gén.	Corn uum,	*des cornes.*
		Dat.	Corn ibus,	*aux cornes.*
la corne,	les cas.	*Acc.*	Corn ua,	*les cornes.*
		Voc. ô	Corn ua,	*ô cornes.*
		Abl.	Cornibus ,	*des cornes.*

Déclinez ainsi :

Gen u , le genou.   *Tonitr u* , le tonnerre.

TERMINAISONS DE LA QUATRIÈME DÉCLINAISON.

Noms masculins et féminins.

SING.			PLUR.		
Nom.	us.		*Nom.*	us.	
Gén.	ûs.		*Gén.*	uum.	
Dat.	ui.		*Dat.*	ibus.	
Acc.	um.		*Acc.*	us.	
Voc.	us.		*Voc.*	us.	
Abl.	u.		*Abl.*	ibus.	

Noms neutres.

SING. u , *pour tous les cas.*

PLUR.	
Nom.	ua.
Gén.	uum.
Dat.	ibus.
Acc.	ua.
Voc.	ua.
Abl.	ibus.

CINQUIÈME DÉCLINAISON.

La cinquième déclinaison a le nominatif en *es* , le génitif singulier en *ei* , et le génitif pluriel en *erum*.

SING.	*Nom.*	m. et f.	Di es,	*le jour.*
	Gén.		Di ei ,	*du jour.*
	Dat.		Di ei ,	*au jour.*
	Acc.		Di em.	*le jour.*
	Voc.	ô	Di es,	*ô jour.*
	Abl.		Di e.	*du jour.*

PLUR.	*Nom. m. seulement*	Di es,	*les jours.*
	Gén.	Di erum,	*des jours.*
	Dat.	Di ebus,	*aux jours.*
	Acc.	Di es,	*les jours.*
	Voc.	ô Di es,	ô *jours.*
	Abl.	Di ebus,	*des jours.*

Déclinez ainsi :

Res, rei, la chose.   *Species, speci ei,* l'apparence.
Facies, faci ei, la face   *Spes, sp ei,* l'espérance.

Tous les noms en *es*, *ei* manquent au pluriel des cas en *erum* et en *ebus*. On excepte *dies* et *res*.

TERMINAISONS DE LA CINQUIÈME DÉCLINAISON.

SING.	*Nom.*	es.	PLUR.	*Nom.*	es.
	Gén.	ei.		*Gén.*	erum.
	Dat.	ei.		*Dat.*	ebus.
	Acc.	em.		*Acc.*	es.
	Voc.	es.		*Voc.*	es.
	Abl.	e.		*Abl.*	ebus.

RÈGLE DES NOMS,

ou manière de joindre deux noms ensemble.

Manus *pueri.*

Pour joindre ensemble deux noms en français, nous mettons *de* entre les deux : la main *de* l'enfant. En latin, on met le second au génitif : *Manus* PUERI.

EXEMPLES. L'heure du jour, *hora diei;* le fruit de l'arbre, *fructus arboris.*

De même au pluriel : La table des seigneurs, *mensa dominorum;* le livre des enfants, *liber puerorum.*

Hic fons est pulcher.

Les genres ne se correspondent pas toujours dans les deux langues; les noms *fons*, fontaine; *collis*, colline; *mons*, montagne; *exercitus*, armée; *dolor*, douleur, etc, sont du masculin en latin et du féminin en français.

EXEMPLES. Cette fontaine est belle, *hic fons est pulcher;* cette montagne est très-élevée, *hic mons est altissimus.*

DEUXIÈME ESPÈCE DE MOTS.

L'ADJECTIF.

On distingue en latin plusieurs espèces d'adjectifs ; nous les étudierons successivement.

ADJECTIFS QUALIFICATIFS.

L'adjectif qualificatif est un mot que l'on ajoute au nom pour marquer la qualité d'une personne ou d'une chose : comme *bon* père, *bonne* mère, *beau* livre, *belle* image. *Bon, bonne, beau, belle* sont des adjectifs qualificatifs ; ils se déclinent en latin, et ils ont les trois genres, masculin, féminin et neutre.

Il y a deux classes d'adjectifs qualificatifs : ceux qui suivent la première et la seconde déclinaison, et ceux qui suivent la troisième.

ADJECTIFS QUALIFICATIFS DE PREMIÈRE CLASSE.

Il y a des adjectifs qui se rapportent à la première et à la seconde déclinaison, comme *bonus, bona, bonum ; niger, nigra, nigrum.* La terminaison en *us* ou en *er* est pour le masculin, et se décline sur *dominus* ou *puer ; bona* est pour le féminin, et se décline sur *rosa ; bonum* est pour le neutre, et se décline sur *templum.*

SING.	*Nom.*	*m.* Bon us,	*f.* bon a,	*n.* bon um.
		Bon,	*bonne,*	*bon.*
	Gén.	Bon i,	bon æ,	bon i.
	Dat.	Bon o,	bon æ,	bon o.
	Acc.	Bon um,	bon am,	bon um.
	Voc.	ô Bon e,	ô bon a,	ô bon um.
	Abl.	Bon o,	bon â,	bon o.
PLUR.	*Nom.*	Bon i,	bon æ,	bon a.
		Bons,	*bonnes,*	*bons.*
	Gén.	Bon orum,	bon arum,	bon orum.
	Dat.	Bon is,	bon is,	bon is.
	Acc.	Bon os,	bon as,	bon a.
	Voc.	ô Bon i,	ô bon æ,	ô bon a.
	Abl.	Bon is,	bon is,	bon is.

Ainsi se déclinent :

Sanctus, sancta, sanctum, saint, sainte, saint.
Doctus, docta, doctum, savant, savante, savant.
Modestus, modesta, modestum, modeste.
Pretiosus, a, um, précieux, précieuse, précieux.

ADJECTIFS EN *er*.

SING.	*Nom.*	*m.* Niger,	*f.* nigr a,	*n.* nigr um.
		Noir,	*noire,*	*noir.*
	Gén.	Nigr i,	nigr æ,	nigr i.
	Dat.	Nigr o,	nigr æ,	nigr o.
	Acc.	Nigr um,	nigr am,	nigr um.
	Voc.	ô Niger,	ô nigr a,	ô nigr um.
	Abl.	Nigr o,	nigr â,	nigr o.
PLUR.	*Nom.*	Nigr i,	nigr æ,	nigr a.
		Noirs,	*noires,*	*noirs.*
	Gén.	Nigr orum,	nigr arum,	nigr orum.
	Dat.	Nigr is,	nigr is,	nigr is.
	Acc.	Nigr os,	nigr as,	nigr a.
	Voc.	ô Nigr i,	ô nigr æ,	ô nigr a.
	Abl.	Nigr is,	nigr is,	nigr is.

Ainsi se déclinent :

Pulcher, pulchra, pulchrum, beau, belle, beau.
Piger, pigra, pigrum, paresseux, paresseuse, paresseux.
Miser, misera, miserum, malheureux, malheureuse, malheureux.
Liber, libera, liberum, libre.

ADJECTIFS QUALIFICATIFS DE DEUXIÈME CLASSE.

Il y a des adjectifs de la troisième déclinaison qui n'ont au nominatif singulier qu'une seule terminaison pour les trois genres.

		m. f. n.
SING.	*Nom.*	Prudens, *prudent, prudente.*
	Gén.	Prudent is, ⎫
	Dat.	Prudent i, ⎬ *pour les trois genres.*
		m. f.　　　　n.
	Acc.	Prudent em, Prudens.
	Voc.	ô Prudens, *pour les trois genres.*
	Abl.	Prudente *ou* prudenti, *pour les trois genres.*
		m. f.　　　　n.
PLUR.	*Nom.*	Prudent es, prudent ia, *prudents.*
	Gén.	Prudent ium, ⎫
	Dat.	Prudent ibus, ⎬ *pour les trois genres.*
	Acc.	Prudent es, *n.* prudent ia.
	Voc.	ô Prudent es, *n.* prudent ia.
	Abl.	Prudent ibus, *pour les trois genres.*

Ainsi se déclinent :

Felix, felicis, heureux, heureuse ; *velox, velocis*, prompt, prompte.
Sapiens, sapientis, sage ; *audax, audacis*, hardi, hardie.

Il y a des adjectifs de la troisième déclinaison, qui ont au nominatif deux terminaisons, comme *fortis, forte*. La première est pour le masculin et le féminin, et la seconde pour le neutre.

		m. f.	n.	
SING.	*Nom.*	Fort is, fort e,		*courageux, courageuse.*
	Gén.	Fort is,		} *pour les trois genres.*
	Dat.	Fort i,		}
	Acc.	Fort em, *n.* fort e.		
	Voc.	ô Fort is, *n.* ô fort e.		
	Abl.	Fort i, *pour les trois genres.*		
		m. f.	n.	
PLUR.	*Nom.*	Fort es, fort ia,		*courageux.*
	Gén.	Fort ium,		} *pour les trois genres.*
	Dat.	Fort ibus,		}
	Acc.	Fort es, *n.* fort ia.		
	Voc.	ô Fort es, *n.* ô fort ia.		
	Abl.	Fort ibus, *pour les trois genres.*		

Ainsi se déclinent :

Levis, leve, léger. *Brevis, breve*, court.
Utilis, utile, utile. *Dulcis, dulce*, doux.

¶REMARQUE. Les adjectifs de la troisième déclinaison qui ont le nominatif neutre en *e* font l'ablatif en *i*, afin que l'on puisse distinguer ces deux cas.

Il y a quelques adjectifs de la troisième déclinaison qui ont trois terminaisons au nominatif et au vocatif singulier, comme :

		m.	f.	n.	
SING.	*Nom.*	Celeber, celebr is, celebr e,			*célèbre.*
	Gén.	Celebr is,			} *pour les trois genres.*
	Dat.	Celebr i,			}
		m. f.		n.	
	Acc.	Celebr em, celebr e			
	Voc.	ô Celeber, ô celebris, *n.* ô celebr e.			
	Abl.	Celebr i, *pour les trois genres.*			
		m. f.		n.	
PLUR.	*Nom.*	Celebr es, celebr ia,			*célèbres.*
	Gén.	Celebr ium,			} *pour les trois genres.*
	Dat.	Celebr ibus,			}
		m. f.		n.	
	Acc.	Celebr es, celebr ia.			
	Voc.	ô Celebr es, celebr ia.			
	Abl.	Celebr ibus, *pour les trois genres.*			

Ainsi se déclinent :

Saluber, salubr is, salubr e, salutaire.

Celer, celer is, celer e, prompt.

Acer, acris, acre, vif.

Alacer, alacr is, alacr e, actif.

RÈGLE DES ADJECTIFS,

ou manière de joindre un adjectif avec un nom.

Pater bonus.

Tout adjectif se met au même genre, au même nombre et au même cas que le nom auquel il est joint.

Exemple :

SINGULIER.

Le père	*bon,*	*la mère*	*bonne,*	*l'exemple*	*bon.*
Pater	bonus,	mater	bona,	exemplum	bonum.
Patris	boni,	matris	bonæ,	exempli	boni.
Patri	bono,	matri	bonæ,	exemplo	bono.
Patrem	bonum,	matrem	bonam,	exemplum	bonum.
ô Pater	bone,	ô mater	bona,	ô exemplum	bonum.
Patre	bono,	matre	bonâ,	exemplo	bono.

PLURIEL.

Les pères bons,		*les mères bonnes,*		*les exemples bons.*	
Patres	boni,	matres	bonæ,	exempla	bona.
Patrum	bonorum,	matrum	bonarum,	exemplorum	bonorum.
Patribus	bonis,	matribus	bonis,	exemplis	bonis.
Patres	bonos,	matres	bonas,	exempla	bona.
ô Patres	boni,	ô matres	bonæ,	ô exempla	bona.
Patribus	bonis,	matribus	bonis,	exemplis	bonis.

Autre exemple :

SINGULIER.

Le travail court,		*l'heure*	*courte,*	*le temps*	*court.*
Labor	brevis,	hora	brevis,	tempus	breve.
Laboris	brevis,	horæ	brevis,	temporis	brevis.
Labori	brevi,	horæ	brevi,	tempori	brevi.
Laborem	brevem,	horam	brevem,	tempus	breve.
ô Labor	brevis,	ô hora	brevis,	ô tempus	breve.
Labore	brevi,	horâ	brevi,	tempore	brevi.

PLURIEL.

Les travaux courts,		*les heures courtes,*		*les temps*	*courts.*
Labores	breves,	horæ	breves,	tempora	brevia.
Laborum	brevium,	horarum	brevium,	temporum	brevium.
Laboribus	brevibus,	horis	brevibus,	temporibus	brevibus.
Labores	breves,	horas	breves,	tempora	brevia.
ô Labores	breves,	ô horæ	breves,	ô tempora	brevia.
Laboribus	brevibus,	horis	brevibus,	temporibus	brevibus.

Degrés de signification dans les adjectifs qualificatifs.

Les adjectifs qualificatifs ont trois degrés de signification en latin comme en français ; savoir : le *positif*, le *comparatif* et le *superlatif.*

Le *positif* n'est autre chose que l'adjectif simple, comme saint, sainte, saint, *sanctus*, *sancta*, *sanctum.*

Le *comparatif* est la signification de l'adjectif dans un plus haut degré, comme *plus* saint, *plus* sainte, *sanctior.* On connaît le comparatif, quand il y a *plus* devant un adjectif.

Le *superlatif* est la signification de l'adjectif dans un très-haut degré ou dans le plus haut degré, comme *très*-saint, *très*-sainte, *le plus* saint, *la plus* sainte, *sanctissimus*, *sanctissima.*

On connaît le superlatif, quand devant un adjectif il y a *le plus, la plus, bien, très, fort.* C'est encore un superlatif quand devant *plus*, il y a *mon, ton, son, notre, votre;* comme *mon plus* fidèle ami.

DU COMPARATIF LATIN.

Le comparatif latin se forme du cas de l'adjectif terminé en *i*, auquel on ajoute *or* pour le masculin et le féminin, et *us* pour le neutre. Ainsi, du génitif *sancti*, on formera *sanctior*, masculin et féminin ; *sanctius* neutre. Du datif *forti*, on formera *fortior*, m. et f., et *fortius*, n.

		m. f.	n.
SING.	*Nom.*	Sanctior, sanctius, *plus saint.*	
	Gén.	Sanctioris,	*pour les trois genres.*
	Dat.	Sanctiori,	
	Acc.	Sanctiorem, sanctius.	
	Voc.	ô Sanctior, ô sanctius.	
	Abl.	Sanctiore *ou* sanctiori, *pour les trois genres.*	

		m. f.	n.
PLUR.	*Nom.*	Sanctiores, sanctiora.	
	Gén.	Sanctiorum,	*pour les trois genres.*
	Dat.	Sanctioribus,	
	Acc.	Sanctiores, sanctiora.	
	Voc.	ô Sanctiores, ô sanctiora.	
	Abl.	Sanctioribus, *pour les trois genres.*	

Déclinez ainsi :

Pretiosior, m. et f., *pretiosius*, n., plus précieux.
Gratior, m. et f., *gratius*, n., plus agréable.

RÈGLE DES COMPARATIFS.

Doctior Petro.

Après le comparatif, exprimé par un seul mot latin, on met le nom à l'ablatif, en supprimant le *que :* plus savant *que* Pierre, *doctior Petro*.

On peut aussi exprimer le *que* par *quam* et mettre après le même cas *que* devant : Paul est plus savant *que* Pierre, *Paulus est doctior quàm Petrus.*

DU SUPERLATIF LATIN.

Le superlatif latin se forme aussi du cas de l'adjectif terminé en *i*, auquel on ajoute *ssimus, ssima, ssimum.*

EXEMPLES. Du gén. *sancti* se forme *sanctissimus, a, um*, très-saint, le plus saint Du dat. *forti, fortissimus, a, um*, très-courageux, le plus courageux.

Les superlatifs se déclinent comme *bonus, a, um.*

SING. *Nom.*   Sanctissim us, a, um, *très-saint, très-sainte, très-saint* ou *le plus saint*, etc.
Gén.   Sanctissim i, æ, i.
Dat.   Sanctissim o, æ, o.
Acc.   Sanctissim um, am, um.
Voc.   ô Sanctissim e, a, um.
Abl.   Sanctissim o, â, o.

PLUR. *Nom.*   Sanctissim i, æ, a, *très-saints, très-saintes, très-saints.*
Gén.   Sanctissim orum, arum, orum.
Dat.   Sanctissim is, *pour les trois genres.*
Acc.   Sanctissim os, as, a.
Voc.   ô Sanctissim i, æ, a.
Abl.   Sanctissim is, *pour les trois genres.*

Déclinez ainsi :

Fortissimus, a, um, le plus courageux, très-courageux.
Gratissimus, a, um, le plus agréable, très-agréable.

SUPERLATIFS TERMINÉS EN *rimus*, *rima*, *rimum*.

Les adjectifs en *er* forment leur superlatif du nominatif masculin en ajoutant *rimus*, *rima*, *rimum :* *pulcher, pulcherrimus; celeber, celeberrimus; niger, nigerrimus.*

RÈGLE DES SUPERLATIFS.

Altissima arborum, ou *ex arboribus,* ou *inter arbores.*

Le superlatif veut le nom pluriel suivant au génitif, ou à l'ablatif avec *é* ou *ex*, ou à l'accusatif avec *inter*.

EXEMPLE. Le plus haut des arbres, *altissima arborum,* ou *ex arboribus,* ou *inter arbores.*

REMARQUE. Le superlatif prend le genre du nom pluriel qui suit : *altissima* est du féminin, parce que son complément *arborum* est du féminin.

ADJECTIFS DÉMONSTRATIFS.

Les adjectifs démonstratifs servent à montrer les objets ou à les rappeler à l'esprit, quand on en a déjà parlé.

I.

		m.	f.	n.
SING.	*Nom.*	Hic,	hæc,	hoc, *ce, cet; celui-ci, celle-ci, ceci.*
	Gén.	Hujus,		} *pour les trois genres.*
	Dat.	Huic,		
	Acc.	Hunc,	hanc,	hoc.
	Abl.	Hoc,	hâc,	hoc.

		m.	f.	n.
PLUR.	*Nom.*	Hi,	hæ,	hæc, *ces; ceux-ci, celles-ci, ces choses.*
	Gén.	Horum,	harum,	horum.
	Dat.	His, *pour les trois genres.*		
	Acc.	Hos,	has,	hæc.
	Abl.	His, *pour les trois genres.*		

II.

		m.	f.	n.
SING.	*Nom.*	Ille,	illa,	illud, *celui-là, celle-là, cela.*
	Gén.	Illius,		} *pour les trois genres.*
	Dat.	Illi,		
	Acc.	Illum,	illam,	illud.
	Abl.	Illo,	illâ,	illo.

		m.	f.	n.
PLUR.	*Nom.*	Illi,	illæ,	illa, *ceux-là, celles-là, ces choses.*
	Gén.	Illorum,	illarum,	illorum.
	Dat.	Illis, *pour les trois genres.*		
	Acc.	Illos,	illas,	illa.
	Abl.	Illis, *pour les trois genres.*		

Déclinez sur *ille* : *iste*, *ista*, *istud*, ce, cette, cela.

Hic s'emploie le plus souvent pour montrer un objet qui est proche ; *ille*, pour montrer un objet éloigné.

III.

		m. f. n.	
SING.	*Nom.*	Is, ea, id,	*il, elle, celui, celle.*
	Gén.	Ejus, } *pour les trois genres.*	*de lui, d'elle.*
	Dat.	Ei,	*à lui, à elle,*
	Acc.	Eum, eam, id,	*le, la, le.*
	Abl.	Eo, eâ, eo,	*de lui, d'elle.*

		m. f. n.	
PLUR.	*Nom.*	Ii, eæ, ea,	*ils, elles, ceux, celles.*
	Gén.	Eorum, earum, eorum,	*d'eux, d'elles.*
	Dat.	Iis ou eis, *pour les trois genres.*	*à eux, à elles.*
	Acc.	Eos, eas, ea,	*les, eux, elles.*
	Abl.	Iis ou eis, *pour les trois genres.*	*d'eux, d'elles.*

IV.

		m. f. n.
SING.	*Nom.*	Ipse, ipsa, ipsum, *moi-même, toi-même, lui-même, elle-même, cela même.*
	Gén.	Ipsius, } *pour les trois genres.*
	Dat.	Ipsi,
	Acc.	Ipsum, ipsam, ipsum.
	Abl.	Ipso, ipsâ, ipso.

		m. f. n.
PLUR.	*Nom.*	Ipsi, ipsæ, ipsa.
	Gén.	Ipsorum, ipsarum, ipsorum.
	Dat.	Ipsis, *pour les trois genres.*
	Acc.	Ipsos, ipsas, ipsa.
	Abl.	Ipsis, *pour les trois genres.*

V.

		m. f. n.
SING.	*Nom.*	Idem, eadem, idem, *le même, la même, le même.*
	Gén.	Ejusdem, } *pour les trois genres.*
	Dat.	Eidem,
	Acc.	Eumdem, eamdem, idem.
	Abl.	Eodem, eâdem, eodem.

		m. f. n.
PLUR.	*Nom.*	Iidem, eædem, eadem, *les mêmes.*
	Gén.	Eorumdem, earumdem, eorumdem.
	Dat.	Iisdem ou eisdem, *pour les trois genres.*
	Acc.	Eosdem, easdem, eadem.
	Abl.	Iisdem ou eisdem, *pour les trois genres.*

Il ne faut pas confondre *ipse* avec *idem*. Le même homme, *idem homo*; l'homme même, *homo ipse*.

L'adjectif possessif sert à marquer la possession.

		m. f. n.
SING.	*Nom.*	Meus, mea, meum, *mon, ma, mon; le mien, la mienne, le mien.*
	Gén.	Mei, meæ, mei.
	Dat.	Meo, meæ, meo.
	Acc.	Meum, meam, meum.
	Voc.	ô Mi, ô mea, ô meum.
	Abl.	Meo, meâ, meo.

		m. f. n.
PLUR.	*Nom.*	Mei, meæ, mea, *mes, les miens, les miennes, les miens.*
	Gén.	Meorum, mearum, meorum.
	Dat.	Meis, *pour les trois genres.*
	Acc.	Meos, meas, mea.
	Voc.	ô Mei, ô meæ, ô mea.
	Abl.	Meis, *pour les trois genres.*

Ainsi se déclinent :

Tuus, tua, tuum, *ton, ta, ton; le tien, la tienne, le tien.*
Suus, sua, suum, *son, sa, son; le sien, la sienne, le sien.*

Ces deux derniers adjectifs n'ont point de vocatif.

		m. f. n.
SING.	*Nom.*	Noster, nostra, nostrum, *notre, le nôtre, la nôtre, le nôtre.*
	Gén.	Nostri, nostræ, nostri.
	Dat.	Nostro, nostræ, nostro.
	Acc.	Nostrum, nostram, nostrum.
	Voc.	ô Noster, ô nostra, ô nostrum.
	Abl.	Nostro, nostrâ, nostro.

		m. f. n.
PLUR.	*Nom.*	Nostri, nostræ, nostra, *nos, les nôtres.*
	Gén.	Nostrorum, nostrarum, nostrorum.
	Dat.	Nostris, *pour les trois genres.*
	Acc.	Nostros, nostras, nostra.
	Voc.	ô Nostri, ô nostræ, ô nostra.
	Abl.	Nostris, *pour les trois genres.*

Déclinez ainsi :

Vester, vestra, vestrum, *votre, le vôtre, etc.*

ADJECTIFS NUMÉRAUX.

Il y a deux sortes d'adjectifs numéraux, savoir : les cardinaux et les ordinaux.

Les adjectifs cardinaux marquent simplement le nombre, comme un, deux, trois, etc. ; les adjectifs ordinaux marquent l'ordre et le rang des personnes et des choses, comme premier, second, troisième, etc.

ADJECTIFS NUMÉRAUX CARDINAUX.

		m.	f.	n.	
SING.	*Nom.*	Unus,	una,	unum,	*un, une, un.*
	Gén.	Unius,	}		*pour les trois genres.*
	Dat.	Uni,	}		
	Acc.	Unum,	unam,	unum.	
	Abl.	Uno,	unâ,	uno.	

Le pluriel d'*unus* n'est usité qu'avec les noms qui n'ont pas de *singulier* ; il se décline comme celui de *bonus.*

		m.	f.	n.	
PLUR.	*Nom.*	Duo,	duæ,	duo,	*deux.*
	Gén.	Duorum,	duarum,	duorum,	*de deux.*
	Dat.	Duobus,	duabus,	duobus,	*à deux.*
	Acc.	Duos *ou* duo,	duas,	duo,	*deux.*
	Abl.	Duobus,	duabus,	duobus,	*de deux.*

Déclinez ainsi :

Ambo, ambæ, ambo, *les deux, tous les deux.*

		m.	f.	n.	
PLUR.	*Nom.*	Tres,	tres,	tria,	*trois.*
	Gén.	Trium,	}		*pour les trois genres.*
	Dat.	Tribus,	}		
	Acc.	Tres,	tres,	tria.	
	Abl.	Tribus, *pour les trois genres.*			

Les autres adjectifs cardinaux sont indéclinables jusqu'à cent.

Quatuor, quatre ; *quinque,* cinq ; *sex,* six ; *septem,* sept ; *octo,* huit ; *novem,* neuf ; *decem,* dix ; *viginti,* vingt ; *triginta,* trente ; *quadraginta,* quarante ; *quinquaginta,* cinquante, etc. Au-dessus de cent, ils se déclinent, *ducenti, æ, a,* deux cents ; *trecenti, æ, a,* trois cents, etc.

ADJECTIFS NUMÉRAUX ORDINAUX.

Les adjectifs numéraux ordinaux sont *primus, a, um*, premier ; *secundus, a, um*, second ; *tertius, a, um*, troisième ; *quartus, a, um*, quatrième, etc. : ces adjectifs se déclinent sur *bonus*.

ADJECTIF RELATIF.

L'adjectif relatif s'appelle ainsi, parce qu'il se rapporte à un nom ou à un pronom : le mot auquel l'adjectif relatif se rapporte se nomme *antécédent*. Cet adjectif s'appelle aussi *conjonctif*, parce qu'il sert à unir les propositions.

		m.	f.	n.
SING.	*Nom.*	Qui, quæ, quod, *qui, lequel, laquelle.*		
	Gén.	Cujus,	} *pour les trois genres.*	
	Dat.	Cui,		
	Acc.	Quem, quam, quod.		
	Abl.	Quo, quâ, quo.		
PLUR.	*Nom.*	Qui, quæ, quæ.		
	Gén.	Quorum, quarum, quorum.		
	Dat.	Quibus, *pour les trois genres.*		
	Acc.	Quos, quas, quæ.		
	Abl.	Quibus, *pour les trois genres.*		

Pater qui.

Le relatif *qui, quæ, quod* s'accorde en genre et en nombre avec le nom ou le pronom qui est devant, et qu'on appelle antécédent.

EXEMPLES. Le père qui, *pater qui* ; la mère qui, *mater quæ* ; le temple qui, *templum quod.*

ADJECTIF INTERROGATIF.

L'adjectif interrogatif sert à interroger.

		m.	f.	n.
SING.	*Nom.*	Quis, quæ, quid (*et* quod, *avec un nom*), *qui, quel, quelle, quoi.*		
	Gén.	Cujus,	} *pour les trois genres.*	
	Dat.	Cui,		
	Acc.	Quem, quam, quid (*et* quod, *avec un nom*).		
	Abl.	Quo, quâ, quo.		

		m.	f.	n.	
PLUR.	*Nom.*	Qui,	quæ,	quæ,	*qui, quels, quelles.*
	Gén.	Quorum, quarum, quorum.			
	Dat.	Quibus, *pour les trois genres.*			
	Acc.	Quos, quas, quæ.			
	Abl.	Quibus, *par les trois genres.*			

ADJECTIFS INDÉFINIS.

Les adjectifs indéfinis désignent d'une manière vague
les personnes et les choses. Les plus usités sont :

1° *Quisque*, *quæque*, *quodque*, chacun, chacune,
chaque chose ; génitif *cujusque*, datif *cuique* pour les
trois genres.

2° *Aliquis*, *aliqua*, *aliquod* et *aliquid*, quelque,
quelqu'un, quelque chose ; génitif *alicujus*, datif *alicui*
pour les trois genres.

3° *Nullus*, *nulla*, *nullum*, aucun, aucune, aucun ;
génitif *nullius*, dat. *nulli*, pour les trois genres.

Les autres cas sont ceux de *bonus*.

TROISIÈME ESPÈCE DE MOTS.

LE PRONOM.

Le pronom est un mot qui tient la place du nom et
qui sert à en éviter la répétition.

PRONOMS PERSONNELS.

Les pronoms personnels s'appellent ainsi parce qu'ils
désignent les trois personnes du discours. La première
personne est celle qui parle, la seconde est celle à qui
l'on parle, la troisième est celle de qui l'on parle.

Le pronom de la première personne est ego.

SING.	*Nom.*	Ego,	*je* ou *moi.*
	Gén.	Mei,	*de moi.*
	Dat.	Mihi,	*à moi.*
	Acc.	Me,	*moi.*
	(*Il n'a pas de vocatif.*)		
	Abl.	Me,	*de moi.*

PLUR.	*Nom.*	Nos,	*nous.*
	Gén.	Nostrûm *ou* nostrî,	*de nous.*
	Dat.	Nobis,	*à nous.*
	Acc.	Nos,	*nous.*
	Abl.	Nobis,	*de nous.*

Le pronom de la deuxième personne est tu.

SING.	*Nom.*		Tu,	*tu* ou *toi.*
	Gén.		Tuî,	*de toi.*
	Dat.		Tibi,	*à toi.*
	Acc.		Te,	*toi.*
	Voc.	ô	Tu,	*ô toi.*
	Abl.		Te,	*de toi.*
PLUR.	*Nom.*		Vos,	*vous.*
	Gén.		Vestrûm *ou* vestrî,	*de vous.*
	Dat.		Vobis,	*à vous.*
	Acc.		Vos,	*vous.*
	Voc.	ô	Vos,	*ô vous.*
	Abl.		Vobis,	*de vous.*

Pronoms de la troisième personne.

Les Latins ont plusieurs pronoms pour la troisième
personne. Les plus usités sont *is*, *ea*, *id* et *ille*, *illa*,
illud. Les adjectifs indicatifs deviennent pronoms,
lorsqu'ils tiennent la place d'un nom.

EXEMPLE. *Deus est bonus et eum amo*, Dieu est bon
et je l'aime. Ici *eum* tient la place du mot *Deum*, c'est
un pronom de la troisième personne.

Tout nom placé devant un verbe désigne aussi la
troisième personne. Lorsque je dis : Paul joue, *Paul*
indique la troisième personne.

Pronom réfléchi de la troisième personne.

Ce pronom est de tout genre et de tout nombre; il
n'a pas de nominatif.

SINGULIER et PLURIEL.

Gén.	Suî,	*de soi.*
Dat.	Sibi,	*à soi.*
Acc.	Se,	*se, soi.*
Abl.	Se,	*de soi.*

QUATRIÈME ESPÈCE DE MOTS.

LE VERBE.

Le verbe est le mot dont on se sert pour exprimer que l'on est * ou que l'on fait quelque chose. Ainsi le mot *être*, *je suis*, est un verbe; le mot *lire*, *je lis*, est un verbe.

On connaît un verbe en français quand on peut y ajouter ces pronoms, *je*, *tu*, *il*, *nous*, *vous*, *ils :* comme *je* lis, *tu* lis, *il* lit, *nous* lisons, *vous* lisez, *ils* lisent. En latin les pronoms *ego*, *tu*, *ille*, etc., sont ordinairement sous-entendus. La terminaison verbale suffit pour indiquer la personne.

PERSONNES ET NOMBRES.

Les verbes ont trois personnes en latin comme en français. Nous avons vu, en parlant des pronoms, ce qu'on entend par les trois personnes du discours.

Les verbes ont deux nombres : le singulier, quand on parle d'une seule personne, comme *l'enfant dort*, et le pluriel, quand on parle de plusieurs personnes, comme *les enfants dorment*.

TEMPS DU VERBE.

Il y a trois temps principaux : le présent, qui marque que la chose se fait actuellement, comme *je lis;* le parfait, qui marque que la chose a été faite, comme *j'ai lu;* le futur, qui marque que la chose se fera, comme *je lirai.*

Il y a trois temps secondaires : l'imparfait, *je lisais;* le plus-que-parfait, *j'avais lu* et le futur antérieur, *j'aurai lu.*

L'imparfait marque que l'action est actuellement

---

* Que l'on est quelque chose.

passée, mais qu'elle ne l'était pas encore, quand une autre s'est faite : *je lisais, quand vous êtes entré.*

Le plus-que-parfait marque que la chose s'est faite avant une autre également passée : *j'avais lu, quand vous êtes entré.*

Le futur antérieur marque que la chose sera faite avant qu'une autre se fasse : *j'aurai lu, quand vous viendrez me voir.*

Ainsi on distingue trois sortes de temps pour le passé : le parfait, l'imparfait et le plus-que-parfait. On en distingue deux pour le futur : le futur simple et le futur antérieur.

MODES DU VERBE.

Les six temps du verbe peuvent être modifiés de différentes manières. Ces mots *lire*, *lisant*, *lisez*, *je lis*, *que je lise*, expriment tous le présent, mais l'action de lire se passe de différentes manières. On appelle *modes* ce qui indique de quelle manière se passe l'action.

Il y a quatre modes dans les verbes : l'indicatif, l'impératif, le subjonctif et l'infinitif.

L'indicatif affirme d'une manière positive que l'action se fait, qu'elle s'est faite ou qu'elle se fera. *Amo*, j'aime ; *amavi*, j'ai aimé ; *amabo*, j'aimerai, sont au mode indicatif.

L'impératif exprime le commandement et la prière.

Le subjonctif exprime ce qui est douteux et incertain ; il dépend toujours d'un autre verbe.

Ces trois premiers modes sont appelés personnels parce qu'ils admettent la distinction des personnes.

L'infinitif exprime l'état ou l'action d'une manière vague et indéterminée : *amare*, aimer ; *amavisse*, avoir aimé, sont au mode infinitif. Ce dernier mode contient le participe, le supin et le gérondif, qui sont des noms formés du verbe.

Le mode infinitif est appelé mode impersonnel. parce qu'il n'admet pas la distinction des personnes.

2.

VOIX DU VERBE.

Il y a deux voix dans les verbes : la voix active et la voix passive.

ESPÈCES DE VERBES.

On distingue en latin cinq espèces de verbes, le verbe substantif, le verbe actif, le verbe passif, le verbe déponent et le verbe neutre.

Qu'est-ce que conjuguer un verbe ?

Réciter de suite les différents temps d'un verbe avec leurs modes, leurs nombres et leurs personnes, cela s'appelle conjuguer.

Combien y a-t-il de conjugaisons en latin ?

Il y a en latin quatre conjugaisons :

La première conjugaison fait à l'infinitif *ārĕ*, et à la seconde personne du présent de l'indicatif *ās*.

La seconde conjugaison fait à l'infinitif *ērĕ*, et à la seconde personne du présent de l'indicatif *ēs*.

La troisième conjugaison fait à l'infinitif *ĕrĕ*, et à la seconde personne du présent de l'indicatif *ĭs*.

La quatrième conjugaison fait à l'infinitif *īrĕ*, et à la seconde personne du présent de l'indicatif *īs*.

RADICAL ET TERMINAISON.

Pour bien conjuguer, il faut savoir distinguer le radical de la terminaison. Dans *am-o*, j'aime, le radical est *am*, la terminaison *o*; dans *am-abam*, le radical est *am* et la terminaison *abam*. Le radical est la partie invariable du mot; la terminaison varie suivant la voix, le temps, le mode, le nombre et la personne.

Nous allons conjuguer d'abord le verbe *sum*, qu'on appelle *verbe substantif*.

INDICATIF.

PRÉSENT.	*s.* Sum ,	*je suis.*
	Es ,	*tu es.*
	Est ,	*il est.*
	p. Sumus ,	*nous sommes.*
	Estis ,	*vous êtes.*
	Sunt ,	*ils sont.*
IMPARFAIT.	*s.* Eram ,	*j'étais.*
	Eras ,	*tu étais.*
	Erat ,	*il était.*
	p. Eramus ,	*nous étions.*
	Eratis ,	*vous étiez.*
	Erant ,	*ils étaient.*
PARFAIT.	*s.* Fu i ,	*j'ai été.*
	Fu isti ,	*tu as été.*
	Fu it ,	*il a été.*
	p. Fu imus ,	*nous avons été.*
	Fu istis ,	*vous avez été.*
	Fu erunt *ou* fuere ,	*ils ont été.*

Autrement pour le français : *Je fus, tu fus, il fut,* etc., ou : *j'eus ete, tu eus été, il eut été,* etc.

PLUS-QUE-PARFAIT.	*s.* Fu eram ,	*j'avais été.*
	Fu eras ,	*tu avais été.*
	Fu erat ,	*il avait été.*
	p. Fu eramus ,	*nous avions été.*
	Fu eratis ,	*vous aviez été.*
	Fu erant ,	*ils avaient été.*
FUTUR.	*s.* Ero ,	*je serai.*
	Eris ,	*tu seras.*
	Erit ,	*il sera.*
	p. Erimus ,	*nous serons.*
	Eritis ,	*vous serez.*
	Erunt ,	*ils seront.*
FUTUR ANTÉRIEUR.	*s.* Fu ero ,	*j'aurai été.*
	Fu eris ,	*tu auras été.*
	Fu erit ,	*il aura été.*
	p. Fu erimus ,	*nous aurons été.*
	Fu eritis ,	*vous aurez été.*
	Fu erint ,	*ils auront été.*

IMPÉRATIF.

(Point de première personne au singulier.)

	s. Es *ou* esto ,	*sois*
	Esto (ille) ,	*qu'il soit.*
	p. Simus ,	*soyons.*
	Este *ou* estote ,	*soyez.*
	Sunto.	*qu'ils soient.*

SUBJONCTIF.

PRÉSENT.	*s.* Sim ,	*que je sois.*
	Sis ,	*que tu sois.*
	Sit ,	*qu'il soit.*
	p. Simus ,	*que nous soyons.*
	Sitis ,	*que vous soyez.*
	Sint ,	*qu'ils soient.*
IMPARFAIT.	*s.* Essem *ou* forem ,	*que je fusse.*
	Esses *ou* fores ,	*que tu fusses.*
	Esset *ou* foret ,	*qu'il fût.*
	p. Essemus ,	*que nous fussions.*
	Essetis ,	*que vous fussiez.*
	Essent *ou* forent ,	*qu'ils fussent.*

Autrement pour le français : *Je serais, tu serais, il serait,* etc.

PARFAIT.	*s.* Fu erim ,	*que j'aie été.*
	Fu eris ,	*que tu aies été.*
	Fu erit ,	*qu'il ait été.*
	p Fu erimus ,	*que nous ayons été.*
	Fu eritis ,	*que vous ayez été.*
	Fu erint ,	*qu'ils aient été.*
PLUS-QUE-PARFAIT.	*s.* Fu issem ,	*que j'eusse été.*
	Fu isses ,	*que tu eusses été.*
	Fu isset ,	*qu'il eût été.*
	p. Fu issemus ,	*que nous eussions été.*
	Fu issetis ,	*que vous eussiez été.*
	Fu issent ,	*qu'ils eussent été.*

Autrement pour le français : *J'aurais été, tu aurais été, il aurait été,* etc.

INFINITIF.

PRÉSENT. — Esse, *être.*
PARFAIT. — Fuisse, *avoir été.*
FUTUR. — Fore (*indécl.*) ou futurum, am, um esse (*décl.*), *devoir être.*
FUTUR ANTÉRIEUR (*il se décl.*). — Futurum, am, um fuisse, *avoir dû être.*
PARTICIPE FUTUR. — Futurus, a, um, *devant être*

Ainsi se conjuguent les composés de *sum,* comme :

Absum, abes, abfui, abesse, être absent.
Adsum, ades, adfui, adesse, être présent.
Desum, dees, defui, deesse, manquer.
Præsum, præes, præfui, præesse, présider à.
Supersum, superes, superfui, superesse, survivre.
Intersum, interes, interfui, interesse, assister à, etc.

RÈGLE GÉNÉRALE POUR TOUS LES VERBES.

Ego sum.

Tout verbe s'accorde en nombre et en personne avec son sujet.

EXEMPLES. Je suis, *ego sum*. *Ego* est du singulier ; *sum* est aussi du singulier. *Ego* est de la première personne ; *sum* est aussi de la première personne.

Tu es, *tu es* ; il est, *ille est* ; nous sommes, *nos sumus* ; vous êtes, *vos estis* ; ils sont, *illi sunt*.

Cette règle regarde également tous les autres verbes.

VERBES ACTIFS.

Le verbe actif marque une action faite par le sujet. Tout verbe actif a un passif.

On reconnaît un verbe actif quand on peut mettre après ce verbe les mots *quelqu'un*, *quelque chose*. *Aimer* est un verbe actif parce qu'on peut dire *aimer quelqu'un*.

En latin, les verbes actifs sont terminés en *o*, co m me *amo*, j'aime ; *laudo*, je loue, etc.

PREMIÈRE CONJUGAISON.

ārĕ, *ās*.

INDICATIF.

radic. term.

PRÉSENT.	*s.*	Am	o *,	*j'aime.*
		Am	as,	*tu aimes.*
		Am	at,	*il aime.*
	p.	Am	amus,	*nous aimons.*
		Am	atis,	*vous aimez.*
		Am	ant,	*ils aiment.*
IMPARFAIT.	*s*	Am	abam,	*j'aimais.*
		Am	abas,	*tu aimais.*
		Am	abat,	*il aimait.*
	p.	Am	abamus,	*nous aimions.*
		Am	abatis,	*vous aimiez.*
		Am	abant,	*ils aimaient.*
PARFAIT.	*s.*	Am	avi,	*j'ai aimé.*
		Am	avisti,	*tu as aimé.*
		Am	avit,	*il a aimé.*
	p.	Am	avimus,	*nous avons aimé.*
		Am	avistis,	*vous avez aimé.*
		Am	averunt *ou* am avere,	*ils ont aimé.*

Autrement pour le français : *J'aimai, tu aimas, il aima*, etc., ou *j'eus aimé, tu eus aimé, il eut aimé*, etc.

---

* On récitera souvent les terminaisons seules,

PLUS-QUE- PARFAIT.	*s.*	Am averam,	*j'avais aimé.*
		Am averas,	*tu avais aimé.*
		Am averat,	*il avait aimé.*
	p.	Am averamus,	*nous avions aimé.*
		Am averatis,	*vous aviez aimé.*
		Am averant,	*ils avaient aimé.*
FUTUR.	*s.*	Am abo,	*j'aimerai.*
		Am abis,	*tu aimeras.*
		Am abit,	*il aimera.*
	p.	Am abimus,	*nous aimerons.*
		Am abitis,	*vous aimerez.*
		Am abunt,	*ils aimeront.*
FUTUR ANTÉRIEUR.	*s.*	Am avero,	*j'aurai aimé.*
		Am averis,	*tu auras aimé.*
		Am averit,	*il aura aimé.*
	p.	Am averimus,	*nous aurons aimé.*
		Am averitis,	*vous aurez aimé.*
		Am averint,	*ils auront aimé.*

IMPÉRATIF.

(Point de première personne au singulier.)

s.	Am a *ou* ato,	*aime.*
	Am ato,	*qu'il aime.*
p.	Am emus,	*aimons.*
	Am ate *ou* atote,	*aimez.*
	Am anto,	*qu'ils aiment.*

SUBJONCTIF.

PRÉSENT.	*s.*	Am em,	*que j'aime.*
		Am es,	*que tu aimes.*
		Am et,	*qu'il aime.*
	p.	Am emus,	*que nous aimions.*
		Am etis,	*que vous aimiez.*
		Am ent,	*qu'ils aiment.*
IMPARFAIT.	*s.*	Am arem,	*que j'aimasse.*
		Am ares,	*que tu aimasses.*
		Am aret,	*qu'il aimât.*
	p.	Am aremus,	*que nous aimassions.*
		Am aretis,	*que vous aimassiez.*
		Am arent,	*qu'ils aimassent.*

Autrement pour le français : *J'aimerais, tu aimerais, il aimerait, etc.*

PARFAIT.	*s.*	Am averim,	*que j'aie aimé.*
		Am averis,	*que tu aies aimé.*
		Am averit,	*qu'il ait aimé.*
	p.	Am averimus,	*que nous ayons aimé.*
		Am averitis,	*que vous ayez aimé.*
		Am averint,	*qu'ils aient aimé.*

	s. Am avissem,	*que j'eusse aimé.*
	Am avisses,	*que tu eusses aimé.*
PLUS-QUE-	Am avisset,	*qu'il eût aimé.*
PARFAIT.	*p.* Am avissemus,	*que nous eussions aimé.*
	Am avissetis,	*que vous eussiez aimé.*
	Am avissent,	*qu'ils eussent aimé.*

Autrement pour le français : *J'aurais aimé, tu aurais aimé, il aurait aimé,* etc.

INFINITIF.

PRÉSENT. — Am are, *aimer.*

PARFAIT. — Am avisse, *avoir aimé.*

FUTUR (*il se décline*). — Am aturum, am, um esse, *devoir, aimer.*

FUTUR ANTÉRIEUR (*il se décline*). — Am aturum, am, um fuisse, *avoir dû aimer.*

PARTICIPE PRÉSENT. — Am ans, antis, *aimant.*

PARTICIPE FUTUR. — Am aturus, atura, aturum, *devant aimer.*

SUPIN. — Am atum, *à aimer.*

GÉRONDIFS.
{ Am andi, *d'aimer.*
Am ando, *en aimant.*
Am andum, *à aimer* ou *pour aimer.*

REMARQUE. Les participes se déclinent, savoir : les participes en *ans* et en *ens,* comme *prudens ;* et les participes en *us,* comme *bonus.*

Ainsi se conjuguent :

Laudo, as, avi, atum, are, louer.
Vitupero, as, avi, atum, are, blâmer.
Verbero, as, avi, atum, are, frapper.
Voco, as, avi, atum, are, appeler.
Paro, as, avi, atum, parare, préparer.

DEUXIÈME CONJUGAISON.

ērĕ, ēs.

INDICATIF.

	radic. term.	
	s. Mon eo,	*j'avertis.*
	Mon es,	*tu avertis.*
	Mon et,	*il avertit.*
PRÉSENT.	*p.* Mon emus,	*nous avertissons.*
	Mon etis,	*vous avertissez.*
	Mon ent,	*ils avertissent.*

IMPARFAIT.	*s.* Mon ebam,	*j'avertissais.*
	Mon ebas,	*tu avertissais.*
	Mon ebat,	*il avertissait.*
	p. Mon ebamus,	*nous avertissions.*
	Mon ebatis,	*vous avertissiez.*
	Mon ebant,	*ils avertissaient.*
PARFAIT.	*s.* Mon ui,	*j'ai averti.*
	Mon uisti,	*tu as averti.*
	Mon uit,	*il a averti.*
	p. Mon uimus,	*nous avons averti.*
	Mon uistis,	*vous avez averti.*
	Mon uerunt *ou* monuere,	*ils ont averti.*

Autrement pour le français : *J'avertis, tu avertis, il avertit,* etc.,
ou : *j'eus averti, tu eus averti, il eut averti,* etc.

PLUS-QUE-PARFAIT.	*s.* Mon ueram,	*j'avais averti.*
	Mon ueras,	*tu avais averti,*
	Mon uerat,	*il avait averti.*
	p. Mon ueramus,	*nous avions averti.*
	Mon ueratis,	*vous aviez averti.*
	Mon uerant,	*ils avaient averti.*
FUTUR.	*s.* Mon ebo,	*j'avertirai.*
	Mon ebis,	*tu avertiras.*
	Mon ebit,	*il avertira.*
	p. Mon ebimus,	*nous avertirons.*
	Mon ebitis,	*vous avertirez.*
	Mon ebunt ,	*ils avertiront.*
FUTUR AN-TÉRIEUR.	*s.* Mon uero,	*j'aurai averti.*
	Mon ueris,	*tu auras averti.*
	Mon uerit ,	*il aura averti.*
	p. Mon uerimus,	*nous aurons averti.*
	Mon ueritis,	*vous aurez averti.*
	Mon uerint,	*ils auront averti.*

IMPÉRATIF.

(Point de première personne au singulier.)

	s. Mon e *ou* eto,	*avertis.*
	Mon eto,	*qu'il avertisse.*
	p. Mon eamus,	*avertissons.*
	Mon ete *ou* etote,	*avertissez.*
	Mon ento,	*qu'ils avertissent.*

SUBJONCTIF.

PRÉSENT.	*s.* Mon eam,	*que j'avertisse.*
	Mon eas,	*que tu avertisses.*
	Mon eat,	*qu'il avertisse.*
	p. Mon eamus,	*que nous avertissions.*
	Mon eatis,	*que vous avertissiez.*
	Mon eant,	*qu'ils avertissent.*

IMPARFAIT.	*s.* Mon erem,	*que j'avertisse.*
	Mon eres,	*que tu avertisses.*
	Mon eret,	*qu'il avertît.*
	p. Mon eremus,	*que nous avertissions.*
	Mon eretis,	*que vous avertissiez.*
	Mon erent,	*qu'ils avertissent.*

Autrement pour le français : *J'avertirais, tu avertirais, il averti-rait*, etc.

PARFAIT.	*s.* Mon uerim,	*que j'aie averti.*
	Mon ueris,	*que tu aies averti.*
	Mon uerit,	*qu'il ait averti.*
	p. Mon uerimus,	*que nous ayons averti.*
	Mon ueritis,	*que vous ayez averti.*
	Mon uerint,	*qu'ils aient averti.*

PLUS-QUE-PARFAIT.	*s.* Mon uissem,	*que j'eusse averti.*
	Mon uisses,	*que tu eusses averti.*
	Mon uisset,	*qu'il eût averti.*
	p. Mon uissemus,	*que nous eussions averti.*
	Mon uissetis,	*que vous eussiez averti.*
	Mon uissent,	*qu'ils eussent averti.*

Autrement pour le français : *J'aurais averti, tu aurais averti, il aurait averti*, etc.

INFINITIF.

PRÉSENT. — Mon ere, *avertir.*

PARFAIT. — Mon uisse, *avoir averti.*

FUTUR (*il se décline*).— Mon iturum, am, um esse, *devoir avertir.*

FUTUR ANTÉRIEUR (*il se décline*). — Mon iturum, am, um fuisse, *avoir dû avertir.*

PARTICIPE PRÉSENT. — Mon ens, entis, *avertissant.*

PARTICIPE FUTUR. — Mon iturus, itura, iturum, *devant avertir.*

SUPIN. — Mon itum, *à avertir.*

GÉRONDIFS.
{ Mon endi, *d'avertir.*
· Mon endo, *en avertissant.*
Mon endum, *à avertir* ou *pour avertir.*

Ainsi se conjuguent :

Doceo, doces, docui, doctum, docere, instruire.
Terreo, terres, terrui, territum, terrere, épouvanter.
Teneo, tenes, tenui, tentum, tenere, tenir.
Impleo, imples, implevi, impletum, implere, remplir.
Deleo, deles, delevi, deletum, delere, détruire.
Foveo, es, fovi, fotum, fovere, réchauffer.

TROISIÈME CONJUGAISON.
ĕrĕ, ĭs.

PREMIER MODÈLE. — Verbes en *o*, infin. *ĕrĕ*.

INDICATIF.

	radic. term.	
PRÉSENT.	*s.* Leg o,	*je lis.*
	Leg is,	*tu lis.*
	Leg it,	*il lit.*
	p. Leg imus,	*nous lisons.*
	Leg itis,	*vous lisez.*
	Leg unt,	*ils lisent.*
IMPARFAIT.	*s.* Leg ebam,	*je lisais.*
	Leg ebas,	*tu lisais.*
	Leg ebat,	*il lisait.*
	p. Leg ebamus,	*nous lisions.*
	Leg ebatis,	*vous lisiez.*
	Leg ebant,	*ils lisaient.*
PARFAIT.	*s.* Leg i,	*j'ai lu.*
	Leg isti,	*tu as lu.*
	Leg it,	*il a lu.*
	p. Leg imus,	*nous avons lu.*
	Leg istis,	*vous avez lu.*
	Leg erunt *ou* legere,	*ils ont lu.*

Autrement pour le français : *Je lus, tu lus, il lut*, etc., ou : *j'eus lu, tu eus lu, il eut lu*, etc.

PLUS-QUE-PARFAIT.	*s.* Leg eram,	*j'avais lu.*
	Leg eras,	*tu avais lu.*
	Leg erat,	*il avait lu.*
	p. Leg eramus.	*nous avions lu.*
	Leg eratis,	*vous aviez lu.*
	Leg erant,	*ils avaient lu.*
FUTUR.	*s.* Leg am.	*je lirai.*
	Leg es,	*tu liras.*
	Leg et,	*il lira.*
	p. Leg emus,	*nous lirons.*
	Leg etis,	*vous lirez.*
	Leg ent,	*ils liront.*
FUTUR AN-TÉRIEUR.	*s.* Leg ero,	*j'aurai lu.*
	Leg eris,	*tu auras lu.*
	Leg erit,	*il aura lu.*
	p. Leg erimus,	*nous aurons lu.*
	Leg eritis,	*vous aurez lu.*
	Leg erint,	*ils auront lu.*

IMPÉRATIF.
(Point de première personne au singulier.)

s. Leg e *ou* ito,	*lis.*
Leg ito,	*qu'il lise.*
p. Leg amus,	*lisons.*
Leg ite *ou* itote,	*lisez.*
Leg unto,	*qu'ils lisent.*

SUBJONCTIF.

PRÉSENT.	*s.* Leg am,	*que je lise.*
	Leg as,	*que tu lises.*
	Leg at,	*qu'il lise.*
	p. Leg amus,	*que nous lisions.*
	Leg atis,	*que vous lisiez.*
	Leg ant,	*qu'ils lisent.*
IMPARFAIT.	*s.* Leg erem,	*que je lusse.*
	Leg eres,	*que tu lusses.*
	Leg eret,	*qu'il lût.*
	p. Leg eremus,	*que nous lussions.*
	Leg eretis,	*que vous lussiez.*
	Leg erent,	*qu'ils lussent.*

Autrement pour le français : *Je lirais, tu lirais, il lirait,* etc.

PARFAIT.	*s.* Leg erim,	*que j'aie lu.*
	Leg eris,	*que tu aies lu.*
	Leg erit,	*qu'il ait lu.*
	p. Leg erimus,	*que nous ayons lu.*
	Leg eritis,	*que vous ayez lu.*
	Leg erint,	*qu'ils aient lu.*
PLUS-QUE-PARFAIT.	*s.* Leg issem,	*que j'eusse lu.*
	Leg isses,	*que tu eusses lu.*
	Leg isset,	*qu'il eût lu.*
	p. Leg issemus,	*que nous eussions lu.*
	Leg issetis,	*que vous eussiez lu.*
	Leg issent,	*qu'ils eussent lu.*

Autrement pour le français : *J'aurais lu, tu aurais lu, il aurait lu,* etc.

INFINITIF.

PRÉSENT. — Leg ere, *lire.*
PARFAIT. — Leg isse, *avoir lu.*
FUTUR (*il se décline*). — Lec turum, am, um, esse, *devoir lire.*
FUTUR ANTÉRIEUR (*il se décline*). — Lec turum, am, um, fuisse, *avoir dû lire.*
PARTICIPE PRÉSENT. — Leg ens, entis, *lisant.*
PARTICIPE FUTUR. — Lec turus, tura, turum, *devant lire.*
SUPIN. — Lec tum, *à lire.*

GÉRONDIFS.	Leg endi, *de lire.*
	Leg endo, *en lisant.*
	Leg endum, *à lire* ou *pour lire.*

Ainsi se conjuguent :

Vinco, vincis, vici, victum, vincere, vaincre.
Occido, occidis, occidi, occisum, occidere, tuer.
Scribo, scribis, scripsi, scriptum, scribere, écrire.
Cognosco, cognoscis, cognovi, cognitum, cognoscere, connaître.

TROISIÈME CONJUGAISON.

DEUXIÈME MODÈLE. — Verbes en *io*, infin. *ĕrĕ*.

INDICATIF.

radic. term.

PRÉSENT.
- *s.* Accip io,   *je reçois.*
- Accip is,   *tu reçois.*
- Accip it,   *il reçoit.*
- *p.* Accip imus,   *nous recevons.*
- Accip itis,   *vous recevez.*
- Accip iunt,   *ils reçoivent.*

IMPARFAIT.
- *s.* Accip iebam,   *je recevais.*
- Accip iebas,   *tu recevais.*
- Accip iebat,   *il recevait.*
- *p.* Accip iebamus,   *nous recevions.*
- Accip iebatis,   *vous receviez.*
- Accip iebant,   *ils recevaient.*

PARFAIT. —Accep i, *j'ai reçu...* (comme leg i.)

Autrement pour le français : *Je reçus. tu reçus*, etc., ou : *j'eus reçu, tu eus reçu*, etc.

PLUS QUE-PARFAIT. —Accep eram, *j'avais reçu....* (comme leg eram.)

FUTUR.
- *s.* Accip iam,   *je recevrai.*
- Accip ies,   *tu recevras.*
- Accip iet,   *il recevra.*
- *p.* Accip iemus,   *nous recevrons.*
- Accip ietis,   *vous recevrez.*
- Accip ient,   *ils recevront.*

FUTUR ANTÉRIEUR. —Accep ero, *j'aurai reçu...* (comme leg ero.)

IMPÉRATIF.

(Point de première personne au singulier.)

- *s.* Accip e *ou* accip ito,   *reçois.*
- Accip ito,   *qu'il reçoive.*
- *p.* Accip iamus,   *recevons.*
- Accip ite *ou* accip itote, *recevez.*
- Accip iunto,   *qu'ils reçoivent.*

SUBJONCTIF.

PRÉSENT.
- *s.* Accip iam,   *que je reçoive.*
- Accip ias,   *que tu reçoives.*
- Accip iat,   *qu'il reçoive.*
- *p.* Accip iamus,   *que nous recevions.*
- Accip iatis,   *que vous receviez.*
- Accip iant,   *qu'ils reçoivent.*

IMPARFAIT.	{	*s.* Accip erem,	*que je reçusse.*
		Accip_eres,	*que tu reçusses.*
		Accip eret,	*qu'il reçût.*
		s. Accip eremus,	*que nous reçussions.*
		Accip eretis,	*que vous reçussiez.*
		Accip erent,	*qu'ils reçussent.*

Autrement pour le français : *Je recevrais, tu recevrais, il recevrait, nous recevrions,* etc.

PARFAIT.— Accep erim, *que j'aie reçu...* (comme leg erim.)

PLUS-QUE-PARF.— Accep issem, *que j'eusse reçu (comme* leg issem).

Autrement pour le français : *J'aurais reçu, tu aurais reçu, il aurait reçu,* etc.

INFINITIF.

PRÉSENT. — Accip ere, *recevoir.*

PARFAIT. —Accep isse, *avoir reçu.*

FUTUR (*il se décline*).—Accep turum, am, um esse, *devoir recevoir.*

FUTUR ANTÉRIEUR (*il se décline*).—Accep turum, am, um fuisse, *avoir dû recevoir.*

PARTICIPE PRÉSENT.— Accip iens, ientis, *recevant.*

PARTICIPE FUTUR. — Accep turus, ra, rum, *devant recevoir.*

SUPIN.—Accep tum, *à recevoir.*

GÉRONDIFS.	{	Accip iendi, *de recevoir.*
		Accip iendo, *en recevant.*
		Accip iendum, *à recevoir* ou *pour recevoir.*

Ainsi se conjuguent :

Cupio, cupis, cupivi ou *cupii, cupitum, cupere,* désirer.
Jacio, jacis, jeci, jactum, jacere, jeter.
Rapio, rapis, rapui, raptum, rapere, enlever.

QUATRIÈME CONJUGAISON.

īrĕ, īs.

Verbes en *io,* infin. *īrĕ.*

INDICATIF.

		radic. term.	
PRÉSENT.	{	*s.* Aud io,	*j'entends.*
		Aud is,	*tu entends.*
		Aud it,	*il entend.*
		p. Aud imus,	*nous entendons.*
		Aud itis,	*vous entendez.*
		Aud iunt,	*ils entendent.*
IMPARFAIT.	{	*s.* Aud iebam,	*j'entendais.*
		Aud iebas,	*tu entendais.*
		Aud iebat,	*il entendait.*
		p. Aud iebamus,	*nous entendions.*
		Aud iebatis,	*vous entendiez.*
		Aud iebant,	*ils entendaient.*

PARFAIT.	s. Aud ivi ,	*j'ai entendu.*
	Aud ivisti ,	*tu as entendu.*
	Aud ivit ,	*il a entendu.*
	p. Aud ivimus,	*nous avons entendu.*
	Aud ivistis ,	*vous avez entendu.*
	Aud iverunt *ou* ivere.	*ils ont entendu.*

Autrement pour le français : *J'entendis, tu entendis, il entendit*, etc.,
ou : *j'eus entendu, tu eus entendu, il eut entendu*, etc.

PLUS-QUE-	s. Aud iveram ,	*j'avais entendu.*
PARFAIT.	Aud iveras ,	*tu avais entendu.*
	Aud iverat ,	*il avait entendu.*
	p. Aud iveramus ,	*nous avions entendu.*
	Aud iveratis ,	*vous aviez entendu.*
	Aud iverant ,	*ils avaient entendu.*

FUTUR.	s. Aud iam ,	*j'entendrai.*
	Aud ies ,	*tu entendras.*
	Aud iet ,	*il entendra.*
	p. Aud iemus ,	*nous entendrons.*
	Aud ietis ,	*vous entendrez.*
	Aud ient ,	*ils entendront.*

FUTUR AN-	s. Aud ivero ,	*j'aurai entendu.*
TÉRIÉUR.	Aud iveris ,	*tu auras entendu.*
	Aud iverit ,	*il aura entendu.*
	p. Aud iverimus ,	*nous aurons entendu.*
	Aud iveritis ,	*vous aurez entendu.*
	Aud iverint ,	*ils auront entendu.*

IMPÉRATIF.

(Point de première personne au singulier.)

	s Aud i *ou* ito ,	*entends.*
	Aud ito ,	*qu'il entende.*
	Aud iamus ,	*entendons.*
	p. Aud ite *ou* itote ,	*entendez.*
	Aud iunto ,	*qu'ils entendent.*

SUBJONCTIF.

PRÉSENT.	s. Aud iam ,	*que j'entende.*
	Aud ias ,	*que tu entendes.*
	Aud iat ,	*qu'il entende.*
	p. Aud iamus ,	*que nous entendions.*
	Aud iatis ,	*que vous entendiez.*
	Aud iant ,	*qu'ils entendent.*

IMPARFAIT.	s. Aud irem ,	*que j'entendisse.*
	Aud ires ,	*que tu entendisses.*
	Aud iret ,	*qu'il entendît.*
	p. Aud iremus ,	*que nous entendissions.*
	Aud iretis ,	*que vous entendissiez.*
	Aud irent ,	*qu'ils entendissent.*

Autrement pour le français : *J'entendrais, tu entendrais, il enten-
drait*, etc.

PARFAIT.	*s.*	Aud iverim,	*que j'aie entendu.*
		Aud iveris,	*que tu aies entendu.*
		Aud iverit,	*qu'il ait entendu.*
	p.	Aud iverimus,	*que nous ayons entendu.*
		Aud iveritis,	*que vous ayez entendu.*
		Aud iverint,	*qu'ils aient entendu.*

PLUS-QUE-	*s.*	Aud ivissem,	*que j'eusse entendu.*
		Aud ivisses,	*que tu eusses entendu.*
PARFAIT.		Aud ivisset,	*qu'il eût entendu.*
	p.	Aud ivissemus,	*que n. eussions entendu.*
		Aud ivissetis,	*que v. eussiez entendu.*
		Aud ivissent,	*qu'ils eussent entendu.*

Autrement pour le français : *J'aurais entendu, tu aurais entendu, il aurait entendu*, etc.

INFINITIF.

PRÉSENT. — Aud ire, *entendre.*

PARFAIT. — Aud ivisse, *avoir entendu.*

FUTUR (*il se décline*). — Aud iturum, am, um esse, *devoir entendre.*

FUTUR ANTÉRIEUR (*il se décline*). — Aud iturum, am, um fuisse, *avoir dû entendre.*

PARTICIPE PRÉSENT. — Aud iens, ientis, *entendant.*

PARTICIPE FUTUR. — Aud iturus, itura, iturum, *devant entendre.*

SUPIN. — Aud itum, *à entendre.*

GÉRONDIFS.	Aud iendi, *d'entendre.*
	Aud iendo, *en entendant.*
	Aud iendum, *à entendre* ou *pour entendre.*

Ainsi se conjuguent :

Aperio, aperis, aperui, apertum, aperire, ouvrir.
Munio, munis, munivi ou *munii, munitum, munire,* fortifier.
Sepelio, sepelis, sepelivi, sepultum, sepelire, ensevelir.
Punio, punis, punivi, punitum, punire, punir.

Remarque sur les verbes actifs.

On peut faire une *syncope*, c'est-à-dire, retrancher quelques lettres dans les parfaits et dans tous les temps qui en sont formés, en ôtant *ve* ou *vi*, et quelquefois le *v* seulement dans la quatrième conjugaison : ainsi l'on dit : *amārunt* pour *amaverunt; implessem* pour *im-plevissem; audieram* pour *audiveram; audiissem* pour *audivissem.*

TABLEAU GÉNÉRAL

Dans lequel on a mis, sous un même coup d'œil, les quatre conjugaisons.

	1		2		3		4	
INDICATIF.								
PRÉSENT.	Am o,	as,	mon eo,	es,	leg o,	is,	aud io,	is,
IMPARFAIT.	Am abam,	abas,	mon ebam,	ebas,	leg ebam,	ebas,	aud iebam,	iebas,
PARFAIT.	Am avi,	avisti,	mon ui,	uisti,	leg i,	isti,	aud ivi,	ivisti,
PLUS-QUE-PARFAIT.	Am averam,	averas,	mon ueram,	ueras,	leg eram,	eras,	aud iveram,	iveras.
FUTUR.	Am abo,	abis,	mon ebo,	ebis,	leg am,	es,	aud iam,	ies.
FUTUR ANTÉRIEUR.	Am avero,	averis,	mon uero,	ueris,	leg ero,	eris,	aud ivero,	iveris.
IMPÉRATIF.	Am a,	ato,	mon e,	eto,	leg e,	ito,	aud i,	ito.
SUBJONCTIF.								
PRÉSENT.	Am em,	es,	mon eam,	eas,	leg am,	as,	aud iam,	ias.
IMPARFAIT.	Am arem,	ares,	mon erem,	eres,	leg erem,	eres,	aud irem,	ires.
PARFAIT.	Am averim,	averis,	mon uerim,	ueris,	leg erim,	eris,	aud iverim,	iveris.
PLUS-QUE-PARFAIT.	Am avissem,	avisses,	mon uissem,	uisses,	leg issem,	isses,	aud ivissem,	ivisses.
INFINITIF.	Am are,	am avisse,	mon ere,	mon uisse,	leg ere,	leg isse,	aud ire,	aud ivisse.

FORMATION DES TEMPS A LA VOIX ACTIVE.

Les temps des verbes sont *primitifs* ou *dérivés.*

Les temps primitifs sont : 1° le présent de l'indicatif, 2° le parfait de l'indicatif, 3° le présent de l'infinitif, 4° le supin. Tous les autres temps se forment de ceux-là ; ce sont les temps dérivés.

Du PRÉSENT DE L'INDICATIF *se forment cinq temps :*

1° L'imparfait de l'indicatif, en changeant *o* en *abam* pour la première conjugaison : *amo, amabam ;* en changeant *eo* en *ebam* pour la seconde : *moneo , monebam ;* et en changeant *o* en *ebam* pour les deux autres : *lego , legebam , accipio, accipiebam , audio , audiebam.*

2° Le futur simple de l'indicatif, en changeant *o* en *abo* pour la première conjugaison : *amo , amabo ;* en changeant *eo* en *ebo* pour la seconde : *doceo , docebo ;* et en changeant *o* en *am* pour les deux autres : *lego , legam , accipio , accipiam , audio , audiam.*

3° Le présent du subjonctif, en changeant *o* en *em* pour la première conjugaison : *amo , amem ;* et en changeant *o* en *am* pour les trois autres : *moneo , moneam , lego, legam, accipio, accipiam, audio , audiam.*

4° Le participe présent, en changeant *o* en *ans* pour la première conjugaison: *amo, amans,* en changeant *eo* en *ens* pour la seconde : *doceo , docens ;* et en changeant *o* en *ens* pour les deux autres : *lego , legens, accipio , accipiens, audio , audiens.*

Du présent de l'indicatif se forme encore le participe futur passif.

Voyez la formation des temps à la voix passive.

Du PARFAIT DE L'INDICATIF *se forment cinq temps :*

1° Changez *i* en *eram ,* vous aurez le plus-que-parfait de l'indicatif : *amaveram , monueram , legeram , audiveram.*

2° Changez *i* en *ero ,* vous aurez le futur antérieur : *amavero , monuero , legero , audivero.*

3° Changez *i* en *erim ,* vous aurez le parfait du subjonctif : *amaverim , monuerim , legerim , audiverim.*

3

4° Changez *i* en *issem*, vous aurez le plus-que-parfait du subjonctif : *amavissem, monuissem, legissem, audivissem.*

5° Changez *i* en *isse*, vous aurez le parfait de l'infinitif : *amavisse, monuisse, legisse, audivisse.*

Du PRÉSENT DE L'INFINITIF *se forment deux temps :*

1° L'impératif en retranchant la dernière syllabe : *amare, ama; monere, mone; legere, lege; accipere, accipe; audire, audi.*

2° L'imparfait du subjonctif en ajoutant *m : amare, amarem; monere, monerem; legere, legerem; accipere, acciperem; audire, audirem.*

REMARQUE. Quatre verbes, *dico, duco, facio, fero,* font à l'impératif *dic, duc, fac, fer,* ainsi que les verbes qui en sont composés, excepté ceux qui changent *facere* en *ficere* comme : *perfice, confice.*

Du SUPIN *se forment deux temps :*

1° Le participe passé passif, en changeant *um* en *us : amatum, amatus; monitum, monitus; lectum, lectus; acceptum, acceptus; auditum, auditus.*

2° Le participe futur actif, en changeant *um* en *urus : amatum, amaturus; monitum, moniturus; lectum, lecturus; acceptum, accepturus; auditum, auditurus.*

RÈGLE DES VERBES ACTIFS.

Amo Deum.

Tout verbe actif veut son complément direct à l'accusatif.

EXEMPLE. J'aime, j'aimais, j'ai aimé, j'aimerai Dieu, *amo, amabam, amavi, amabo Deum.* Vous aviez instruit, vous instruiriez l'enfant, *docueras, doceres puerum.* Il aura lu, il aurait lu le livre, *legerit, legisset librum.* Écoutez votre maître, *audi magistrum tuum.*

VERBES PASSIFS.

Le verbe passif marque une action reçue, soufferte par le sujet.

On forme le verbe passif en ajoutant *r* à l'actif, *amo, amor, moneo, moneor.*

PREMIÈRE CONJUGAISON PASSIVE.

INDICATIF.

		rad.	term.	
PRÉSENT.	*s.*	Am	or,	*je suis aimé.*
		Am	aris *ou* are,	*tu es aimé.*
		Am	atur,	*il est aimé.*
	p.	Am	amur,	*nous sommes aimés.*
		Am	amini,	*vous êtes aimés.*
		Am	antur,	*ils sont aimés.*
IMPARFAIT.	*s.*	Am	abar,	*j'étais aimé.*
		Am	abaris *ou* abare,	*tu étais aimé.*
		Am	abatur,	*il était aimé.*
	p.	Am	abamur,	*nous étions aimés.*
		Am	abamini,	*vous étiez aimés.*
		Am	abantur,	*ils étaient aimés.*
PARFAIT.	*s.*	Am	atus sum *ou* fui,	*j'ai été aimé.*
		Am	atus es *ou* fuisti,	*tu as été aimé.*
		Am	atus est *ou* fuit,	*il a été aimé.*
	p.	Am	ati sumus *ou* fuimus,	*nous avons été aimés*
		Am	ati estis *ou* fuistis,	*vous avez été aimés.*
		Am	ati sunt *ou* fuerunt,	*ils ont été aimés.*

Autrement pour le français : *Je fus aimé, tu fus aimé, il fut aimé,* etc.
ou : *j'eus été aimé, tu eus été aimé, il eut été aimé,* etc.

PLUS-QUE-PARFAIT.	*s.*	Am	atus eram *ou* fueram,	*j'avais été aimé.*
		Am	atus eras *ou* fueras,	*tu avais été aimé.*
		Am	atus erat *ou* fuerat,	*il avait été aimé.*
	p.	Am	ati eramus *ou* fueramus,	*nous avions été aimés.*
		Am	ati eratis *ou* fueratis,	*vous aviez été aimés.*
		Am	ati erant *ou* fuerant,	*ils avaient été aimés.*
FUTUR.	*s.*	Am	abor,	*je serai aimé.*
		Am	aberis *ou* abere,	*tu seras aimé.*
		Am	abitur,	*il sera aimé.*
	p.	Am	abimur,	*nous serons aimés.*
		Am	abimini,	*vous serez aimés.*
		Am	abuntur,	*ils seront aimés.*

FUTUR AN- TÉRIEUR.	*s.* Am atus ero *ou* fuero,	*j'aurai été aimé.*
	Am atus eris *ou* fueris,	*tu auras été aimé.*
	Am atus erit *ou* fuerit,	*il aura été aimé.*
	p. Am ati erimus *ou* fuerimus,	*nous aurons été aimés.*
	Am ati eritis *ou* fueritis,	*vous aurez été aimés.*
	Am ati erunt *ou* fuerint,	*ils auront été aimés.*

IMPÉRATIF.

	s. Am are *ou* amator,	*sois aimé.*
	Am ator,	*qu'il soit aimé.*
	p. Am emur,	*soyons aimés.*
	Am amini,	*soyez aimés.*
	Am antor,	*qu'ils soient aimés.*

SUBJONCTIF.

PRÉSENT.	*s.* Am er,	*que je sois aimé.*
	Am eris *ou* am ere,	*que tu sois aimé.*
	Am etur,	*qu'il soit aimé.*
	p. Am emur,	*que nous soyons aimés.*
	Am emini,	*que vous soyez aimés.*
	Am entur,	*qu'ils soient aimés.*
IMPARFAIT,	*s.* Am arer,	*que je fusse aimé.*
	Am areris *ou* am arere,	*que tu fusses aimé.*
	Am aretur,	*qu'il fût aimé.*
	p. Am aremur,	*que n. fussions aimés.*
	Am aremini,	*que vous fussiez aimés.*
	Am arentur,	*qu'ils fussent aimés.*

Autrement pour le français : *Je serais aimé, tu serais aimé, il serait aimé,* etc.

PARFAIT.	*s.* Am atus sim *ou* fuerim,	*que j'aie été aimé.*
	Am atus sis *ou* fueris,	*que tu aies été aimé.*
	Am atus sit *ou* fuerit,	*qu'il ait été aimé.*
	p. Am ati simus *ou* fuerimus,	*que n. ayons été aimés.*
	Am ati sitis *ou* fueritis,	*que vous ayez été aimés.*
	Am ati sint *ou* fuerint,	*qu'ils aient été aimés.*
PLUS-QUE- PARFAIT.	*s.* Am atus essem *ou* fuissem,	*que j'eusse été aimé.*
	Am atus esses *ou* fuisses,	*que tu eusses été aimé.*
	Am atus esset *ou* fuisset,	*qu'il eût été aimé.*
	p. Am ati essemus *ou* fuissemus	*q. n. eussions été aimés.*
	Am ati essetis *ou* fuissetis,	*que v. eussiez été aimés.*
	Am ati essent *ou* fuissent,	*qu'ils eussent été aimés.*

Autrement pour le français : *J'aurais été aimé, tu aurais été aimé, il aurait été aimé.*

INFINITIF.

PRÉSENT. — Am ari, *être aimé.*

PARFAIT (*il se décline*). — Am atum, am, um esse *ou* fuisse, *avoir été aimé.*

FUTUR. — Am atum iri (*indécl.*), ou amandum, am, um esse, *devoir être aimé.*

FUTUR ANTÉRIEUR. — Amandum, am, um fuisse, *avoir dû être aimé.*
PARTICIPE PASSÉ. — Am atus, a, um, *aimé, ayant été aimé.*
PARTICIPE FUTUR. — Am andus, a, um, *devant être aimé.*
SUPIN. — Am atu, *à être aimé.*

Ainsi se conjuguent : *laudor*, je suis loué ; *vituperor*, je suis blâmé, etc.

REMARQUES. La première forme du futur passif marque simplement l'avenir : *credo hunc puerum amatum iri*, je crois que cet enfant sera aimé. La deuxième forme marque l'obligation : *Deus docet patrem amandum esse*, Dieu apprend qu'un père doit être aimé, qu'il faut l'aimer.

Dans les temps composés, le participe se décline tant au singulier qu'au pluriel, comme *bonus, a, um*, et s'accorde en genre, en nombre et en cas avec le sujet.

EXEMPLE. Le père a été aimé, *pater amatus est* ; la mère a été aimée, *mater amata est.*

DEUXIÈME CONJUGAISON PASSIVE.

INDICATIF.

	rad. term.	
PRÉSENT.	*s.* Mon eor,	*je suis averti.*
	Mon ēris *ou* ēre,	*tu es averti.*
	Mon etur,	*il est averti.*
	p. Mon emur,	*nous sommes avertis.*
	Mon emini,	*vous êtes avertis.*
	Mon entur,	*ils sont avertis.*
IMPARFAIT.	*s.* Mon ebar,	*j'étais averti.*
	Mon ebaris *ou* ebare,	*tu étais averti.*
	Mon ebatur,	*il était averti.*
	p. Mon ebamur,	*nous étions avertis.*
	Mon ebamini,	*vous étiez avertis.*
	Mon ebantur,	*ils étaient avertis.*
PARFAIT.	*s.* Mon itus sum *ou* fui,	*j'ai été averti.*
	Mon itus es *ou* fuisti,	*tu as été averti.*
	Mon itus est *ou* fuit,	*il a été averti.*
	p. Mon iti sumus *ou* fuimus,	*nous avons été avertis.*
	Mon iti estis *ou* fuistis,	*vous avez été avertis.*
	Mon iti sunt *ou* fuerunt,	*ils ont été avertis.*

Autrement pour le français : *Je fus averti, tu fus averti, il fut averti*, etc., ou : *J'eus été averti, tu eus été averti, il eut été averti*, etc.

PLUS-QUE- PARFAIT.	s. Mon itus eram *ou* fueram,	*j'avais été averti.*
	Mon itus eras *ou* fueras,	*tu avais été averti.*
	Mon itus erat *ou* fuerat,	*il avait été averti.*
	p. Mon iti eramus *ou* fueramus	*nous avions été avertis.*
	Mon iti eratis *ou* fueratis,	*vous aviez été avertis.*
	Mon iti erant *ou* fuerant,	*ils avaient été avertis.*
FUTUR.	s. Mon ebor,	*je serai averti.*
	Mon eberis *ou* ebere,	*tu seras averti.*
	Mon ebitur,	*il sera averti.*
	p. Mon ebimur,	*nous serons avertis.*
	Mon ebimini,	*vous serez avertis.*
	Mon ebuntur,	*ils seront avertis.*
FUTUR AN- TÉRIEUR	s. Mon itus ero *ou* fuero,	*j'aurai été averti.*
	Mon itus eris *ou* fueris,	*tu auras été averti.*
	Mon itus erit *ou* fuerit,	*il aura été averti.*
	p. Mon iti erimus *ou* fuerimus,	*nous aurons été avertis.*
	Mon iti eritis *ou* fueritis,	*vous aurez été avertis.*
	Mon iti erunt *ou* fuerint,	*ils auront été avertis.*

IMPÉRATIF.

s. Mon ere *ou* etor,	*sois averti.*
Mon etor,	*qu'il soit averti.*
p. Mon eamur,	*soyons avertis.*
Mon emini,	*soyez avertis.*
Mon entor,	*qu'ils soient avertis.*

SUBJONCTIF.

PRÉSENT.	s. Mon ear,	*que je sois averti.*
	Mon earis *ou* eare,	*que tu sois averti.*
	Mon eatur,	*qu'il soit averti.*
	p. Mon eamur,	*que nous soyons avertis*
	Mon eamini,	*que vous soyez avertis.*
	Mon eantur,	*qu'ils soient avertis.*
IMPARFAIT.	s. Mon erer,	*que je fusse averti.*
	Mon ereris *ou* erere,	*que tu fusses averti.*
	Mon eretur,	*qu'il fût averti.*
	p. Mon eremur,	*q. nous fussions avertis.*
	Mon eremini,	*que vous fussiez avertis.*
	Mon erentur,	*qu'ils fussent avertis.*

Autrement pour le français : *Je serais averti, tu serais averti, il serait averti*, etc.

PARFAIT.	s. Mon itus sim *ou* fuerim,	*que j'aie été averti.*
	Mon itus sis *ou* fueris,	*que tu aies été averti.*
	Mon itus sit *ou* fuerit,	*qu'il ait été averti.*
	p. Mon iti simus *ou* fuerimus,	*que n. ayons été avertis.*
	Mon iti sitis *ou* fueritis,	*que v. ayez été avertis.*
	Mon iti sint *ou* fuerint,	*qu'ils aient été avertis.*

PLUS-QUE-
PARFAIT.

    s. Mon itus essem *ou* fuissem, *que j'eusse été averti.*
    Mon itus esses *ou* fuisses,   *que tu eusses été averti.*
    Mon itus esset *ou* fuisset,   *qu'il eût été averti.*
    p. Mon iti essemus *ou* fuissemus *q. n. eussions été avertis*
    Mon iti essetis *ou* fuissetis, *que v. eussiez été avertis*
    Mon iti essent *ou* fuissent, *qu'ils eussent été avertis*

Autrement pour le français : *J'aurais été averti, tu aurais été averti, il aurait été averti,* etc.

INFINITIF.

PRÉSENT. — Mon eri, *être averti.*

PARFAIT (*il se décline*). — Mon itum, itam, itum esse *ou* fuisse *avoir été averti.*

FUTUR. — Mon itum iri (*indécl.*), *ou* monendum, am, um esse, *devoir être averti.*

FUTUR ANTÉRIEUR. — Monendum, am, um fuisse, *avoir dû être averti.*

PARTICIPE PASSÉ. — Mon itus, a, um, *averti, ayant été averti.*

PARTICIPE FUTUR. — Mon endus, a, um, *devant être averti.*

SUPIN. — Mon itu, *à être averti.*

Ainsi se conjuguent :

Doceor, je suis instruit ; *terreor,* je suis épouvanté ; *teneor,* je suis tenu ; *impleor,* je suis rempli, etc.

TROISIÈME CONJUGAISON PASSIVE. — PREMIER MODÈLE.

INDICATIF.

	rad.	term.	
PRÉSENT.	*s.* Leg	or,	*je suis lu.*
	Leg	ĕris *ou* ĕre,	*tu es lu.*
	Leg	itur,	*il est lu.*
	p. Leg	imur,	*nous sommes lus.*
	Leg	imini,	*vous êtes lus.*
	Leg	untur,	*ils sont lus.*
IMPARFAIT.	*s.* Leg	ebar,	*j'étais lu.*
	Leg	ebaris *ou* ebare,	*tu étais lu.*
	Leg	ebatur,	*il était lu.*
	p. Leg	ebamur,	*nous étions lus.*
	Leg	ebamini,	*vous étiez lus.*
	Leg	ebantur,	*ils étaient lus.*
PARFAIT.	*s.* Lec	tus sum *ou* fui,	*j'ai été lu.*
	Lec	tus es *ou* fuisti,	*tu as été lu.*
	Lec	tus est *ou* fuit,	*il a été lu.*
	p. Lec	ti sumus *ou* fuimus,	*nous avons été lus.*
	Lec	ti estis *ou* fuistis,	*vous avez été lus.*
	Lec	ti sunt *ou* fuerunt,	*ils ont été lus.*

Autrement pour le français : *Je fus lu, tu fus lu, il fut lu,* etc., ou : *j'eus été lu, tu eus été lu, il eut été lu,* etc.

PLUS-QUE-PARFAIT.

s. Lec tus eram *ou* fueram, *j'avais été lu.*
Lec tus eras *ou* fueras, *tu avais été lu.*
Lec tus erat *ou* fuerat, *il avait été lu.*
p. Lec ti eramus *ou* fueramus *nous avions été lus.*
Lec ti eratis *ou* fueratis, *vous aviez été lus.*
Lec ti erant *ou* fuerant, *ils avaient été lus.*

FUTUR.

s. Leg ar, *je serai lu.*
Leg eris *ou* ere, *tu seras lu.*
Leg etur, *il sera lu.*
p. Leg emur, *nous serons lus.*
Leg emini, *vous serez lus.*
Leg entur, *ils seront lus.*

FUTUR AN-TÉRIEUR.

s. Lec tus ero *ou* fuero, *j'aurai été lu.*
Lec tus eris *ou* fueris, *tu auras été lu.*
Lec tus erit *ou* fuerit, *il aura été lu.*
p. Lec ti erimus *ou* fuerimus *nous aurons été lus.*
Lec ti eritis *ou* fueritis, *vous aurez été lus.*
Lec ti erunt *ou* fuerint, *ils auront été lus.*

IMPÉRATIF.

s. Leg ere *ou* itor, *sois lu.*
Leg itor, *qu'il soit lu.*
p. Leg amur, *soyons lus.*
Leg imini, *soyez lus.*
Leg untor, *qu'ils soient lus.*

SUBJONCTIF.

PRÉSENT.

s. Leg ar, *que je sois lu.*
Leg aris *ou* are, *que tu sois lu.*
Leg atur, *qu'il soit lu.*
p. Leg amur, *que nous soyons lus.*
Leg amini, *que vous soyez lus.*
Leg antur, *qu'ils soient lus.*

IMPARFAIT.

s. Leg erer, *que je fusse lu.*
Leg ereris *ou* erere, *que tu fusses lu.*
Leg eretur, *qu'il fût lu.*
p. Leg eremur, *que nous fussions lus.*
Leg eremini, *que vous fussiez lus.*
Leg erentur, *qu'ils fussent lus.*

Autrement pour le français: *Je serais lu, tu serais lu, il serait lu,* etc.

PARFAIT.

s. Lec tus sim *ou* fuerim, *que j'aie été lu.*
Lec tus sis *ou* fueris, *que tu aies été lu.*
Lec tus sit *ou* fuerit, *qu'il ait été lu.*
p. Lec ti simus *ou* fuerimus, *que nous ayons été lus.*
Lec ti sitis *ou* fueritis, *que vous ayez été lus.*
Lec ti sint *ou* fuerint, *qu'ils aient été lus.*

PLUS-QUE-	*s.* Lec tus essem *ou* fuissem, *que j'eusse été lu.*
	Lec tus esses *ou* fuisses, *que tu eusses été lu.*
	Lec tus esset *ou* fuisset, *qu'il eût été lu.*
PARFAIT.	*p.* Lec ti essemus *ou* fuissemus *que nous eussions été lus.*
	Lec ti essetis *ou* fuissetis, *que vous eussiez été lus.*
	Lec ti essent *ou* fuissent, *qu'ils eussent été lus.*

Autrement pour le français : *J'aurais été lu, tu aurais été lu, il aurait été lu*, etc.

INFINITIF.

PRÉSENT. — Leg i, *être lu.*

PARFAIT (*il se décline*). — Lec tum, am, um esse *ou* fuisse, *avoir été lu.*

FUTUR. — Lec tum iri (*indécl.*) *ou* legendum, am, um esse, *devoir être lu.*

FUTUR ANTÉRIEUR. — Legendum, am, um fuisse, *avoir dû être lu.*

PARTICIPE PASSÉ. — Lec tus, a, um, *lu, ayant été lu.*

PARTICIPE FUTUR. — Leg endus, a, um, *devant être lu.*

SUPIN. — Lec tu, *à être lu.*

Ainsi se conjuguent :

Vincor, je suis vaincu ; *scribor*, je suis écrit ; *cognoscor*, je suis connu, etc.

TROISIÈME CONJUGAISON PASSIVE. — DEUXIÈME MODÈLE.

INDICATIF.

	rad. term.	
PRÉSENT.	*s.* Accip ior,	*je suis reçu.*
	Accip ĕris *ou* ĕre,	*tu es reçu.*
	Accip itur,	*il est reçu.*
	p. Accip imur,	*nous sommes reçus.*
	Accip imini,	*vous êtes reçus.*
	Accip iuntur,	*ils sont reçus.*
IMPARFAIT.	*s.* Accip iebar,	*j'étais reçu.*
	Accip iebaris *ou* iebare,	*tu étais reçu.*
	Accip iebatur,	*il était reçu.*
	p. Accep iebamur,	*nous étions reçus.*
	Accip iebamini,	*vous étiez reçus.*
	Accip iebantur,	*ils étaient reçus.*
PARFAIT.	*s.* Accep tus sum *ou* fui,	*j'ai été reçu.*
	Accep tus es *ou* fuisti,	*tu as été reçu.*
	Accep tus est *ou* fuit,	*il a été reçu.*
	p. Accep ti sumus *ou* fuimus,	*nous avons été reçus.*
	Accep ti estis *ou* fuistis,	*vous avez été reçus.*
	Accep ti sunt *ou* fuerunt,	*ils ont été reçus.*

Autrement pour le français : *Je fus reçu, tu fus reçu, il fut reçu*, etc., ou : *j'eus été reçu, tu eus été reçu, il eut été reçu*, etc.

PLUS-QUE-	*s.* Accep tus eram *ou* fueram, *j'avais été reçu.*
	Accep tus eras *ou* fueras, *tu avais été reçu.*
	Accep tus erat *ou* fuerat, *il avait été reçu.*
PARFAIT.	*p.* Accep ti eramus *ou* fueramus *nous avions été reçus.*
	Accep ti eratis *ou* fueratis, *vous aviez été reçus.*
	Accep ti erant *ou* fuerant, *ils avaient été reçus.*

FUTUR.
s. Accip iar,   *je serai reçu.*
Accip ieris *ou* iere,   *tu seras reçu.*
Accip ietur,   *il sera reçu.*
p. Accip iemur,   *nous serons reçus.*
Accip iemini,   *vous serez reçus.*
Accip ientur,   *ils seront reçus.*

FUTUR AN-
TÉRIEUR.
s. Accep tus ero *ou* fuero,   *j'aurai été reçu.*
Accep tus eris *ou* fueris,   *tu auras été reçu.*
Accep tus erit *ou* fuerit,   *il aura été reçu.*
p. Accep ti erimus *ou* fuerimus *nous aurons été reçus.*
Accep ti eritis *ou* fueritis,   *vous aurez été reçus.*
Accep ti erunt *ou* fuerint,   *ils auront été reçus.*

IMPÉRATIF.

s. Accip ere *ou* accipitor,   *sois reçu.*
Accip itor,   *qu'il soit reçu.*
p. Accip iamur,   *soyons reçus.*
Accip imini,   *soyez reçus.*
Accip iuntor,   *qu'ils soient reçus.*

SUBJONCTIF.

PRÉSENT.
s. Accip iar,   *que je sois reçu.*
Accip iaris *ou* iare,   *que tu sois reçu.*
Accip iatur,   *qu'il soit reçu.*
p. Accip iamur,   *que nous soyons reçus.*
Accip iamini,   *que vous soyez reçus.*
Accip iantur,   *qu'ils soient reçus.*

IMPARFAIT.
s. Accip erer,   *que je fusse reçu.*
Accip ereris *ou* erere,   *que tu fusses reçu.*
Accip eretur,   *qu'il fût reçu.*
p. Accip eremur,   *que nous fussions reçus.*
Accip eremini,   *que vous fussiez reçus.*
Accip erentur,   *qu'ils fussent reçus.*

Autrement pour le français : *Je serais reçu, tu serais reçu, il serait reçu*, etc.

PARFAIT. —Acceptus sim *ou* fuerim, *que j'aie été reçu* (le reste comme *lectus sim*).

PLUS-QUE-PARFAIT. — Acceptus essem *ou* fuissem, *que j'eusse été reçu* (le reste comme *lectus essem*).

Autrement pour le français : *J'aurais été reçu, tu aurais été reçu, il aurait été reçu*, etc.

INFINITIF.

PRÉSENT. — Accip i, *être reçu.*

PARFAIT (*il se décline*). — Acceptum, am, um esse *ou* fuisse, *avoir été reçu.*

FUTUR — Acceptum iri (*indécl.*), *ou* accipiendum, am, um esse, *devoir être reçu.*

FUTUR ANTÉRIEUR. —Accipiendum, am, um fuisse, *avoir dû être reçu.*

PARTICIPE PASSÉ. — Acceptus, a, um, *reçu, ayant été reçu.*

PARTICIPE FUTUR. — Accip iendus, a, um, *devant être reçu.*

SUPIN. — Acceptu, *à être reçu.*

Conjuguez ainsi les verbes *cupior*, je suis désiré ;
jacior, je suis jeté ; *rapior*, je suis enlevé, etc.

QUATRIÈME CONJUGAISON PASSIVE.

INDICATIF.

	rad.	term.	
PRÉSENT.	*s.* Aud	ior,	*je suis entendu.*
	Aud	iris *ou* ire,	*tu es entendu.*
	Aud	itur,	*il est entendu.*
	p. Aud	imur,	*nous sommes entendus.*
	Aud	imini,	*vous êtes entendus.*
	Aud	iuntur,	*ils sont entendus.*
IMPARFAIT.	*s.* Aud	iebar,	*j'étais entendu.*
	Aud	iebaris *ou* iebare,	*tu étais entendu.*
	Aud	iebatur,	*il était entendu.*
	p. Aud	iebamur,	*nous étions entendus.*
	Aud	iebamini,	*vous étiez entendus.*
	Aud	iebantur,	*ils étaient entendus.*
PARFAIT.	*s.* Aud	itus sum *ou* fui,	*j'ai été entendu.*
	Aud	itus es *ou* fuisti,	*tu as été entendu.*
	Aud	itus est *ou* fuit,	*il a été entendu.*
	p. Aud	iti sumus *ou* fuimus,	*nous avons été entendus.*
	Aud	iti estis *ou* fuistis,	*vous avez été entendus.*
	Aud	iti sunt *ou* fuerunt,	*ils ont été entendus.*

Autrement pour le français : *Je fus entendu, tu fus entendu, il fut
entendu*, etc., ou : *j'eus été entendu, tu eus été entendu, il eut été
entendu*, etc.

	rad.	term.	
PLUS-QUE-PARFAIT.	*s.* Aud	itus eram *ou* fueram,	*j'avais été entendu.*
	Aud	itus eras *ou* fueras,	*tu avais été entendu.*
	Aud	itus erat *ou* fuerat,	*il avait été entendu.*
	p. Aud	iti eramus *ou* fueramus	*nous avions été entendus*
	Aud	iti eratis *ou* fueratis,	*vous aviez été entendus.*
	Aud	iti erant *ou* fuerant,	*ils avaient été entendus.*
FUTUR.	*s.* Aud	iar,	*je serai entendu.*
	Aud	ieris *ou* iere,	*tu seras entendu.*
	Aud	ietur.	*il sera entendu.*
	p. Aud	iemur,	*nous serons entendus.*
	Aud	iemini,	*vous serez entendus.*
	Aud	ientur,	*ils seront entendus.*
FUTUR ANTÉRIEUR.	*s.* Aud	itus ero *ou* fuero,	*j'aurai été entendu.*
	Aud	itus eris *ou* fueris,	*tu auras été entendu.*
	Aud	itus erit *ou* fuerit,	*il aura été entendu.*
	p. Aud	iti erimus *ou* fuerimus,	*nous aurons été entendus*
	Aud	iti eritis *ou* fueritis,	*vous aurez été entendus.*
	Aud	iti erunt *ou* fuerint,	*ils auront été entendus.*

IMPÉRATIF.

s. Aud ire *ou* itor,	*sois entendu.*
Aud itor,	*qu'il soit entendu.*
p. Aud iamur,	*soyons entendus.*
Aud imini,	*soyez entendus.*
Aud iuntor,	*qu'ils soient entendus.*

SUBJONCTIF.

PRÉSENT.	*s.* Aud iar,	*que je sois entendu.*
	Aud iaris *ou* iare,	*que tu sois entendu.*
	Aud iatur,	*qu'il soit entendu.*
	p. Aud iamur,	*que n. soyons entendus.*
	Aud iamini,	*que vous soyez entendus.*
	Aud iantur,	*qu'ils soient entendus.*
IMPARFAIT.	*s.* Aud irer,	*que je fusse entendu.*
	Aud ireris *ou* irere,	*que tu fusses entendu.*
	Aud iretur,	*qu'il fût entendu.*
	p. Aud iremur,	*que n. fussions entendus*
	Aud iremini,	*que v. fussiez entendus.*
	Aud irentur,	*qu'ils fussent entendus.*

Autrement pour le français : *Je serais entendu, tu serais entendu, il serait entendu*, etc.

PARFAIT.	*s.* Aud itus sim *ou* fuerim,	*que j'aie été entendu.*
	Aud itus sis *ou* fueris,	*que tu aies été entendu.*
	Aud itus sit *ou* fuerit,	*qu'il ait été entendu.*
	p. Aud iti simus *ou* fuerimus,	*que n. ayons été entendus*
	Aud iti sitis *ou* fueritis,	*que v. ayez été entendus.*
	Aud iti sint *ou* fuerint.	*qu'ils aient été entendus.*
PLUS-QUE-	*s.* Aud itus essem *ou* fuissem,	*que j'eusse été entendu.*
PARFAIT.	Aud itus esses *ou* fuisses,	*que tu eusses été entendu.*
	Aud itus esset *ou* fuisset,	*qu'il eût été entendu.*
	p. Aud iti essemus *ou* fuissemus	*que n. eus. été entendus*
	Aud iti essetis *ou* fuissetis,	*que v. eus. été entendus.*
	Aud iti essent *ou* fuissent,	*qu'ils euss. été entendus.*

Autrement pour le français : *J'aurais été entendu, tu aurais été entendu, il aurait été entendu*, etc.

INFINITIF.

PRÉSENT. — Aud iri, *être entendu.*

PARFAIT (*il se décline*). — Aud itum, itam, itum esse *ou* fuisse, *avoir été entendu.*

FUTUR. — Aud itum iri (*indécl.*) *ou* aud iendum, am, um esse, *devoir être entendu.*

FUTUR ANTÉRIEUR. — Audiendum, am, um fuisse, *avoir dû être entendu.*

PARTICIPE PASSÉ. — Aud itus, a, um, *entendu, ayant été entendu.*

PARTICIPE FUTUR. — Aud iend us, a, um, *devant être entendu.*

SUPIN. — Aud itu, *à être entendu.*

Ainsi se conjuguent :

Aperior, je suis ouvert ; *munior*, je suis fortifié ; *sepelior*, je suis enseveli ; *punior*, je suis puni, etc.

Dans lequel sont présentées, sous un même coup d'œil, les quatre conjugaisons passives.

INDICATIF.	1	2	3	4
PRÉSENT.	Am or, aris,	mon eor, ĕris,	leg or, ĕris,	aud ior, iris.
IMPARFAIT.	Am abar, abaris,	mon ebar, ebaris,	leg ebar, ebaris,	aud iebar, iebaris.
PARFAIT.	Am atus sum *ou* fui,	mon itus sum,	lec tus sum,	aud itus sum.
PLUS-QUE-PARFAIT.	Am atus eram *ou* fueram,	mon itus eram,	lec tus eram,	aud itus eram.
FUTUR.	Am abor, aberis,	mon ebor, eberis,	leg ar, eris,	aud iar, ieris.
FUTUR ANTÉRIEUR.	Am atus ero *ou* fuero,	mon itus ero,	lec tus ero,	aud itus ero.
IMPÉRATIF.	Am are, ator,	mon ere, etor,	leg ere, itor,	aud ire, itor.
SUBJONCTIF.				
PRÉSENT.	Am er, eris,	mon ear, earis,	leg ar, aris,	aud iar, iaris.
IMPARFAIT.	Am arer, areris,	mon erer, ereris,	leg erer, ereris,	aud irer, ireris.
PARFAIT.	Am atus sim *ou* fuerim,	mon itus sim,	lec tus sim,	aud itus sim.
PLUS-QUE-PARFAIT.	Ama tus essem *ou* fuissem,	mon itus essem,	lec tus essem,	aud itus essem.
INFINITIF.				
PRÉSENT.	Am ari,	mon eri,	leg i,	aud iri.

FORMATION DES TEMPS A LA VOIX PASSIVE.

Les temps du passif se divisent en temps *simples* et en temps *composés*.

Les temps *simples* ne sont que d'un mot, comme : *amor, amabor*, etc.

Les temps *composés* sont de deux mots ; on ajoute au participe passé l'un des temps du verbe *sum* ; exemple : *amatus sum, amatus eram, amatus ero*, etc.

Les temps simples du passif se forment des mêmes temps de l'actif en ajoutant *r* à ceux qui sont terminés en *o : amo, amor* ; et en changeant *m* en *r* aux temps de l'actif qui sont terminés en *m : amabam, amabar* ; *amarem, amarer*, etc.

Du supin actif se forme le participe passé passif en changeant *um* en *us : amatum, amatus ; monitum, monitus ; lectum, lectus ; auditum, auditus*.

Du présent de l'indicatif actif se forme le participe futur passif en changeant *o* en *andus* pour la première conjugaison : *amo, am*andus ; *eo* en *endus* pour la deuxième : *moneo, mon*endus ; et *o* en *endus* pour les deux autres : *lego, leg*endus, *accipio, accip*iendus, *audio, aud*iendus.

RÈGLES DES VERBES PASSIFS.

Amor à Deo.

Le complément du verbe passif se met à l'ablatif avec *à* ou *ab*, quand c'est un nom d'être animé.

EXEMPLES. Je suis aimé, j'étais aimé, je serai aimé de Dieu, *amor, amabar, amabor à Deo* ; vous étiez écouté, vous aviez été écouté par vos écoliers, *audiebaris, auditus fueras à tuis discipulis* ; il sera instruit, il aura été instruit par le maître, *docebitur, doctus erit à magistro* ; ce livre est lu par l'enfant, *hic liber legitur à puero.*

Mœrore conficior.

Le complément du verbe passif se met à l'ablatif *sans préposition* quand c'est un nom de chose.

EX. Je suis accablé de chagrin, *mœrore conficior.*

REMARQUE. Le verbe passif peut être suivi du nominatif : je suis appelé lion, *ego nominor leo.*

VERBES DÉPONENTS.

Les verbes déponents se conjuguent pour le latin comme les verbes passifs, et pour le français comme les verbes actifs.

On les appelle *déponents*, parce qu'ils ont déposé la forme active dont ils ont retenu le sens. Il y a des verbes déponents se rapportant à chacune des quatre conjugaisons passives.

VERBE DÉPONENT DE LA 1re CONJUGAISON.

Imitor, sur *amor.*

On conjuguera en entier les verbes déponents avec le français.

INDICATIF PRÉSENT. — Imitor, *j'imite*, etc.

IMPARFAIT. — Imitabar, *j'imitais*, etc.

PARFAIT. — Imitatus sum *ou* fui, *j'ai imité*, etc.

Autrement pour le français : *J'imitai, tu imitas*, etc., ou : *j'eus imité, tu eus imité*, etc.

PLUS-QUE-PARFAIT. — Imitatus eram *ou* fueram, *j'avais imité*, etc.

FUTUR. — Imitabor, *j'imiterai*, etc.

FUTUR ANTÉRIEUR. — Imitatus ero *ou* fuero, *j'aurai imité*, etc.

IMPÉRATIF. — Imitare *ou* imitator, *imite*, etc.

SUBJONCTIF PRÉSENT. — Imiter, *que j'imite*, etc.

IMPARFAIT. — Imitarer, *que j'imitasse*, etc.

Autrement pour le français : *J'imiterais, tu imiterais, il imiterait*, etc.

PARFAIT. — Imitatus sim *ou* fuerim, *que j'aie imité*, etc.

PLUS-QUE-PARFAIT. — Imitatus essem *ou* fuissem, *que j'eusse imité*, etc.

Autrement pour le français : *J'aurais imité, tu aurais imité, il aurait imité*, etc.

Nous donnons l'infinitif en entier, parce qu'il offre dans ses temps un mélange de la voix active et de la voix passive.

INFINITIF.

PRÉSENT. — Imit ari, *imiter.*

PARFAIT (*il se décline*). — Imit atum, am, um esse *ou* fuisse, *avoir imité.*

FUTUR (*il se décline*). — Imit aturum, am, um esse, *devoir imiter.*

FUTUR ANTÉRIEUR (*il se décline*). — Imit aturum, am, um fuisse, *avoir dû imiter*.
PARTICIPE PRÉSENT. — Imit ans, imit antis, *imitant*.
PARTICIPE PASSÉ. — Imit atus, a, um, *ayant imité*.
PARTICIPE FUTUR. — Imit aturus, a, um, *devant imiter*.
PARTICIPE FUTUR PASSIF. — Imit andus, a, um, *devant être imité*.

SUPIN. . . . $\left\{\begin{array}{l}\text{Imit atum, } \textit{à imiter.}\\ \text{Imit atu, } \textit{à être imité.}\end{array}\right.$

GÉRONDIFS. $\left\{\begin{array}{l}\text{Imit andi, } \textit{d'imiter.}\\ \text{Imit ando, } \textit{en imitant.}\\ \text{Imit andum, } \textit{à imiter ou pour imiter.}\end{array}\right.$

Ainsi se conjuguent :

Mirari, miror, admirer; *hortari*, hortor, exhorter; *precari*, precor, prier; *venerari*, veneror, respecter.

VERBE DÉPONENT DE LA 2ᵉ CONJUGAISON.

Polliceor, sur *moneor*.

INDICATIF PRÉSENT. — Polliceor, *je promets;* polliceris, *tu promets*, etc.
IMPARFAIT. — Pollicebar, *je promettais*, etc.
PARFAIT. — Pollicitus sum *ou* fui, *jai promis*, etc.

Autrement pour le français : *Je promis, tu promis*, etc., ou : *j'eus promis, tu eus promis, il eut promis*, etc.

PLUS-QUE-PARFAIT. — Pollicitus eram *ou* fueram, *j'avais promis*, etc.
FUTUR. — Pollicebor, *je promettrai*, etc.
FUTUR ANTÉRIEUR. — Pollicitus ero *ou* fuero, *j'aurai promis*, etc.
IMPÉRATIF. — Pollicere *ou* pollicetor, *promets*.
SUBJONCTIF PRÉSENT. — Pollicear, *que je promette*, etc.
IMPARFAIT. — Pollicerer, *que je promisse*, etc.

Autrement pour le français : *Je promettrais, tu promettrais, il promettrait*, etc.

PARFAIT. — Pollicitus sim *ou* fuerim, *que j'aie promis,* etc.
PLUS-QUE-PARFAIT. — Pollicitus essem *ou* fuissem, *que j'eusse promis*, etc.

Autrement pour le français : *J'aurais promis, tu aurais promis, il aurait promis*, etc.

INFINITIF.

PRÉSENT. — Polliceri, *promettre*.
PARFAIT (*il se décline*). — Pollicitum, am, um esse *ou* fuisse, *avoir promis*.
FUTUR (*il se décline*). — Polliciturum, am, um esse, *devoir promettre*.
FUTUR ANTÉRIEUR (*il se décline*). — Polliciturum, am, um fuisse, *avoir dû promettre*.
PARTICIPE PRÉSENT. — Pollicens, entis, *promettant*.

PARTICIPE PASSÉ. — Pollicitus, a , um , *ayant promis.*
PARTICIPE FUTUR. — Polliciturus, a , um , *devant promettre.*
PARTICIPE FUTUR PASSIF. — Pollicendus, a, um, *devant être promis.*
SUPIN. . . . { Pollic itum , *à promettre.*
{ Pollic itu , *à être promis.*
GÉRONDIFS. { Pollic endi , *de promettre.*
{ Pollic endo, *en promettant.*
{ Pollic endum , *à promettre* ou *pour promettre.*

Ainsi se conjuguent :

Misereri , misereor , misertus sum , avoir pitié ; *vereri , vereor, veritus sum.,* craindre ; *fateri , fateor, fassus sum,* avouer.

VERBE DÉPONENT DE LA 3ᵉ CONJUGAISON.

Utor, sur *legor.*

INDICATIF PRÉSENT. — Utor, *je me sers,* etc.
IMPARFAIT. — Utebar, *je me servais,* etc.
PARFAIT. — Usus sum *ou* fui, *je me suis servi,* etc.

Autrement pour le français : *Je me servis, tu te servis,* etc., ou : *je me fus servi, tu te fus servi,* etc.

PLUS-QUE-PARFAIT. — Usus eram *ou* fueram, *je m'étais servi,* etc.
FUTUR. — Utar, *je me servirai ;* uteris, *tu te serviras,* etc.
FUTUR ANTÉRIEUR. — Usus ero *ou* fuero, *je me serai servi,* etc.
IMPÉRATIF. — Utere *ou* utitor, *sers-toi,* etc.
SUBJONCTIF PRÉSENT. — Utar, *que je me serve ;* utaris, *que tu te serves,* etc.
IMPARFAIT. — Uterer, *que je me servisse,* etc.

Autrement pour le français : *Je me servirais, tu te servirais, il se servirait,* etc.

PARFAIT. — Usus sim *ou* fuerim, *que je me sois servi,* etc.
PLUS-QUE-PARFAIT. — Usus essem *ou* fuissem, *que je me fusse servi,* etc.

Autrement pour le français : *Je me serais servi, tu te serais servi,* etc.

INFINITIF.

PRÉSENT. — Uti, *se servir.*
PARFAIT (*il se décline*). — Usum, am, um esse *ou* fuisse, *s'être servi.*
FUTUR (*il se décline*). — Usurum, am, um esse , *devoir se servir.*
FUTUR ANTÉRIEUR (*il se décline*). — Usurum, am, um fuisse, *avoir dû se servir.*
PARTICIPE PRÉSENT. — Utens, utentis, *se servant.*
PARTICIPE PASSÉ. — Usus, usa, usum, *s'étant servi.*
PARTICIPE FUTUR. — Usurus, ra, rum, *devant se servir.*
SUPIN. — Usum, *à se servir*
GÉRONDIFS. — Utendi, *de se servir ;* utendo, *en se servant ;* utendum, *à* ou *pour se servir.*

Ainsi se conjuguent :

Sequi, sequor, secutus sum, suivre ; *loqui, loquor, locutus sum*, parler ; *ulcisci, ulciscor, ultus sum*, se venger ; *nasci, nascor, natus sum*, naître. Ce dernier verbe fait au participe futur *nasciturus*.

Conjuguez sur *accipior* les verbes déponents qui ont l'infinitif en *i* et l'indicatif présent en *ior*, comme :

Pati, patior, pateris, passus sum, souffrir ; *ingredi, ingredior, ingrederis, ingressus sum*, entrer ; *mori, morior, moreris, mortuus sum*, mourir.

INDICATIF PRÉSENT.	IMPÉRATIF.
Morior, je meurs.	*Morere*, meurs.
Moreris ou *morere*, tu meurs.	*Moritor* (*ille*), etc.
Moritur, il meurt, etc.	

IMPARFAIT DU SUBJONCTIF.

Morerer, que je mourusse.
Morereris ou *morerere*, que tu mourusses, etc.

Le participe futur est *moriturus; mori* n'a pas de supin.

VERBE DÉPONENT DE LA 4e. CONJUGAISON.

Blandior, sur *audior*.

INDICATIF PRÉSENT.— Blandior, *je flatte ;* blandiris, *tu flattes* *, etc.
IMPARFAIT. — Blandiebar, *je flattais*, etc.
PARFAIT. — Blanditus sum *ou* fui, *j'ai flatté*, etc.

Autrement pour le français : *Je flattai, tu flattas, il flatta*, etc., ou : *j'eus flatté, tu eus flatté*, etc.

PLUS-QUE-PARFAIT. — Blanditus eram *ou* fueram , *j'avais flatté*, etc.
FUTUR. — Blandiar, *je flatterai ;* blandieris, *tu flatteras*, etc.
FUTUR ANTÉRIEUR. — Blanditus ero *ou* fuero, *j'aurai flatté*, etc.
IMPÉRATIF. — Blandire *ou* blanditor, *flatte*, etc.
SUBJONCTIF PRÉSENT. — Blandiar, *que je flatte ;* blandiaris, *que tu flattes*, etc.
IMPARFAIT. — Blandirer, *que je flattasse*, etc.

Autrement pour le français : *Je flatterais, tu flatterais, il flatterait*, etc.

PARFAIT. — Blanditus sim *ou* fuerim, *que j'aie flatté*, etc.
PLUS-QUE-PARFAIT. — Blanditus essem *ou* fuissem , *que j'eusse flatté*, etc.

Autrement pour le français : *J'aurais flatté, tu aurais flatté, il aurait flatté*, etc.

---

* Ici flatter signifie *caresser.*—Flatter dans le sens de *louer beaucoup* se traduit par *adulari.*

INFINITIF.

PRÉSENT. — Blandiri, *flatter*.

PARFAIT (*il se décline*). — Blanditum, am, um esse *ou* fuisse, *avoir flatté*.

FUTUR (*il se décline*). — Blanditurum, am, um esse, *devoir flatter*.

FUTUR ANTÉRIEUR (*il se décline*) — Blanditurum, am, um fuisse, *avoir dû flatter*.

PARTICIPE PRÉSENT. — Blandiens, ientis, *flattant*.

PARTICIPE PASSÉ. — Blanditus, a, um, *ayant flatté*.

PARTICIPE FUTUR. — Blanditurus, a, um, *devant flatter*.

SUPIN. — Blanditum, *à flatter*.

GÉRONDIFS. { Blandiendi, *de flatter*.
Blandiendo, *en flattant*.
Blandiendum, *à flatter* ou *pour flatter*.

Ainsi se conjuguent les verbes déponents qui ont l'infinitif en *iri* et l'indicatif présent en *ior*, comme :

Largiri, largior, largitus sum, donner; *experiri, experior, expertus sum*, éprouver; *metiri, metior, mensus sum*, mesurer; *partiri, partior, partitus sum*, partager; *adoriri, adorior, adortus sum*, attaquer *.

Remarque sur les verbes déponents.

Le supin en *u* et le participe en *dus* ayant le sens passif n'existent pas dans les verbes déponents qui n'ont pas la signification active, tels que *blandior, morior, utor*, etc.

Largior ayant la signification active a le participe futur passif, *largiendus*, devant être donné, et le supin en *u*, *largitu*, à être donné.

Sequor a de même *sequendus* et *secutu*.

RÈGLES DES VERBES DÉPONENTS.

Imitor patrem meum.

Certains verbes déponents gouvernent l'accusatif.

EXEMPLES. J'imite mon père, *imitor patrem meum;* vous avez promis une récompense, *pollicitus es mercedem.*

---

* *Voyez*, au supplément des verbes, la manière dont il faut conjuguer *orior* et *exorior*, à l'indicatif présent.

Blanditur nutrici.

D'autres verbes déponents gouvernent le datif.
L'enfant caresse sa nourrice, *puer blanditur suæ nutrici.*

Miserere pauperis.

D'autres gouvernent le génitif.
Ayez pitié du pauvre, *miserere pauperis.*

Utor lacte.

D'autres enfin gouvernent l'ablatif.
Je fais usage du lait, *utor lacte.*
Le dictionnaire indique à chaque verbe déponent le cas qu'il régit.

Illum omnes admirantur.

Quand un verbe, au passif dans le français, est déponent en latin, il faut tourner le passif en actif.

Il est admiré de tout le monde, tournez : tout le monde l'admire, *illum omnes admirantur.*

Remarque. Le verbe déponent peut être suivi du nominatif. Vous semblez sage, *tu videris sapiens.*

VERBES NEUTRES.

Le verbe *neutre* est celui qui ne peut devenir passif et qui n'a pas de complément direct.
Neutre, du latin *neuter,* veut dire *ni l'un ni l'autre,* c'est-à-dire ni actif ni passif.
Il y a des verbes neutres se rapportant à chacune des quatre conjugaisons actives.

PREMIÈRE CONJUGAISON.— Conjuguez sur *amo :*

Regno, as, avi, atum, are, régner.
Pugno, as, avi, atum, are, combattre.

DEUXIÈME CONJUGAISON. — Conjuguez sur *moneo :*

Sedeo, sedes, sedi, sessum, sedērĕ, être assis.
Noceo, noces, nocui, nocitum, nocērĕ, nuire.
Placeo, places, placui, placitum, placērĕ, plaire.
Faveo, faves, favi, fautum, favērĕ, favoriser.

TROISIÈME CONJUGAISON. — 1° Conjuguez sur *lego* :

Quiesco, *is*, *quievi*, *quietum*, *quiescĕre*, se reposer.
Curro, *is*, *cucurri*, *cursum*, *currĕre*, courir.
Gemo, *is*, *gemui*, *gemitum*, *gemĕre*, gémir.

2° Conjuguez sur *accipio* :

Sapio, *sapis*, *sapui* et *sapivi* ou *ii*, *sapĕrĕ* (sans supin), être sage.

QUATRIÈME CONJUGAISON. — Conjuguez sur *audio* :

Obedio, *is*, *obedivi*, *obeditum*, *īrĕ*, obéir.
Dormio, *is*, *dormivi*, *dormitum*, *īrĕ*, dormir,

CONJUGAISON DU VERBE *cado*, je tombe.

Ne confondez pas avec les verbes passifs certains verbes neutres qui prennent en français l'auxiliaire *être* au lieu d'*avóir* dans leurs temps composés, comme *tomber, arriver, venir, partir*, etc.

INDICATIF PRÉSENT. — Cado, *je tombe*; cadis, *tu tombes*, etc.
IMPARFAIT. — Cadebam, *je tombais*, etc.
PARFAIT. — Cecidi, *je suis tombé*, etc.

Autrement pour le français : *Je tombai, tu tombas*, etc.; on dit aussi : *je fus tombé, tu fus tombé*, etc.

PLUS-QUE-PARFAIT. — Cecideram, *j'étais tombé*, etc.
FUTUR. — Cadam, *je tomberai*; cades, *tu tomberas*, etc.
FUTUR ANTÉRIEUR. — Cecidero, *je serai tombé*, etc.
IMPÉRATIF. — Cade *ou* Cadito, *tombe*, etc.
SUBJONCTIF PRÉSENT. — Cadam, *que je tombe*, etc.
IMPARFAIT. — Caderem, *que je tombasse*, etc.

Autrement pour le français : *Je tomberais, tu tomberais, il tombe-rait*, etc.

PARFAIT. — Ceciderim, *que je sois tombé*, etc.
PLUS-QUE-PARFAIT. — Cecidissem, *que je fusse tombé*, etc.

Autrement pour le français : *Je serais tombé, tu serais tombé*, etc.

INFINITIF PRÉSENT. — Cadere, *tomber*.
PARFAIT. — Cecidisse, *être tombé*.
FUTUR (*il se décline*). — Casurum, am, um esse, *devoir tomber*.
FUTUR ANTÉRIEUR (*il se décline*). — Casurum, am, um fuisse, *avoir dû tomber*.
PARTICIPE PRÉSENT. — Cadens, cadentis, *tombant*.
PARTICIPE FUTUR. — Casurus, a, um, *devant tomber*.
SUPIN. — Casum, *à tomber*.

GÉRONDIFS. — Cadendi , *de tomber ;* cadendo, *en tombant ;* cadendum , *à tomber* ou pour *tomber.*

Ainsi se conjuguent pour le français , les verbes *arriver, venir, partir,* etc. ; pour le latin , ces verbes suivent la conjugaison à laquelle ils appartiennent. Ainsi *advenio, is, adveni , adventum, advenire,* arriver, est de la quatrième conjugaison; *proficiscor, proficisceris , profectus sum, proficisci,* partir est de la troisième conjugaison et se conjugue sur *utor.*

RÈGLES DES VERBES NEUTRES.

Studeo grammaticæ.

La plupart des verbes neutres gouvernent le datif.

EXEMPLE. J'étudie la grammaire , *studeo grammaticæ;* vous favorisez la noblesse , *faves nobilitati;* il nuit aux autres , *nocet aliis.*

Mihi favet fortuna.

Quand un verbe au passif dans le français est neutre en latin , il faut tourner le passif en actif.

EXEMPLE. Je suis favorisé de la fortune, tournez : la fortune me favorise , *mihi favet fortuna (favere* n'a point de passif).

REMARQUE. Le verbe neutre peut être suivi du nominatif. Le geai revint tout chagrin , *graculus rediit mœrens.*

CINQUIÈME ESPÈCE DE MOTS.

PARTICIPES, GÉRONDIFS ET SUPINS.

Les *participes* sont des adjectifs qui viennent des verbes ; ils s'accordent en genre, en nombre et en cas avec le nom auquel ils sont joints, et de plus ils gouvernent le même cas que le verbe d'où ils viennent : c'est pour cela qu'on les nomme *participes,* parce qu'ils tiennent de l'adjectif et du verbe.

EXEMPLE. L'enfant écoutant, devant écouter son maître, *puer audiens, auditurus magistrum suum* ; le fils ayant été récompensé par son père, *filius remuneratus à patre suo.*

Il y a trois sortes de participes : le participe *présent*, le participe *passé* et le participe *futur*. Le verbe *sum* n'a que le participe futur. Ce participe est *futurus, a, um.*

Les verbes actifs n'ont que deux participes : le participe présent et le participe futur.

EXEMPLE. *Amans,* aimant, *amaturus,* devant aimer.

Notre participe passé *ayant aimé, ayant lu,* manque en latin dans les verbes actifs ; on y supplée par une conjonction (*V.* Syntaxe).

Les verbes passifs ont également deux participes : le participe passé et le participe futur.

EXEMPLE. *Amatus,* ayant été aimé, *amandus,* devant être aimé.

Notre participe présent passif *étant aimé, étant lu,* etc., manque en latin ; on y supplée par une conjonction.

Les verbes neutres ont deux participes : le participe présent et le participe futur.

EXEMPLE. *Placens,* plaisant ; *placiturus,* devant plaire.

La plupart des verbes déponents en ont quatre : les deux de l'actif et les deux du passif ; mais le participe passé a la signification active et répond exactement à notre participe passé actif. Ainsi *imitatus* signifie ayant imité.

Imitandus a toujours la signification passive : il signifie devant être imité, qu'il faut imiter.

On décline sur *prudens* les participes présents en *ans* et en *ens,* et sur *bonus* tous les participes terminés en *us.*

GÉRONDIFS ET SUPINS.

Le gérondif est un nom verbal, c'est-à-dire formé d'un verbe ; il a différents cas, il est du genre neutre et du singulier.

EMPLOI DU GÉRONDIF.

Tempus legendi.

L'infinitif servant de complément à un nom se met au gérondif en *di* qui est un véritable génitif.

EXEMPLE. Le temps de lire, *tempus legendi.*

Ambulat legendo.

En, avec le participe présent, veut le verbe latin au gérondif en *do*.

EXEMPLE. Il se promène *en* lisant, *ambulat legendo* (*legendo* est à l'ablatif).

Legit ad discendum.

Pour, devant un infinitif français, se rend en latin par *ad* avec le gérondif en *dum*.

EXEMPLE. Il lit *pour* apprendre, *legit ad discendum* (*discendum* est à l'accusatif).

Le supin est un nom verbal comme le gérondif. Il y a deux supins, l'un en *um*, l'autre en *u*. Le premier a la signification active, l'autre a la signification passive. *Amatum* veut dire à aimer, *amatu*, à être aimé.

EMPLOI DU SUPIN.

Res jucunda auditu.

Après les adjectifs agréable *à*, admirable *à*, facile *à*, l'infinitif français se rend en latin par le supin en *u*.

EXEMPLE. Chose agréable à entendre, c'est-à-dire à être entendue, *res jucunda auditu.*

Eo lusum.

Quand il y a en français deux verbes de suite, et que le premier marque du mouvement, comme *aller*, *venir*, on met en latin le second au supin en *um*.

EXEMPLE. Je vais jouer, *eo lusum.*

REMARQUE. Les gérondifs et les supins gouvernent le même cas que les verbes d'où ils viennent : le temps d'étudier la grammaire, *tempus studendi grammaticæ* (le verbe *studere* gouverne le datif). J'irai les secourir, *ibo adjutum eos* (*adjuvare* gouverne l'accusatif).

SIXIÈME ESPÈCE DE MOTS.

L'ADVERBE.

L'adverbe est un mot indéclinable qui se joint le plus souvent à un verbe, et en détermine la signification.

Ce mot est nommé *adverbe*, parce qu'il est ordinairement placé auprès du verbe.

Il y a différentes sortes d'adverbes.

ADVERBES DE TEMPS.

Hodiè,	*aujourd'hui.*
Cras,	*demain.*
Heri,	*hier.*
Pridiè,	*la veille.*
Postridiè,	*le lendemain.*
Quondam,	*autrefois.*
Nunc,	*maintenant.*
Diu,	*longtemps.*
Sæpe,	*souvent.*
Mox,	*bientôt.*
Semper,	*toujours*, etc.

(Les adverbes de temps répondent souvent à la question *quand?*)

ADVERBES DE LIEU.

Ubi,	*où.*
Undè,	*d'où.*
Ibi,	*là.*
Alibi,	*ailleurs.*
Nusquam,	*nulle part.*
Ubique,	*partout*, etc.

(Les adverbes de lieu répondent souvent à la question *où?*)

ADVERBES DE QUANTITÉ.

Parùm,	*peu.*
Paululùm,	*un peu.*
Tantùm,	*autant.*
Multùm,	*beaucoup.*
Plus,	*plus.*
Minus,	*moins.*
Satis,	*assez.*
Nimiùm,	*trop*, etc.

(Les adverbes de quantité répondent à la question *combien?*)

ADVERBES DE NOMBRE.

Semel,	*une fois.*
Bis,	*deux fois.*
Ter,	*trois fois.*
Quoties,	*combien de fois?*
Centies,	*cent fois*, etc.

ADVERBES DE MANIÈRE.

Doctè,	*savamment.*
Fortiter,	*courageusement.*
Feliciter,	*heureusement.*
Benè,	*bien.*
Malè,	*mal.*
Liberè,	*librement*, etc.

(Les adverbes de manière répondent à la question *comment?*)

ADVERBES D'INTERROGATION.

Ne (après un mot)?	*est-ce que?*
vides ne?	*vois-tu?*
An? num?	*est-ce que?*
Nonne?	*est-ce que... ne pas?*
nonne vides?	*ne vois-tu pas?*
Cur, quare?	*pourquoi?*
Quorsum?	*à quoi bon?* etc.

ADVERBES D'AFFIRMATION.

Certè,	*certainement.*
Profectò,	*assurément.*
Sanè,	*certes.*
Etiam,	*même, aussi.*
Nimirùm,	*sans doute*, etc.

ADVERBES DE NÉGATION.

Non, haud, *non, ne pas.*
Minime, nequaquam, *nullement, pas du tout.*

ADVERBES DE DOUTE.

Fortasse, forsitan, *peut-être.*

<table>
<tr><td>ADVERBES DE RESSEMBLANCE.</td><td>Sicut,</td><td rowspan="4">comme.</td></tr>
<tr><td></td><td>Velut,</td></tr>
<tr><td>Quasi, comme si.</td><td>Ut,</td></tr>
<tr><td>Pariter, pareillement.</td><td>Tanquam,</td></tr>
</table>

Utinam, plaise à Dieu que, est un adverbe qui marque le désir ; il se construit avec le subjonctif.

EXEMPLE. *Utinam sis felix*, plaise à Dieu, Dieu veuille que vous soyez heureux !

Degrés de signification dans les adverbes.

Plusieurs adverbes ont un comparatif et un superlatif, comme :

Doctè,	Doctiùs,	Doctissimè,
savamment,	*plus savamment,*	*très-savamment.*
Citò,	Citiùs,	Citissimè,
vite,	*plus vite,*	*très-vite.*
Benè,	Meliùs,	Optimè,
bien,	*mieux,*	*très-bien.*
Malè,	Pejùs,	Pessimè,
mal,	*plus mal,*	*très-mal.*
Sæpè,	Sæpiùs,	Sæpissimè,
souvent,	*plus souvent,*	*très-souvent.*
Propè,	Propius,	Proximè,
près,	*plus près,*	*très-près.*
Nuper,		Nuperrimè.
récemment, } (sans comparatif)		*tout récemment.*
(Sans positif)	Potius,	Potissimè.
	plutôt,	*par-dessus tout.*

Formation du comparatif et du superlatif dans certains adverbes.

Les adverbes en *è* en *ò* et en *ter* forment leurs comparatifs et leurs superlatifs comme les adjectifs d'où ils viennent.

Exemples.

Doctè,	*savamment,*	de doctus,	doctius,	doctissime.
Tutò *ou* tute,	*sûrement,*	de tutus,	tutius,	tutissime.
Fortiter,	*courageusement,*	de fortis,	fortius,	fortissime.
Celeriter,	*promptement,*	de celer,	celerius,	celerrime.

Complément de plusieurs adverbes.

Les adverbes de quantité veulent le génitif.

Peu de vin, *parùm vini.*
Un peu de délai, *paululùm moræ.*
Beaucoup d'eau, *multùm aquæ.*

Assez de paroles, *satis verborum.*
Trop de piéges, *nimis insidiarum.*
Assez de troupes, *affatim copiarum.*

Les adverbes de temps et de lieu veulent le génitif.

Nulle part, en aucun lieu du monde, *nusquam gentium.*
En quel lieu du monde? *ubi terrarum? ubinam gentium?*

Pridiè, postridiè, veulent le génitif ou l'accusatif.

La veille des Calendes, *pridiè Calendarum* ou *Calendas* (sous-entendu *ante*).
Le jour d'après les Ides, *postridiè Iduum* ou *Idus* (sous-entendu *post*).

En, *ecce*, voici, voilà, veulent le nominatif ou l'accusatif. Voici, voilà le loup, *en*, *ecce lupus* ou *lupum :* avec le nominatif, on sous-entend *adest;* avec l'accusatif, en sous-entend. *aspice.*

Ergò, employé pour *causâ* veut le génitif, et se met après son complément : à cause de lui, *illius ergò.*

Instar, comme, veut de même le génitif, et se met après son complément: comme une montagne, *montis instar.*

Obviàm, au-devant, veut le datif : aller au-devant de quelqu'un, *ire obviàm alicui.*

SEPTIÈME ESPÈCE DE MOTS.

LA PRÉPOSITION.

La préposition est un mot indéclinable qui joint ensemble deux mots et les met en rapport. La préposition s'appelle ainsi parce qu'elle se place avant son complément.

Les prépositions gouvernent l'accusatif ou l'ablatif.

Il y a trente prépositions qui gouvernent l'accusatif, savoir :

Ad, *auprès, chez, vers.*
Adversùm, adversùs, *contre, vis-à-vis.*
Ante, *devant, avant.*
Apud, *auprès, chez.*
Circa, *auprès, environ.*
Circiter, *environ, à peu près.*
Circum, *autour, à l'entour.*
Cis, citra, *deçà, en deçà.*
Contra, *contre, vis-à-vis de, en face de.*
Erga, *envers, à l'égard de.*

Extra, *hors de.*
Infra, *sous, au-dessous de.*
Inter, *entre, parmi.*
Intra, *dans l'intérieur de, dans l'espace de.*
Juxta, *près de, à côté de.*
Ob, *pour, devant, à cause de.*
Prope, *près de.*
Penes, *en la puissance de, à la discrétion de.*
Per, *par, durant, au travers de, pendant.*

Ponè, *derrière, par derrière.*
Post, *après, depuis.*
Præter, *excepté, hormis, outre.*
Propter, *pour, à cause de.*
Secundùm, *selon, suivant, auprès de, le long de.*
Secùs, *auprès de, le long de.*
Supra, *sur, au-dessus de.*
Trans, *au delà, par delà.*
Versùs, *vers, du côté de.*
Ultra, *au delà, par delà.*
Usque, *jusqu'à.*

Il y a douze prépositions qui gouvernent l'ablatif, savoir :

A, ab, abs, *de, du, des, depuis, par.*
Absque, sine, *sans.*
Clàm, *à l'insu de.*
Coràm, *devant, en présence de.*
Cum, *avec.*
De, *de, sur* ou *touchant.*

È, ex, *de, par.*
Palàm, *devant, en présence de.*
Præ, *devant, en comparaison de, au-dessus de.*
Pro, *pour, au lieu de, selon, devant.*
Tenùs, *jusqu'à.*

Les quatre prépositions suivantes veulent l'accusatif quand elles sont jointes à un verbe de mouvement; et l'ablatif quand elles sont jointes à un verbe de repos.

In, *en, dans, sur.*
Subter, *sous, au-dessous de.*

Sub, *sous, au-dessous de.*
Super, *sur, au-dessus de.*

Observations. Trois prépositions se mettent après leur complément, savoir :

1° *Cum,* avec, se met après les pronoms *ego, tu, suî, nos, vos,* et *qui, quæ, quod.* Ainsi on dit : *mecum,* avec moi ; *tecum,* avec vous ; *secum, quocum.*

2° *Tenùs,* jusqu'à: *capulo tenùs,* jusqu'à la garde ; *aurium tenùs,* jusqu'aux oreilles.

Tenùs veut l'ablatif, lorsque son complément est au singulier; il veut le génitif quand son complément est au pluriel.

3° *Versùs,* vers : *orientem versùs,* vers l'orient.

REMARQUE. La préposition *a* se met devant les consonnes. *Ab* se met devant les voyelles et même devant les consonnes *j, l, r.*

EXEMPLES. *Ab jove, ab legato, ab rege.*

E se met devant les consonnes, *ex* se met devant les voyelles et devant plusieurs consonnes.

Rapports marqués par les prépositions.

La plupart des prépositions expriment des rapports de lieu ; telles sont les prépositions *ad, adversùs, apud, circum, contra, super, in, subter,* etc.

Quelques prépositions, telles que *ante, post* et *per,* expriment des rapports de temps. *A, propter, ob,* marquent la cause ; *cum* marque l'union, etc.

Beaucoup de prépositions servent à former les verbes composés, comme : *ab-esse, ab-ire, de-ducere, pro-ducere, ante-ire, ob-ire, præ-ponere, circum-dare,* etc.

Prépositions entrant dans la composition des verbes.

Abripere, ravir,	est formé	de *ab* et de *rapere.*
Accipere, recevoir,	—	de *ab* et de *capere.*
Allidere, heurter contre,	—	de *ad* et de *lædere.*
Attingere, atteindre,	—	de *ad* et de *tangere.*
Constituere, établir,	—	de *cum* et de *statuere.*
Desipere, devenir fou,	—	de *de* et de *sapere.*
Inscribere, inscrire,	—	de *in* et de *scribere.*
Omittere, omettre,	—	de *ob* et de *mittere.*
Occidere, tuer,	—	de *ob* et de *cædere.*
Occidere, tomber,	—	de *ob* et de *cadere.*
Perrumpere, briser,	—	de *per* et de *rumpere.*

L'usage apprendra les autres verbes qui renferment des prépositions.

HUITIÈME ESPÈCE DE MOTS.

LA CONJONCTION.

La conjonction est un mot indéclinable qui sert à lier les propositions et les parties d'une même proposition.

On distingue plusieurs sortes de conjonctions ; elles indiquent :

1° L'UNION.

Et, ac, atque, que (après un mot), et.
Quoque, etiam, aussi.
Quum, tum, non-seulement, mais encore.

2° LA SÉPARATION, LA DISTINCTION.

Aut, vel, ve (après un mot) ou.
Sive, soit que.
Nec, neque, ni.

3° LA CONCLUSION.

Ergò, igitur, donc.
Ideò, idcircò, pour cette raison, pour cela.
Itaque, c'est pourquoi, aussi.

4° L'OPPOSITION, LA RESTRICTION.

Sed, at, autem, verò, mais.
Tamen, attamen, cependant.
Etsi, etiamsi, quamvis, quanquam, quoique, bien que.
Imò, bien plus, et même.

5° UNE CIRCONSTANCE DE TEMPS.

Quum, lorsque, après que.
Quandò, quand.
Dum, tandis que, jusqu'à ce que.

Antequam, priusquam, avant que.
Postquam, après que.
Ubi, ubi primum, simul ac, simul atque, dès que.
Statim ut, aussitôt que.

6° LA CAUSE ET LE MOTIF, LE BUT.

Nam, namque, enim (après un mot), *etenim,* car.
Quod, quia, quoniam, parceque.
Ut, afin que.
Ne, de peur que ne.
Quum, puisque, comme, vu que.

7° LA CONDITION.

Si, si.
Nisi, à moins que.
Si non, si minus, si ne pas.
Sin, sin autem, mais si.
Dum, pourvu que.

8° LE DOUTE.

An, num, utrum, ne (après un mot), si.

9° UNE TRANSITION.

Atqui, autem, or.

RÈGLES DES CONJONCTIONS.

Première règle.— *Quum* signifiant lorsque, pendant que, comme, veut l'imparfait et le plus-que-parfait au subjonctif.

EXEMPLE. Lorsque la ville d'Athènes florissait, *quum Athenæ florerent;* comme ils avaient pris un cerf de belle taille, *cum cepissent cervum vasti corporis.*

Deuxième règle.— *Si* régit le subjonctif devant l'imparfait et le plus-que-parfait.

EXEMPLE. Si tu le faisais, si tu l'avais fait à cause de moi, *id si faceres, si fecisses causâ meâ.*

Troisième règle. — *Ut,* signifiant afin que, gouverne toujours le subjonctif.

EXEMPLE. Afin que je repose pendant le jour, *luce ut quiescam.*

NEUVIÈME ESPÈCE DE MOTS.

INTERJECTION.

L'*interjection* est un mot indéclinable, qui sert à marquer les différents mouvements de l'âme.

Voici les principales interjections :

Pour marquer
la joie, *o !* oh ! ah !
la douleur, *hei ! heu !* ah ! hélas !
l'indignation, *proh !* ô ! oh !
la surprise, *o !* oh !
la menace, *væ !* malheur à !...
l'encouragement, *euge !* bien ! *age*, allons, courage !

Première remarque. — Le pluriel d'*age* est *agite*.

Deuxième remarque. — L'interjection *væ* gouverne le datif : *væ victis*, malheur aux vaincus !

DEUXIÈME PARTIE.

SUPPLÉMENT AUX NOMS, AUX ADJECTIFS ET AUX VERBES.

SUPPLÉMENT AUX DÉCLINAISONS.

PREMIÈRE DÉCLINAISON.

Il y a * sept noms de la première déclinaison qui on t
le datif et l'ablatif pluriels en *abus*, comme :

PLUR.	*Nom.*	Famul æ,	*les servantes.*
	Gén.	Famul arum,	*des servantes.*
	Dat.	Famul abus,	*aux servantes.*
	Acc.	Famul as,	*les servantes.*
	Voc.	ô Famul æ,	ô *servantes.*
	Abl.	Famul abus,	*des servantes.*

Déclinez de même : *Dea, filia, asina, equa, mula,
nata.*

Par cette terminaison en *abus*, on distingue ces noms
féminins des masculins qui y répondent, savoir : *fa-
mulus, deus, filius, asinus, equus, mulus, natus.*

Asinabus, equabus, mulabus et *natabus*, ne sont
pas à imiter.

La première déclinaison comprend des noms tirés
du grec en *e*, en *es* et en *as*.

Noms terminés en e.

Il y a des noms féminins de la première déclinaison,

---

* On ne trouve aucun exemple d'*animabus*.

dont le nominatif est en *e*, qui font au génitif *es*, à l'accusatif *en*, comme :

SING.	*Nom.*		Music e,	*la musique.*
	Gén.		Music es,	*de la musique.*
	Dat.		Music æ,	*à la musique.*
	Acc.		Music en,	*la musique.*
	Voc.	ô	Music e,	*ô musique.*
	Abl.		Music e,	*de la musique.*

Le pluriel se décline comme *rosæ, rosarum.*

Déclinez de même *grammatice, ces*, la grammaire ; *ode, odes*, l'ode ; *epitome, mes*, l'abrégé ; *Cybele, les*, Cybèle, déesse des païens ; *rhetorice, ces*, la rhétorique. Quelques-uns de ces noms ont aussi la forme en *a*. On dit *musica, grammatica, rhetorica, oda.*

REMARQUE. *Cybele*, nom propre, n'a pas de pluriel.

Noms terminés en es.

Il y a des noms masculins dont le nominatif est en *es*, qui font au génitif *æ*, à l'accusatif *en*, comme :

SING.	*Nom.*		Comet es,	*la comète.*
	Gén.		Comet æ,	*de la comète.*
	Dat.		Comet æ,	*à la comète.*
	Acc.		Comet en,	*la comète.*
	Voc.	ô	Comet e,	*ô comète.*
	Abl.		Comet e,	*de la comète.*

Le pluriel se décline comme *rosæ, rosarum.*

Déclinez de même :

Geometres, æ, le géomètre ; *anagnostes, æ*, le lecteur ; *planetes, æ*, la planète.

Noms terminés en as.

Il y a des noms également masculins dont le nominatif est en *as*, qui font à l'accusatif *an* et *am*, comme :

SING.	*Nom.*		Æne as,	*Enée* (nom d'homme).
	Gén.		Æne æ,	*d'Enée.*
	Dat.		Æne æ,	*à Enée.*
	Acc.		Æne an, am,	*Enée.*
	Voc.	ô	Æne a,	*ô Enée.*
	Abl.		Æne â,	*d'Enée.*

Déclinez de même :

Boreas, Boreæ, Borée ; *tiaras, tiaræ*, la tiare, etc.

4.

Ce dernier nom a un pluriel qui se décline comme celui de *rosa*.

REMARQUE. Le nom *familia* joint aux mots *pater*, *mater* et *filius*, fait au génitif *familias : pater familias*, un père de famille ; *filius familias*, un fils de famille.

On trouve dans les auteurs *cœlicolûm* pour *cœlicolarum*. Ce retranchement de lettres s'appelle *syncope*.

DEUXIÈME DÉCLINAISON.

Il y a des noms de la seconde déclinaison, qui ont le vocatif en *i*, comme :

SING.	*Nom.*	*m.*	Fil ius,	*le fils.*
	Gén,		Fil ii ,	*du fils.*
	Dat.		Fil io,	*au fils.*
	Acc.		Fil ium ,	*le fils.*
	Voc.	ô	Fil i ,	*ô fils.*
	Abl.		Fil io ,	*du fils.*

Le pluriel comme *domini*, *dominorum*.

Déclinez de même :

Genius, genii, le génie, et les noms propres en *ius ; Antonius, nii*, Antoine ; *Horatius, tii*, Horace ; *Pompeius, peii*, Pompée ; *Virgilius, lii*, Virgile.

Les noms *Deus*, *agnus* et *chorus*, ont le vocatif semblable au nominatif.

SING.	*Nom.*	*m.*	De us,	*Dieu.*
	Gén.		De i ,	*de Dieu.*
	Dat.		De o,	*à Dieu.*
	Acc.		De um ,	*Dieu.*
	Voc.	ô	De us ,	*ô Dieu.*
	Abl.		De o,	*de Dieu.*
PLUR.	*Nom.*		Di i ,	*les dieux.*
(chez les	*Gén.*		De orum ,	*des dieux.*
païens.)	*Dat.*		Di is,	*aux dieux.*
	Acc.		De os,	*les dieux.*
	Voc.	ô	Di i ,	*ô dieux.*
	Abl.		Di is,	*des dieux.*

On dit par syncope au génitif pluriel *deûm* pour *deorum*. On dit encore *nummûm, sestertiûm, virûm,* pour *nummorum, sestertiorum, virorum.*

Nom de la seconde déclinaison tiré du grec.

Nom.	m.	Orph eus,	Orphée (nom d'homme).
Gén.		Orph ei, Orpheos,	d'Orphée.
Dat.		Orph eo,	à Orphée.
Acc.		Orph eum, Orphea,	Orphée.
Voc.	ô	Orph eu,	ô Orphée.
Abl.		Orph eo,	d'Orphée.

Déclinez de même :

Perseus, Persée; *Theseus*, Thésée; *Morpheus*, Morphée.

TROISIÈME DÉCLINAISON.

Accusatif im, *ablatif* i.

Il y a des noms de la troisième déclinaison qui ont l'accusatif singulier en *im* et l'ablatif en *i*, comme :

SING.	Nom.		Secur is,	la hache.
	Gén.		Secur is,	de la hache.
	Dat.		Secur i,	à la hache.
	Acc.		Secur im,	la hache.
	Voc.	ô	Secur is,	ô hache.
	Abl.		Secur i,	de la hache.

Pluriel : *secures, securium, securibus*, etc.

Déclinez de même *sitis*, la soif (sans pluriel); *tussis*, la toux (sans pluriel); *pelvis*, un bassin; *vis*, la force (inusité au génitif et au datif singulier), pluriel *vires, virium, viribus*; les noms de fleuves en *is*, comme *Tiberis*, le Tibre; *Tigris*, le Tigre; *Araris*, la Saône.

Accusatif em *ou* im, *ablatif* e *ou* i.

Les noms *clavis*, clef, *sementis*, semailles, *puppis*, poupe, *restis*, corde, *febris*, fièvre, *turris*, tour, *navis*, vaisseau, *strigilis*, étrille, ont à la fois les deux terminaisons *em* et *im* à l'accusatif et les terminaisons *e* et *i* à l'ablatif. Cependant on trouve plus souvent *navem* que *navim*.

Noms neutres. — Ablatif singulier en i, *nominatif pluriel en* ia.

Les noms neutres dont le nominatif est en *e*, en *al*, ou en *ar*, font l'ablatif singulier en *i*, comme :

SING.	*Nom.*	n. Cubil e,	*le lit.*
	Gén.	Cubil is,	*du lit.*
	Dat.	Cubil i,	*au lit.*
	Acc.	Cubil e,	*le lit.*
	Voc.	ô Cubil e,	*ô lit.*
	Abl.	Cubil i,	*du lit.*

Les noms neutres qui ont l'ablatif en *i*, ont le pluriel en *ia*, comme :

PLUR.	*Nom.*	Cubil ia,	*les lits.*
	Gén.	Cubil ium,	*des lits.*
	Dat.	Cubil ibus,	*aux lits.*
	Acc.	Cubil ia,	*les lits.*
	Voc.	ô Cubil ia,	*ô lits.*
	Abl.	Cubil ibus,	*des lits*

Déclinez sur *cubile* :

Altare, altar is, l'autel.　　*Rete, ret is,* le filet.
Mare, mar is, la mer.　　*Monile, monil is,* le collier.

Déclinez également sur *cubile* les noms neutres suivants :

Animal, animal is, l'animal.　　*Tribunal, tribunal is,* le tribunal.
Calcar, calcar is, l'éperon.　　*Vectigal, vectigal is,* l'impôt.

Génitif pluriel en ium.

Ont le génitif pluriel en *ium* :

1° Les noms qui ont l'ablatif singulier en *i*, comme *cubile, securis, animal, calcar,* etc.;

2° Les noms en *es* et en *is*, qui n'ont pas plus de syllabes au génitif qu'au nominatif, comme *clades* et *mensis*. On excepte *canis, panis, juvenis, vates, volucris* et *apis*.

Ont encore le génitif pluriel en *ium* beaucoup de monosyllabes, c'est-à-dire de noms qui n'ont qu'une syllabe au nominatif singulier.

Exemples :

Noms masculins.		Noms féminins.	
Fons, fontis,	la source.	*Dos, dotis,*	la dot.
Dens, dentis,	la dent.	*Nox, noctis,*	la nuit.
Pons, pontis,	le pont.	*Pars, partis,*	la partie.
Mons, montis,	la montagne.	*Glans, glandis,*	le gland.
Noms féminins.		*Frons, frontis,*	le front.
Ars, artis,	l'art.	*Frons, frondis,*	le feuillage.
Mens, mentis,	l'esprit.	*Urbs, urbis,*	la ville.
Lis, litis,	le procès.	*Glans, glandis,*	le gland.
Gens, gentis,	la nation.	*Arx, arcis,*	la citadelle, etc.

Excepté :

MASC.	*Rex, regis,*	le roi,	gén. pl.	*regum.*
	Dux, ducis,	le chef,		*ducum.*
	Flos, floris,	la fleur, .		*florum.*
	Pes, pedis,	le pied,		*pedum.*
	Fur, furis,	le voleur,		*furum.*
FÉM.	*Lex, legis,*	la loi,	gén. pl.	*legum.*
	Laus, laudis,	la louange,		*laudum.*
	Vox, vocis,	la voix,		*vocum,* etc.

Ajoutez à cette liste *opes* richesses et *fruges* fruits de la terre, dont le génitif pluriel est *opum* et *frugum.*

Génitif pluriel en um.

La plupart des noms imparisyllabiques, c'est-à-dire qui ont une syllabe de plus au génitif qu'au nominatif, ont le génitif pluriel en *um.* On excepte *adolescens, adolescentis,* dont le génitif pluriel est en *ium.*

Cliens, clientis, le client, fait *clientium; cohors, cohortis,* la cohorte, fait *cohortium.*

L'usage apprendra les autres exceptions.

Les noms neutres terminés en *ma*, ont un double datif et ablatif pluriel.

SING.	*Nom.*	Poem a,	le poëme.
	Gén.	Poem atis,	du poëme.
	Dat.	Poem ati,	au poëme.
	Acc.	Poem a,	le poëme.
	Voc.	ô Poem a,	ô poëme.
	Abl.	Poem ate,	du poëme.
PLUR.	*Nom.*	Poem ata,	les poëmes.
	Gén.	Poem atum.	des poëmes.
	Dat.	Poem atis *ou* atibus,	aux poëmes.
	Acc.	Poem ata,	les poëmes.
	Voc.	ô Poem ata,	ô poëmes.
	Abl.	Poem atis *ou* atibus,	des poëmes.

Déclinez ainsi :

Ænigma, matis, énigme; *diadema, matis,* diadème; *dogma, matis,* dogme; *stratagema, matis,* stratagème.

Le nom *bos, bovis,* fait au pluriel : nom. *Boves,* gén. *Boum,* dat. *Bobus,* acc. *Boves,* voc. ô *Boves,* abl. *Bobus.*

Noms de la troisième déclinaison tirés du grec.

SING.	*N. V.*	Hæresis, *f. l'hérésie.*	PLUR.	Hæreses.
	Gén.	Hæresis, eos.		Hæreseon.
	Dat.	Hæresi.		Hæresibus.
	Acc.	Hæresim, in.		Hæreses.
	Abl.	Hæresi.		Hæresibus.

Ainsi se déclinent *poesis*, la poésie; *basis*, la base; *Genesis*, la Genèse; *thesis*, la thèse; *phrasis*, la phrase.

Autre nom tiré du grec.

SING.	*N. V.*	Héros, *le héros.*	PLUR.	Heroes.
	Gén.	Herois.		Heroum.
	Dat.	Heroi.		Heroibus.
	Acc.	Heroem, heroa.		Heroes, heroas.
	Abl.	Heroe.		Heroibus.

Ainsi se déclinent les noms grecs : 1° en *as*, comme *Pallas, Palladis,* acc. *adem* ou *adá; Arcas, Arcadis,* acc. *adem* ou *ada.*

2° En *er : aer, aeris,* l'air, acc. *aerem* ou *aera; œther, œtheris,* acc. *œtherem* ou *œthera; crater, crateris,* coupe.

3° En *is, idis,* comme *iris, iridis,* arc-en-ciel, acc. *iridem* ou *irida;* on dit aussi *irim; Phyllis, lidis,* nom de femme, acc. *Phyllidem* ou *ida;* mais les noms masculins en *is, idis,* font mieux *im* ou *in,* comme *Daphnis,* acc. *Daphnim* ou *Daphnin; Paris,* acc. *Parim* ou *Parin.*

Tigris, tigridis, le tigre (animal), fait seulement à l'accusatif *tigrin, tigrim* ou *tigridem.*

4° En *ix, igis : Phryx, Phrygis,* Phrygien, acc. *Phrygem* ou *Phryga.*

5° Les noms de pays en *o, onis :* comme *Macedo, Macedonis,* Macédonien, acc. *Macedonem* ou *Macedona.*

REMARQUE. Les accusatifs singuliers en *a* ne s'emploient guère qu'en poésie, excepté *aera, œthera;* mais les accusatifs pluriels en *as* sont plus usités partout.

QUATRIÈME DÉCLINAISON.

Jesus, nom de Notre-Sauveur, fait à l'accusatif *Jesum,* et à tous les autres cas il fait *Jesu.*

Les neuf noms suivants font *ubus* au datif et à l'ablatif pluriel : *arcus*, un arc, *arcubus ; artus*, les membres du corps, *artubus ; lacus*, un lac, *lacubus ; tribus*, une tribu , *tribubus ; portus*, un port , *portubus ; quercus*, un chêne , *quercubus ; specus*, une caverne , *specubus ; partus*, l'enfantement , *partubus ; veru*, une broche , *verubus*.

Nom irrégulier.

SING. *Nom.*		Dom us,	*la maison.*
Gén.		Dom ûs *et* dom i ,	*de la maison.*
Dat.		Dom ui *et* dom o ,	*à la maison.*
Acc.		Dom um ,	*la maison.*
Voc.	ô	Dom us,	*ô maison.*
Abl.		Dom o ,	*de la maison.*
PLUR. *Nom.*		Dom us ,	*les maisons.*
Gén.		Dom uum *et* dom orum ,	*des maisons.*
Dat.		Dom ibus,	*aux maisons.*
Acc.		Dom us *et* dom os.	*les maisons.*
Voc.	ô	Dom us,	*ô maisons.*
Abl.		Dom ibus,	*des maisons.*

Noms composés.

Si le nom est composé de deux nominatifs, chaque nom se décline à tous les cas.

Exemple.

Nom.	Res publica ,	*la République.*
Gén.	Rei publicæ,	
Dat.	Rei publicæ,	
Acc.	Rem publicam ,	
Abl.	Re publicâ ,	

Déclinez de même :

Jusjurandum, le serment ; gén. *juris-jurandi*, dat. *jurijurando.*

Mais si le nom est composé d'un nominatif et d'un autre cas, on ne décline que celui qui est au nominatif.

Nom. Pater familiâs, le père de famille, *gén.* patris familiâs, *dat.* patri familiâs, etc., *nom.* juris consultus, *le jurisconsulte*, *gén.* juris consulti, *dat.* juris consulto, etc.

Noms défectifs.

On appelle *défectifs* les noms qui n'ont que l'un des deux nombres ou qu'une partie de leurs cas.

Les noms d'âge, tels que *pueritia*, *senectus*; les noms des vertus et des vices, tels que *sapientia*, *superbia*, presque tous les noms de métaux, *aurum*, *argentum*, *ferrum*, sont inusités au pluriel. — Les noms *divitiæ*, *tenebræ*, *arma*, *nuptiæ*, sont inusités au singulier. *Vis*, force, manque du génitif et du datif singulier, le pluriel est régulier : *vires*, *virium*, *viribus*.

Noms diminutifs.

Le latin a beaucoup de mots en *lus*, *la*, *lum*, qu'on appelle diminutifs, parce qu'ils diminuent la signification de ceux dont ils sont formés.

Agellus, petit champ, est diminutif d'*ager*; *navicula*, petite barque, est diminutif de *navis*; *pisciculus*, petit poisson, de *piscis*; *portula*, petite porte, de *porta*; *pocillum*, petite coupe, de *poculum*, etc.

Noms irréguliers dans le genre.

Il y a des noms de la deuxième et de la troisième déclinaison qui changent de genre au pluriel; tels sont :

SINGULIER.	PLURIEL.
Cœlum, *cœli*, *n.* le ciel,	*Cœli*, *cœlorum*, *m.* les cieux.
Elysium, *sii*, *n.* l'élysée.	*Elysii*, *orum*, *m.* les champs élysées.
Jocus, *ci*, *m.* la raillerie.	*Joci*, *m.* et *joca*, *orum*, *n.* les jeux.
Locus, *ci*, *m.* le lieu.	*Loci*, *m.* et *loca*, *orum*, *n.* les lieux.
Sal, *salis*, *n.* le sel.	*Sales*, *lium*, *m.* les railleries piquantes.
Epulum, *i*, *n.* le banquet.	*Epulæ*, *arum* *f.* les banquets.

Noms irréguliers dans la déclinaison.

Quelques noms changent de déclinaison en changeant de nombre.

SINGULIER.	PLURIEL.
Jugerum, *ri*, *n.* arpent 2ᵉ décl.	*Jugera*, *rum*, *ribus*, 3ᵉ décl.
Vas, *vasis*, *n.* vase 3ᵉ décl.	*Vasa*, *vasorum*, *vasis*, 2ᵉ décl.

Noms à double signification.

Quelques noms changent de signification en changeant de nombre.

SINGULIER.			PLURIEL.
Ædes, *is*,	*f.*	temple.	*Ædes*, *ium*, maison, palais.
Bonum, *i*,	*n.*	bien, avantage.	*Bona*, *orum*, biens, richesses.
Auxilium, *lii*, *n.*		secours.	*Auxilia*, *orum*, troupes auxiliaires.
Copia, *æ*,	*f.*	abondance.	*Copiæ*, *arum*, troupes.
Fortuna, *æ*,		fortune, sort.	*Fortunæ*, *arum*, fortune, richesses.
Gratia, *æ*,		crédit.	*Gratiæ*, *arum*, actions de grâces.
Littera, *æ*,		caractère d'écriture, lettre de l'alphabet.	*Litteræ*, *arum*, lettre missive, etc.

SUPPLÉMENT AUX ADJECTIFS.

Certains adjectifs sont pris substantivement, tels que *justum*, le juste; *injustum*, l'injuste; *honestum*, l'honnête; *utile*, l'utile, etc.

Quelques adjectifs en *lis*, comme *facilis*, *difficilis*, *humilis*, *similis*, forment leur superlatif en *illimus*, comme *facilis*, *facillimus*; mais *utilis* fait *utilissimus* régulièrement.

Les adjectifs en *dicus*, *ficus*, *volus*, comme *maledicus*, *mirificus*, *benevolus*, forment leur comparatif en *entior*, et leur superlatif en *entissimus*. — *Maledicus*, comp. *maledicentior*, superl. *maledicentissimus*; — *benevolus*, comp. *benevolentior*, superl. *benevolentissimus*.

Communis n'a pas de superlatif; *invitus*, *fidus* et *novus* n'ont pas de comparatif.

Les quatre adjectifs suivants forment leurs comparatifs et superlatifs très-irrégulièrement : *bonus*, bon, *melior*, meilleur; *optimus*, très-bon; *malus*, mauvais, *pejor*, pire, *pessimus*, très-mauvais; *magnus*, grand, *major*, plus grand; *maximus*, très-grand; *parvus*, petit, *minor*, plus petit, *minimus*, très-petit.

Les adjectifs terminés en *ius*, *eus*, *uus*, n'ont ni comparatif, ni superlatif; alors on exprime *plus* par *magis* avec le positif, et *le plus* par *maxime*. *Pius*, pieux, *magis pius*, plus pieux, *maxime pius*, le plus pieux.

ADJECTIFS COMPOSÉS.

La préposition *per*, jointe à certains adjectifs, leur donne la force d'un superlatif :

Facilis,	facile,	*perfacilis,*	très-facile.
Utilis,	utile,	*perutilis,*	très-utile.
Obscurus,	obscur,	*perobscurus,*	fort obscur.

Au contraire, la préposition *sub* diminue la signification de l'adjectif.

Amarus,	amer,	*subamarus,*	un peu amer.
Pallidus,	pâle,	*subpallidus,*	un peu pâle.
Lividus,	livide,	*sublividus,*	un peu livide.

La préposition *in*, jointe à un adjectif, exprime négation ou privation.

Felix,	heureux,	*infelix,*	malheureux.
Justus,	juste,	*injustus,*	injuste.
Doctus,	savant,	*indoctus,*	ignorant.
Fidelis,	fidèle,	*infidelis,*	infidèle, etc.

In se change en *im* devant *b*, *p*, *m* : *imberbis*, *imperitus*, *immaturus*, sont formés de *in* privatif et des mots *barba*, *peritus* et *maturus*.

In se change en *ir* devant *r* et en *il* devant *l* : *irritus* (*in* privatif et *ratus*), *illepidus* (*in* privatif et *lepidus*), *illiberalis* (*in* privatif et *liberalis*).

Déclinez sur *fortis* les adjectifs suivants :

Talis, *is*, *e*, tel, telle.
Qualis, *is*, *e*, quel, quelle, et son composé *qualiscumque*, quel qu'il soit (on décline seulement *qualis*).

---

	m.	f.	n.			
SING. *Nom.*	Unus,	una,	unum,	*un*, *une*, *un.*		
Gén.	Unius,			} *pour les trois genres.*		
Dat.	Uni,					
Acc.	Unum,	unam,	unum.			
Abl.	Uno,	unâ,	uno (le pluriel comme *boni*, *æ*, *a*).			

Déclinez sur *unus* les adjectifs suivants :

Ull us, *a*, *um.*	g. *ullius*,	d. *ulli*,	aucun (sans négation).
Null us, *a*, *um*,	g. *nullius*,	d. *nulli*,	aucun (avec négation).
Sol us, *a*, *um*,	g. *solius*,	d. *soli*,	seul.
Tot us, *a*, *um*,	g. *totius*,	d. *toti*,	tout entier.
Uter, *utra*, *um*,	g. *utrius*,	d. *utri*,	lequel des deux.

Neuter, neutra, neutrum, g. *neutrius,*   d. *neutri*, ni l'un ni
l'autre.

*Uterque,utraque,utrumque,*g. *utriusque,*   d. *utrique*, l'un et
l'autre.

Alius, alia, aliud,   g. *alius,*   d. *alii.* un autre.
Alter, altera, alterum,   g. *alterius,*   d. *alteri*, l'autre.
Alteruter, tra, trum,   g. *alterutrius,* etc., l'un ou l'autre.

		m.	f.	n.
SING.	*Nom.*	Qui, quæ, quod, *qui, lequel, laquelle.*		
	Gén.	Cujus,		
	Dat.	Cui,	} *pour les trois genres.*	
	Acc.	Quem, quam, quod.		
	Abl.	Quo, quâ, quo.		

		m.	f.	n.
PLUR.	*Nom.*	Qui, quæ, quæ.		
	Gén.	Quorum, quarum, quorum.		
	Dat.	Quibus, *pour les trois genres.*		
	Acc.	Quos, quas, quæ.		
	Abl.	Quibus, *pour les trois genres.*		

Déclinez sur *qui* les composés suivants :

	m.	f.	n.
Nom.	Quicunque,	quæcunque,	quodcunque, *qui-conque.*
Gén.	Cujuscunque. *D.* Cuicunque, *de tout genre,* etc.		

	m.	f.	n.
Nom.	Quidam, quædam, quoddam *et* quiddam, *un certain.*		
Gén.	Cujusdam. *D.* Cuidam, *de tout genre,* etc.		

	m.	f.	n.
Nom.	Quilibet, quælibet, quodlibet *et* quidlibet, *qui l'on voudra.*		
Gén.	Cujuslibet. *D.* Cuilibet, etc.		

	m.	f.	n.
Nom.	Quivis, quævis, quodvis *et* quidvis, *qui l'on voudra, tout homme, toute chose.*		
Gén.	Cujusvis. *D.* Cuivis, etc.		

Dans les composés de *qui*, on décline seulement *qui ;*
les autres syllabes restent les mêmes.

		m.	f.	n.
SING.	*Nom.*	Quis, quæ, quid (*et* quod *avec un nom*), *qui, quel, quelle, quoi.*		
	Gén.	Cujus,		
	Dat.	Cui,	} *de tout genre.*	
	Acc.	Quem, quam, quid (*et* quod *avec un nom*).		
	Abl.	Quo, quâ, quo.		

	m.	f.	n.

PLUR. *Nom.* Qui, quæ, quæ, *qui, quels, quelles.*
    Gén. Quorum, quarum, quorum.
    Dat. Quibus, *de tout genre.*
    Acc. Quos, quas, quæ.
    Abl. Quibus, *de tout genre.*

Composés de quis.

On décline seulement *quis*; les autres syllabes restent les mêmes.

      m.   f.   n.

Nom. Quisnam, quænam, quodnam *et* quidnam, *quel, quelle, quelle chose.*
Gén. Cujusnam, *D.* Cuinam, *de tout genre,* etc.

      m.   f.   n.

Nom. Quisquam, quæquam, quodquam *et* quidquam, *quelqu'un, quelqu'une, quelque chose.*
Gén. Cujusquam, *D.* Cuiquam (*de tout genre*), etc.

      m.   f.   n.

Nom. Quisque, quæque, quodque *et* quidque, *chacun, chacune.*
Gén. Cujusque, *D.* Cuique, *de tout genre,* etc.

Déclinez encore sur *quis :*

Quisquis, neutre *quidquid* (et non *quodquod*), tout homme qui, quiconque, quelconque.

C'est l'adjectif *quis* décliné deux fois.
Quisquis n'a que les cas suivants :

Nom. Quisquis, *N.* quidquid.
Dat. Cuicui. *Abl.* Quoquo, quâquâ.
Acc. plur. Quosquos.

Dans les deux composés suivants, *quis* est à la fin du mot, et les cas neutres au pluriel sont en *a*.
Le nominatif singulier féminin est également en *a*.

Nom. Aliquis, aliqua, aliquod *et* aliquid, *quelque, quelqu'un, quelque chose.*
Gén. Alicujus, *D.* Alicui, etc.

Devant un nom de choses qui se comptent, on dit au pluriel *aliquot* (indéclinable).

Nom. Ecquis, ecqua, ecquod *et* ecquid, *quel, quelle, quoi ?*
Gén. Eccujus, *D.* Eccui, etc.

Dans *unusquisque*, chacun, on décline *unus* et *quisque*.

Nom Unusquisque, unaquæque, unumquodque.
Gén. Uniuscujusque. *D.* Unicuique.
Acc. Unumquemque, unamquamque, unumquodque.
Abl. Unoquoque, unâquàque, unoquoque.

SUPPLÉMENT AUX ADJECTIFS NUMÉRAUX.

Depuis vingt jusqu'à cent, le plus petit nombre se place le premier, en mettant une conjonction entre les deux nombres.

Unus et viginti, duo et triginta, etc. Si l'on ne met point de conjonction, l'on dit *viginti unus, triginta duo*, etc.

Au-dessus de cent, on suit l'ordre naturel, soit qu'on emploie ou non la conjonction. *Centum unus, centum et unus; centum duo, centum et duo*, etc.

Pour les nombres ordinaux, on place le plus grand nombre le premier avec la conjonction, ou le dernier sans conjonction. Ainsi on dira *decimus et tertius*, ou *tertius decimus; decimus et quartus* ou *quartus decimus.*

Au-dessus du vingtième, le plus petit nombre se place le premier avec la conjonction, ou le dernier sans la conjonction. *Primus et vicesimus* ou *vicesimus primus.*

Au-dessus du centième, on commence toujours par le nombre le plus grand.

Mille est indéclinable au singulier; au pluriel il se décline. *Millia, millium, millibus.*

On dit indifféremment au singulier *mille homines* ou *mille hominum. Ibi occiditur mille hominum*, mille hommes y sont tués.

Mille est l'équivalent de notre substantif millier.

Au pluriel on dit : *duo millia*, deux mille; *tria millia*, trois mille ; *quatuor millia*, quatre mille, etc.

Pour marquer les années, les jours et les heures, on emploie les adjectifs ordinaux. — L'an quatorze, *annus quartus decimus*; le deux, le trois du mois, *dies secundus, tertius mensis*; il est huit heures, *octava hora est.*

Syllabes ajoutées aux pronoms et à certains adjectifs.

Les Latins ajoutent quelquefois aux pronoms la syllabe *met*, afin d'en augmenter la signification.

EXEMPLE. *Ego met*, moi-même; *tibi met*, à toi-même; *se met*, soi-même. *Ego met*, moi-même, signifie plus que *ego*, moi, etc.

Les expressions suivantes, *nobis met ipsis, se met ipsum*, sont d'un usage fréquent.

On trouve assez souvent dans les auteurs la syllabe *pte* ajoutée à l'ablatif de *meus, tuus, suus*.

EXEMPLE. *Suo pte nutu*, de sa propre volonté.

La syllabe *ce* s'ajoute à tous les cas de *hic, hæc, hoc : hocce tempus*, ce temps-ci.

VERBES IRRÉGULIERS.

On appelle *irréguliers*, les verbes qui, dans quelques-uns de leurs temps, ne suivent pas les modèles ordinaires de la conjugaison.

VERBES COMPOSÉS DE *Sum*. — *Possum*, je peux.

INDICATIF PRÉSENT. — Possum, *je peux;* potes, *tu peux;* potest, *il peut;* possumus, *nous pouvons;* potestis, *vous pouvez;* possunt, *ils peuvent.*
IMPARFAIT.— Poteram, *je pouvais;* poteras, etc.
PARFAIT.— Potui, *j'ai pu;* potuisti, etc.
PLUS-QUE-PARFAIT. — Potueram, *j'avais pu*, etc.
FUTUR. — Potero, *je pourrai;* poteris, etc.
FUTUR ANTÉRIEUR.— Potuero, *j'aurai pu*, etc.
SUBJONCTIF PRÉSENT.— Possim, *que je puisse*, etc.
IMPARFAIT.— Possem, *que je pusse ou je pourrais.*
PARFAIT.— Potuerim, *que j'aie pu*, potueris, etc.
PLUS-QUE-PARFAIT. — Potuissem, *que j'eusse pu* ou *j'aurais pu*, etc.
INFINITIF PRÉSENT. — Posse, *pouvoir.*
PARFAIT. — Potuisse, *avoir pu.*

VERBE *Prosum*, je sers *ou* je suis utile.

INDICATIF PRÉSENT.— Prosum, *je sers;* prodes, *tu sers;* prodest, *il sert;* prosumus, *nous servons;* prodestis, *vous servez;* prosunt, *ils servent.*
IMPARFAIT.— Proderam, *je servais;* proderas, *tu servais*, etc.

PARFAIT. — Profui, *j'ai servi;* profuisti, *tu as servi*, etc.
PLUS-QUE-PARFAIT. — Profueram , *j'avais servi*, etc.
FUTUR. — Prodero, *je servirai*, etc.
FUTUR ANTÉRIEUR. — Profuero, *j'aurai servi*, etc.
IMPÉRATIF. — Prodes *ou* prodesto, *sers;* prodesto, *qu'il serve;*
prosimus, *servons;* prodeste *ou* prodestote, *servez;* prosunto,
qu'ils servent.
SUBJONCTIF. — Prosim, *que je serve*, etc.
IMPARFAIT. — Prodessem, *que je servisse* ou *je servirais*, etc.
PARFAIT. — Profuerim, *que j'aie servi*, etc.
PLUS-QUE-PARFAIT. — Profuissem, *que jeusse servi*, ou *j'aurais
servi*, etc.
INFINITIF PRÉSENT. — Prodesse, *servir.*
PARFAIT. — Profuisse, *avoir servi.*
FUTUR. — Profuturum. am, um esse, *devoir servir.*
FUTUR ANTÉRIEUR. — Profuturum, am, um fuisse, *avoir dû
servir.*
PARTICIPE FUTUR. — Profuturus, a, um, *devant servir.*

VERBES IRRÉGULIERS DE LA 1re CONJUGAISON.

Sto, stas, steti, statum, stare, *se tenir debout.*
Do, das, dedi, datum, dare, *donner.*
Domo, domas, domui, domitum, domare, *dompter.*
Adjuvo, adjuvas, adjuvi, adjutum, adjuvare, *secourir.*
Cubo, cubas, cubui, cubitum, cubare, *être couché.*
Veto, vetas, vetui, vetitum, vetare, *défendre.*

VERBES IRRÉGULIERS DE LA 2e CONJUGAISON.

INDICATIF PRÉSENT. — Gaudeo, *je me réjouis;* gaudes, etc.
IMPARFAIT. — Gaudebam, *je me réjouissais*, etc.
PARFAIT. — Gavisus sum *ou* fui, *je me suis réjoui*, etc.
PLUS-QUE-PARFAIT. — Gavisus eram *ou* fueram, *je m'étais ré-
joui*, etc.
FUTUR. — Gaudebo, *je me réjouirai;* gaudebis, etc.
FUTUR ANTÉRIEUR. — Gavisus ero *ou* fuero, *je me serai réjoui*, etc.
IMPÉRATIF. — Gaude *ou* gaudeto, *réjouis-toi*, etc.
SUBJONCTIF PRÉSENT. — Gaudeam, *que je me réjouisse;* gaudeas,
que tu te réjouisses, etc.
IMPARFAIT. — Gauderem, *que je me réjouisse* ou *je me réjoui-
rais*, etc.
PARFAIT. — Gavisus sim *ou* fuerim, *que je me sois réjoui;* gavisus
sis *ou* fueris, etc.
PLUS-QUE-PARFAIT. — Gavisus essem *ou* fuissem, *que je me fusse
réjoui* ou *je me serais réjoui*, etc.
INFINITIF PRÉSENT. — Gaudere, *se réjouir.*
PARFAIT. — Gavisum, am, um esse *ou* fuisse, *s'être réjoui.*
FUTUR. — Gavisurum, am, um esse, *devoir se réjouir.*
FUTUR ANTÉRIEUR. — Gravisurum, am, um fuisse, *avoir dû se
réjouir.*
PARTICIPE PRÉSENT. — Gaudens, entis, *se réjouissant.*

PARTICIPE PASSÉ. — Gavisus, a, um, *s'étant réjoui.*
PARTICIPE FUTUR. — Gavisurus, a, um, *devant se réjouir.*
SUPINS. — Gavisum, *se réjouir;* gavisu, *à se réjouir.*
GÉRONDIFS. — Gaudendi, gaudendo, gaudendum.

Conjuguez sur *gaudeo* :

Audeo, audes, ausus sum, audere, *oser.*
Soleo, soles, solitus sum, solere, *avoir coutume.*

REMARQUE. *Audeo,* outre le subjonctif régulier *audeam* en a un autre de source irrégulière : *ausim, ausis, ausit, ... ausint.*

VERBES IRRÉGULIERS DE LA 3ᵉ CONJUGAISON.

Fido, fidis, fisus sum, fidere, *se fier.*
Confido, is, confisus sum, confidere, *se confier.*
Diffido, is, diffisus sum, diffidere, *se défier.*

VERBE *Fero*, je porte.

INDICATIF PRÉSENT. — Fero, *je porte;* fers, *tu portes;* fert, *il porte;* ferimus, *nous portons;* fertis, *vous portez;* ferunt, *ils portent.*
IMPARFAIT. — Ferebam, *je portais,* ferebas, etc.
PARFAIT. — Tuli, *j'ai porté,* tulisti, etc.
PLUS-QUE-PARFAIT.— Tuleram, *j'avais porté,* etc.
FUTUR. — Feram, *je porterai,* feres, etc.
FUTUR ANTÉRIEUR. — Tulero, *j'aurai porté,* etc.
IMPÉRATIF. — Fer ou ferto, *porte;* ferto, *qu'il porte;* feramus, *portons;* ferte ou fertote, *portez;* ferunto, *qu'ils portent.*
SUBJONCTIF PRÉSENT. — Feram, *que je porte,* feras, etc.
IMPARFAIT. — Ferrem, *que je portasse ou je porterais,* etc.
PARFAIT. — Tulerim, *que j'aie porté,* etc.
PLUS-QUE-PARFAIT. — Tulissem, *que j'eusse porté ou j'aurais porté,* etc.
INFINITIF PRÉSENT. — Ferre, *porter.*
PARFAIT. — Tulisse, *avoir porté.*
FUTUR. — Laturum, am, um esse, *devoir porter.*
FUTUR ANTÉRIEUR. — Laturum, am, um fuisse, *avoir dû porter.*
PARTICIPE PRÉSENT. — Ferens, ferentis, *portant.*
PARTICIPE FUTUR. — Laturus, a, um, *devant porter.*
SUPIN. — Latum, *à porter.*
GÉRONDIFS. — Ferendi, *de porter;* ferendo, *en portant,* etc.

PASSIF DE *Fero.*

INDICATIF PRÉSENT. — Feror, *je suis porté;* ferris, *tu es porté;* fertur, *il est porté;* ferimur, *nous sommes portés;* ferimini, *vous êtes portés;* feruntur, *ils sont portés.*
IMPARFAIT. — Ferebar, *j'étais porté,* etc.

PARFAIT. — Latus sum *ou* fui, *j'ai été porté*, etc.
PLUS-QUE-PARFAIT. — Latus eram *ou* fueram, *j'avais été porté*, etc.
FUTUR. — Ferar, *je serai porté;* fereris, *tu seras porté*, etc.
FUTUR ANTÉRIEUR. — Latus ero *ou* fuero, *j'aurai été porté*, etc.
IMPÉRATIF. — Ferre, *sois porté*, etc.; ferimini, *soyez portés*, etc.
SUBJONCTIF PRÉSENT. — Ferar, *que je sois porté;* feraris, etc.
IMPARFAIT. — Ferrer, *que je fusse porté* ou *je serais porté*, etc.
PARFAIT. — Latus sim *ou* fuerim, *que j'aie été porté*, etc.
PLUS-QUE PARFAIT. — Latus essem *ou* fuissem, *que j'eusse été porté*
   ou *j'aurais été porté*, etc.
INFINITIF PRÉSENT. — Ferri, *être porté*.
PARFAIT. — Latum, am, um esse *ou* fuisse, *avoir été porté*.
FUTUR. — Latum iri *(indéclinable) ou* ferendum, am, um esse,
   devoir être porté.
FUTUR ANTÉRIEUR. — Ferendum, am, um fuisse, *avoir dû être
   porté*.
PARTICIPE PASSÉ. — Latus, a, um, *porté*.
PARTICIPE FUTUR. — Ferendus, a, um, *devant être porté*.
SUPIN. — Latu, *à être porté*.

Conjuguez sur *fero* les composés suivants :

Offero, offers, obtuli, oblatum, offerre, *offrir*.
Aufero, aufers, abstuli, ablatum, auferre, *enlever*.
Differo, differs, distuli, dilatum, differre, *différer*.

VERBES IRRÉGULIERS DE LA 4ᵉ CONJUGAISON.

VERBE *Eo.*

INDICATIF PRÉSENT. — Eo, *je vais;* is, *tu vas;* it, *il va;* imus, *nous
   allons;* itis, *vous allez;* eunt, *ils vont.*
IMPARFAIT. — Ibam. *j'allais;* ibas, etc.
PARFAIT. — Ivi, *je suis allé;* ivisti, etc.
PLUS QUE-PARFAIT. — Iveram, *j'étais allé*, etc.
FUTUR. — Ibo, *j'irai;* ibis, etc.
FUTUR ANTÉRIEUR. — Ivero, *je serai allé*, etc.
IMPÉRATIF. — I ou ito, *va;* ito, *qu'il aille;* eamus, *allons;* ite ou
   itote, *allez;* eunto, *qu'ils aillent.*
SUBJONCTIF PRÉSENT. — Eam, *que j'aille;* eas, etc.
IMPARFAIT. — Irem, *que j'allasse* ou *j'irais*, etc.
PARFAIT. — Iverim. *que je sois allé*, etc.
PLUS-QUE-PARFAIT. — Ivissem, *que je fusse allé* ou *je serais
   allé*, etc.
INFINITIF PRÉSENT. — Ire, *aller*.
PARFAIT — Ivisse, *être allé*.
FUTUR *(il se décline)* — Iturum, am, um esse, *devoir aller*.
FUTUR ANTÉRIEUR. — Iturum, am, um fuisse, *avoir dû aller*.
PARTICIPE PRÉSENT. — Iens; *gén.* euntis, *dat.* eunti, *allant.*
PARTICIPE FUTUR. — Iturus, a, um, *devant aller.*
SUPINS. — Itum, *aller;* itu, *à aller.*
GÉRONDIFS. — Eundi, *d'aller;* eundo, *en allant;* eundum, etc.

Conjuguez sur *eo* les composés suivants :

Exeo, exis, exivi *ou* exii, exitum, exire, *sortir.*
Redeo, redis, redivi *ou* redii, reditum, redire, *revenir.*
Adeo, adis, adivi *ou* adii, aditum, adire, *aller trouver.*
Pereo, peris, perivi *ou* perii, peritum, perire, *périr.*
Transeo, transis, transivi *ou* transii, transitum, transire, *tra-*
verser, passer par.
Abeo, abis, abivi *ou* abii, abitum, abire, *s'en aller.*

VERBE *Fio.*

Le verbe *fio* signifie je deviens et je suis fait. Dans ce dernier sens, il sert de passif à *facio.*

INDICATIF PRÉSENT. — Fio, *je deviens;* fis, *tu deviens;* fit, *il devient;* fimus, *nous devenons;* fitis, *vous devenez;* fiunt, *ils deviennent.*
IMPARFAIT. — Fiebam, *je devenais,* etc.
PARFAIT. — Factus sum *ou* fui, *je suis devenu,* etc.
PLUS-QUE-PARFAIT. — Factus eram *ou* fueram, *j'étais devenu,* etc.
FUTUR. — Fiam, *je deviendrai;* fies, etc.
FUTUR ANTÉRIEUR. — Factus ero *ou* fuero, *je serai devenu,* etc.
IMPÉRATIF. — Fi, *deviens;* fite, *devenez,* etc.
SUBJONCTIF PRÉSENT. — Fiam, *que je devienne,* fias, etc.
IMPARFAIT. — Fierem, *que je devinsse* ou *je deviendrais,* etc.
PARFAIT. — Factus sim *ou* fuerim, *que je sois devenu.*
PLUS-QUE-PARFAIT. — Factus essem *ou* fuissem, *que je fusse de-*
venu ou *je serais devenu,* etc.
INFINITIF PRÉSENT. — Fieri, *devenir.*
PARFAIT. – Factum, am, um esse *ou* fuisse, *être devenu.*
FUTUR. — Factum iri *(indéclinable)* ou faciendum, am, um esse,
devoir devenir.
FUTUR ANTÉRIEUR. — Faciendum, am, um fuisse, *avoir dû devenir.*
PARTICIPE PASSÉ. — Factus, a, um, *devenu.*
PARTICIPE FUTUR. — Faciendus, a, um, *devant être fait.*
SUPIN. — Factu, *à être fait.*

On conjuguera aussi *fio* avec le passif du verbe *faire.*

INDICATIF PRÉSENT. — Fio, *je suis fait;* fis, *tu es fait;* fit, *il est fait,* etc.
IMPARFAIT. — Fiebam, *j'étais fait,* etc.
PARFAIT. — Factus sum *ou* fui, *j'ai été fait,* etc.

VERBE *Volo.*

INDICATIF PRÉSENT. — Volo, *je veux;* vis, *tu veux;* vult, *il veut;* volumus, *nous voulons;* vultis, *vous voulez;* volunt, *ils veulent.*
IMPARFAIT. — Volebam, *je voulais,* etc.
PARFAIT. — Volui, *j'ai voulu,* etc.
PLUS-QUE-PARFAIT. — Volueram, *j'avais voulu,* etc.
FUTUR. — Volam, *je voudrai,* voles, etc.

FUTUR ANTÉRIEUR. — Voluero, *j'aurai voulu*, etc.

SUBJONCTIF PRÉSENT. — Velim, *que je veuille;* velis, *que tu veuilles;* velit, *qu'il veuille;* velimus, *que nous voulions;* velitis, *que vous vouliez;* velint, *qu'ils veuillent.*

IMPARFAIT. — Vellem, *que je voulusse ou je voudrais*, etc.

PARFAIT. — Voluerim, *que j'aie voulu*, etc.

PLUS-QUE-PARFAIT. — Voluissem, *que j'eusse voulu* ou *j'aurais voulu*, etc.

INFINITIF PRÉSENT. — Velle, *vouloir.*

PARFAIT. — Voluisse, *avoir voulu.*

PARTICIPE PRÉSENT. — Volens, volentis, *voulant.*

VERBE *Nolo.*

INDICATIF PRÉSENT. — Nolo, *je ne veux pas;* non vis, *tu ne veux pas;* non vult, *il ne veut pas;* nolumus, *nous ne voulons pas;* non vultis, *vous ne voulez pas;* nolunt, *ils ne veulent pas.*

IMPARFAIT. — Nolebam, *je ne voulais pas*, etc.

PARFAIT. — Nolui, *je n'ai pas voulu*, etc.

PLUS-QUE-PARFAIT. — Nolueram, *je n'avais pas voulu.*

FUTUR. — Noles, *tu ne voudras pas*, etc. (*La* 1re *personne n'est pas usitée.*)

FUTUR ANTÉRIEUR. — Noluero, *je n'aurai pas voulu*, etc.

IMPÉRATIF. — Noli, *ne veuille pas;* nolite, *ne veuillez pas*, etc.

SUBJONCTIF PRÉSENT. — Nolim, *que je ne veuille pas*, nolis, etc.

IMPARFAIT. — Nollem, *que je ne voulusse pas*, etc.

PARFAIT. — Noluerim, *que je n'aie pas voulu*, etc.

PLUS-QUE-PARFAIT. — Noluissem, *que je n'eusse pas voulu* ou *je n'aurais pas voulu*, etc.

INFINITIF PRÉSENT. — Nolle, *ne vouloir pas.*

PARFAIT. — Noluisse, *n'avoir pas voulu.*

PARTICIPE PRÉSENT. — Nolens, nolentis, *ne voulant pas.*

VERBE *Malo.*

INDICATIF PRÉSENT. — Malo, *j'aime mieux;* mavis, *tu aimes mieux;* mavult, *il aime mieux;* malumus, *nous aimons mieux;* mavultis, *vous aimez mieux;* malunt, *ils aiment mieux.*

IMPARFAIT. — Malebam, *j'aimais mieux*, etc.

PARFAIT. — Malui, *j'ai mieux aimé*, etc.

PLUS-QUE-PARFAIT. — Malueram, *j'avais mieux aimé.*

FUTUR. — Males, *tu aimeras mieux*, etc. (*La* 1re *personne n'est pas usitée.*)

FUTUR ANTÉRIEUR. — Maluero, *j'aurai mieux aimé*, etc.

SUBJONCTIF PRÉSENT. — Malim, *que j'aime mieux*, malis, etc.

IMPARFAIT. — Mallem, *que j'aimasse mieux* ou *j'aimerais mieux*, etc.

PARFAIT. — Maluerim, *que j'aie mieux aimé*, etc.

PLUS-QUE-PARFAIT. — Maluissem, *que j'eusse mieux aimé* ou *j'aurais mieux aimé*, etc.

INFINITIF PRÉSENT. — Malle, *aimer mieux.*

PARFAIT. — Maluisse, *avoir mieux aimé.*

VERBES *Orior, exorior.*

Ces deux verbes suivent *la troisième conjugaison*, pour l'indicatif présent, et *la quatrième,* pour tous les autres temps.

INDICATIF PRÉSENT. — Orior, *je nais;* or ĕris, or ĭtur, or ĭmur, etc.

IMPARFAIT DU SUBJONCTIF. — Or irer, *je naîtrais;* or ireris, or iretur, etc.

Adorior est tout à fait régulier :

INDICATIF PRÉSENT. — Ador ior, *j'attaque;* ador iris, ador ĭtur, etc.

VERBES DÉFECTIFS.

On appelle *défectifs* les verbes auxquels il manque plusieurs personnes ou plusieurs temps.

VERBE *Queo*, je peux.

Queo n'a guère que les temps et les personnes qui suivent :

INDICATIF.

PRÉSENT.	s.	Queo,	*je peux* ou *je puis.*
		Quis,	*tu peux.*
		Quit,	*il peut.*
	pl.	Quimus,	*nous pouvons.*
		Quitis,	*vous pouvez.*
		Queunt,	*ils peuvent.*
IMPARFAIT		Quibam,	*je pouvais.*
		Quibamus,	*nous pouvions.*
PARFAIT.		Quivi,	*j'ai pu.*
		Quivimus,	*nous avons pu.*
PLUS-QUE-PARFAIT.		Quiveram,	*j'avais pu.*
FUTUR.		Quibo,	*je pourrai.*
FUTUR ANTÉRIEUR.		Quivero,	*j'aurai pu.*

SUBJONCTIF.

PRÉSENT.	s.	Queam,	*que je puisse.*
		Queas,	*que tu puisses.*
		Queat,	*qu'il puisse.*
	pl.	Queamus,	*que nous puissions.*
		Queatis,	*que vous puissiez.*
		Queant,	*qu'ils puissent.*
IMPARFAIT.		Quirem,	*que je pusse* ou *je pourrais.*
		Quiremus,	*que nous pussions.*
PARFAIT.		Quiverim,	*que j'aie pu.*
		Quiverimus,	*que nous ayons pu.*
PLUS-QUE-PARFAIT.		Quivissem,	*que j'eusse pu.*
		Quivissemus,	*que nous eussions pu.*

INFINITIF.

PRÉSENT.	Quire,	*pouvoir.*
PARFAIT.	Quivisse,	*avoir pu.*

Ainsi se conjugue *nequeo, nequire,* ne pouvoir pas.

VERBE *Memini,* je me souviens.

INDICATIF PRÉSENT. — Memini, *je me souviens;* meministi, *tu te souviens;* meminit, *il se souvient;* meminimus, *nous nous souvenons;* meministis, *vous vous souvenez;* meminerunt *ou* meminere, *ils se souviennent.*

IMPARFAIT. — Memineram, *je me souvenais;* memineras, *tu te souvenais,* etc.

(Point de parfait, ni de plus-que-parfait.)

FUTUR. — Meminero, *je me souviendrai;* memineris, etc.

IMPÉRATIF. — Memento, *souviens-toi;* memento, *qu'il se souvienne;* mementote, *souvenez-vous.*

SUBJONCTIF PRÉSENT. — Meminerim, *que je me souvienne;* memineris, *que tu te souviennes,* etc.

IMPARFAIT. — Meminissem, *que je me souvinsse* ou *je me souviendrais,* etc.

(Point de parfait ni de plus que-parfait.)

INFINITIF PRÉSENT. — Meminisse, *se souvenir.*

Conjuguez de même : *novi,* je connais; *odi,* je hais. Ce dernier verbe fait au parfait de l'indicatif *osus sum,* et au plus-que-parfait *osus eram.*

Conjuguez aussi sur *memini* le verbe *cœpi;* mais il signifie *j'ai commencé,* et non *je commence. Novi, odi* et *cœpi* n'ont pas d'impératif.

REMARQUE. Le verbe déponent *recordari,* se souvenir, traduira les temps qui manquent à *memini.— Incipio* traduira ceux qui manquent à *cœpi.*

VERBE *Aio,* je dis.

INDICATIF PRÉSENT. — Aio, *je dis;* ais, *tu dis;* ait, *il dit;* aiunt, *ils disent.*

IMPARFAIT.— Aiebam, *je disais;* aiebas, *tu disais,* etc.

PARFAIT.— Aisti, *tu as dit* (peu usité).

SUBJONCTIF PRÉSENT. — Aias, *que tu dises;* aiat, *qu'il dise.*

PARTICIPE PRÉSENT.— Aiens, aientis, *disant.*

VERBE *Inquam,* dis-je.

INDICATIF PRÉSENT. — Inquam, *dis-je;* inquis, dis-tu, etc.

IMPARFAIT. — Inquiebat, *disait-il;* inquiebant, *disaient-ils.*

PARFAIT. — Inquisti, *as-tu dit;* inquit, *a-t-il dit.*

FUTUR. — Inquies, *diras-tu;* inquiet, *dira-t-il.*

SUBJONCTIF PRÉSENT. — Inquiat, *qu'il dise.*

VERBES UNIPERSONNELS.

On appelle *unipersonnels* les verbes qui n'ont que la troisième personne du singulier.

INDICATIF PRÉSENT. — Oportet, *il faut.*
IMPARFAIT. — Oportebat, *il fallait.*
PARFAIT. — Oportuît, *il a fallu.*
PLUS-QUE-PARFAIT. — Oportuerat, *il avait fallu.*
FUTUR. — Oportebit, *il faudra.*
FUTUR ANTÉRIEUR. — Oportuerit, *il aura fallu.*
SUBJONCTIF PRÉSENT. — Oporteat, *qu'il faille.*
IMPARFAIT. — Oporteret, *qu'il fallût.*
PARFAIT. — Oportuerit, *qu'il ait fallu.*
PLUS-QUE-PARFAIT. — Oportuisset, *qu'il eût fallu.*
INFINITIF PRÉSENT. — Oportere, *falloir.*
PARFAIT. — Oportuisse, *avoir fallu.*

Conjuguez de même :

Licet, il est permis; *libet*, il plaît; *decet*, il convient, etc.

VERBE *Pœnitet.*

INDICATIF.

PRÉSENT.	Me pœnitet,	*je me repens.*
	Te pœnitet,	*tu te repens.*
	Illum, illam pœnitet,	*il, elle se repent.*
	Nos pœnitet,	*nous nous repentons.*
	Vos pœnitet,	*vous vous repentez.*
	Illos, illas pœnitet,	*ils, elles se repentent.*
IMPARFAIT.	Me pœnitebat,	*je me repentais,* etc.
PARFAIT.	Me pœnituit,	*je me suis repenti,* etc.
PLUS-QUE-PARF.	Me pœnituerat,	*je m'étais repenti.*
FUTUR.	Me pœnitebit,	*je me repentirai.*
FUTUR ANTÉRIEUR.	Me pœnituerit,	*je me serai repenti.*

SUBJONCTIF.

PRÉSENT.	Me pœniteat,	*que je me repente,* etc.
IMPARFAIT.	Me pœniteret,	*que je me repentisse ou je me repentirais,* etc.
PARFAIT.	Me pœnituerit,	*que je me sois repenti,* etc.
PLUS-QUE-PARF.	Me pœnituisset,	*que je me fusse repenti ou je me serais repenti,* etc.

INFINITIF.

PRÉSENT. — Pœnitere, *se repentir.*
PARFAIT. — Pœnituisse, *s'être repenti.*
PARTICIPE PRÉSENT. — Pœnitens, pœnitentis, *se repentant.*
PARTICIPE FUTUR PASSIF. — Pœnitendus, da, dum, *dont on doit se repentir.*

GÉRONDIFS. — *Pœnitendi, de se repentir;* pœnitendo, *en se repen-tant;* pœnilendum, *à* ou *pour se repentir.*

REMARQUE. *Pœnitet* peut se décomposer ainsi : *me pœnitentia tenet,* le repentir me tient ou je me repens.

Conjuguez sur *pœnitet :*

Me pudet, j'ai honte (la honte me tient); *me piget*, je suis fâché (le regret me tient); *me tœdet*, je m'ennuie (l'ennui me tient); *me miseret*, j'ai compassion (la compassion me tient).

UNIPERSONNEL PASSIF.

L'unipersonnel passif est à la troisième personne du singulier passif dans tous les temps.

INDICATIF.

PRÉSENT. — Dicitur, *on dit.*
IMPARFAIT. — Dicebatur, *on disait.*
PARFAIT. — Dictum est *ou* fuit, *on a dit.*
PLUS-QUE-PARFAIT. — Dictum erat *ou* fuerat, *on avait dit.*
FUTUR. — Dicetur, *on dira.*
FUTUR ANTÉRIEUR. — Dictum erit *ou* fuerit, *on aura dit.*

SUBJONCTIF.

PRÉSENT. — Dicatur, *qu'on dise.*
IMPARFAIT. — Diceretur, *qu'on dît, on dirait.*
PARFAIT. — Dictum sit *ou* fuerit, *qu'on ait dit.*
PLUS-QUE-PARFAIT. — Dictum esset *ou* fuisset, *on aurait dit.*

On peut faire unipersonnels un grand nombre de verbes actifs et même de verbes neutres.

EXEMPLES. *Fertur,* on raconte; *pugnatum est,* on a combattu ; *favetur,* on favorise; *curritur,* on court; *itur,* on va ; *constat,* il est certain ; *patet,* il est évident, etc.

Remarque sur le verbe persuadeo.

Au lieu du passif *persuadeor,* on emploie souvent la locution suivante :

Persuasum habeo, je suis persuadé; *persuasum habes*, tu es persuadé, etc.
IMPARFAIT. — *Persuasum habebam*, j'étais persuadé, etc.
PARFAIT. — *Persuasum habui*, j'ai été persuadé, etc.

On trouve dans Cicéron la locution suivante : *quod mihi persuasissimum* (sous-entendu *est*), ce dont je suis bien convaincu.

Conjugaison composée.

La conjugaison composée est celle qui se fait au moyen d'une périphrase.

Exemples.

Lecturus sum, je dois lire; *lecturus es*, tu dois lire, etc.
Profecturus eram, je devais partir; *profecturus eras*, tu devais partir, etc.

REMARQUE. Ici le verbe *devoir* est pris dans le sens du futur. Quand ce même verbe marque une obligation, ce n'est plus le participe en *rus*, *ra*, *rum*, mais le participe en *dus*, *da*, *dum*, qu'il faut employer.

EXEMPLES. On doit servir Dieu, *serviendum est Deo*; on doit pratiquer la vertu, *colenda est virtus*.

VERBES INCHOATIFS.

Les verbes inchoatifs désignent un commencement d'action; ils se terminent en *sco*, infinitif *cre*. — *Calesco*, je commence à m'échauffer; *senesco*, je vieillis, c'est-à-dire je commence à être vieux; *maturesco*, je mûris; *dormisco*, je m'endors.

VERBES FRÉQUENTATIFS.

Les verbes fréquentatifs marquent une action réitérée; ils se terminent en *ito*, infinitif *are.* — *Clamito*, je crie souvent; *dictito*, je dis souvent; *rogito*, je demande avec instance, etc.

PARFAITS A REDOUBLEMENT.

Certains verbes ont un redoublement au parfait. On appelle redoublement la répétition de la consonne initiale, soutenue d'une voyelle. — *Cado, cecidi, casum*, tomber; *curro, cucurri, cursum*, courir; *disco, didici, discitum*, apprendre; *fallo, fefelli, falsum*, tromper, etc.

TROISIÈME PARTIE.

SYNTAXE GÉNÉRALE.

La syntaxe nous enseigne à joindre ensemble les mots pour former les phrases. Les phrases se composent d'une ou de plusieurs propositions formant un sens complet. Une phrase est correcte, lorsqu'elle est construite d'après les règles de la syntaxe.

Il y a deux sortes de règles dans la syntaxe latine : les *règles d'accord* par lesquelles on fait accorder l'adjectif avec le nom, le verbe avec le sujet, etc., et les *règles de complément* ou *de régime* par lesquelles un mot régit un autre mot à tel cas, à tel temps, à tel mode, etc.

DE LA PROPOSITION.

Toute proposition se compose de trois parties : d'un sujet, d'un verbe et d'un attribut.

EXEMPLE. Dieu est bon, *Deus est bonus :* sujet, *Deus;* verbe, *est;* attribut, *bonus.*

Le verbe et l'attribut sont très-souvent réunis en un seul mot.

EXEMPLE. Le soleil brille, *sol fulget :* sujet, *sol;* verbe et attribut, *fulget. Fulget* équivaut à *est fulgens.*

Le sujet répond à la question *qui est-ce qui?* pour les personnes et *qu'est-ce qui?* pour les choses. *Qu'est-ce qui brille?* réponse : *le soleil.* Le mot *soleil* est le sujet.

5.

SYNTAXE DE LA PROPOSITION.

Virtus est amabilis.

RÈGLE D'ACCORD. Le sujet se met au nominatif, quand le verbe est à un mode personnel.

EXEMPLE. La vertu est aimable, *virtus est amabilis. Virtus* est au nominatif comme sujet.

Deus est sanctus.

RÈGLE D'ACCORD. L'attribut se met au même cas que le sujet.

EXEMPLES. Dieu est saint, *Deus est sanctus.* L'attribut *sanctus* est au nominatif parce que le sujet *Deus* est au nominatif. La Seine est un fleuve, *Sequana est flumen.* L'attribut *flumen* est au même cas que le sujet *Sequana.*

Ego audio.

RÈGLE D'ACCORD. Tout verbe, quand il n'est pas à l'infinitif, s'accorde avec son sujet en nombre et en personne.

EXEMPLES. J'écoute, *ego audio*; vous enseignez, *tu doces*; il lit, *ille legit. Legit* est du singulier et de la troisième personne, parce que son sujet *ille* est du singulier et de la troisième personne.

REMARQUE. On sous-entend ordinairement le pronom qui sert de sujet; la terminaison verbale suffit pour indiquer la personne. Ainsi l'on dit simplement *audio, doces, legit.*

Il faut cependant exprimer le pronom, quand il y a deux verbes dont le sens est opposé ou quand la phrase contient quelque chose de vif.

EXEMPLES. Vous riez et je pleure, *tu rides, ego fleo*; vous osez parler ainsi! *tu loqui sic audes!*

COMPLÉMENT DU SUJET.—COMPLÉMENT DE L'ATTRIBUT.

On appelle *complément du sujet, complément de l'attribut,* les mots que l'on ajoute au sujet et à l'attribut pour en compléter le sens.

EXEMPLE. Le salut du peuple est la loi suprême, *salus populi est lex suprema. Populi* est le complément du sujet *salus*, *suprema* est le complément de l'attribut *lex*.

SYNTAXE DES NOMS.

ACCORD DES NOMS. — *Ludovicus rex.*

Quand deux ou plusieurs noms désignent une seule et même personne, une seule et même chose, ces noms se mettent au même cas.

EXEMPLES. Louis roi, *Ludovicus rex*, de Louis roi, *Ludovici regis*, etc.; Esope auteur, *Æsopus auctor*, à Esope auteur, *Æsopo auctori;* la ville de Rome, *urbs Roma;* les Latins disaient la ville Rome.

REMARQUE. On appelle cette règle, *règle d'apposition*, parce que les mots sont apposés, c'est-à-dire placés à côté l'un de l'autre.

COMPLÉMENT DES NOMS.

Le complément des noms est marqué en français par la préposition *de*, et en latin par le génitif.

Liber Petri.

RÈGLE DE COMPLÉMENT. Le nom qui sert de complément à un autre nom se met au génitif.

EXEMPLES. Le livre de Pierre, *liber Petri;* la bonté de Dieu, *bonitas Dei.*

Souvent au lieu du génitif, on se sert d'un adjectif qui a la même valeur.

EXEMPLES. La bonté de Dieu, *tournez :* la bonté divine, *bonitas divina;* le sénat de Rome, *tournez :* le sénat romain, *senatus romanus.*

Tempus legendi.

RÈGLE DE COMPLÉMENT. Quand l'infinitif sert de complément à un nom, il se met au gérondif en *di*, qui est un véritable génitif.

EXEMPLE. Le temps de lire, *tempus legendi*; de lire l'histoire, *legendi historiam* (les gérondifs gouvernent le même cas que les verbes d'où ils viennent).

1re REMARQUE Si le verbe latin gouverne l'accusatif, il est mieux d'employer le participe en *dus, da, dum*.

EXEMPLE. Le temps de lire l'histoire, tournez : de l'histoire devant être lue, *tempus legendæ historiæ*.

2e REMARQUE. Quand l'infinitif français sert de sujet, il se traduit par l'infinitif latin et non par le gérondif en *di*.

EXEMPLE. C'est un péché de mentir, tournez : mentir est un péché, *culpa est mentiri*.

SYNTAXE DES ADJECTIFS.

ACCORD DES ADJECTIFS. — *Deus sanctus.*

RÈGLE D'ACCORD. L'adjectif s'accorde en genre, en nombre et en cas avec le nom auquel il se rapporte.

EXEMPLES. Dieu saint, *Deus sanctus*, du Dieu saint, *Dei sancti*; Vierge sainte, *Virgo sancta*; de la Vierge sainte, *Virginis sanctæ*; temple saint, *templum sanctum*, du temple saint, *templi sancti*.

Pater et filius boni, mater et filia bonæ.

RÈGLE D'ACCORD. Quand un adjectif se rapporte à deux noms, on met cet adjectif au pluriel, parce que deux singuliers valent un pluriel.

EXEMPLES. Le père et le fils bons, *pater et filius boni*; la mère et la fille bonnes, *mater et filia bonæ*.

Pater et mater boni.

RÈGLE D'ACCORD. Quand un adjectif se rapporte à deux noms de différents genres, l'adjectif prend le plus noble des deux genres. Le masculin est plus noble que les deux autres; le féminin est plus noble que le neutre.

EXEMPLE. Le père et la mère bons, *pater et mater boni*.

Virtus et vitium contraria.

RÈGLE D'ACCORD. Quand les deux noms sont des noms de choses, l'adjectif qui s'y rapporte se met au pluriel neutre.

EXEMPLE. La vertu et le vice contraires, *virtus et vitium contraria.*

Turpe est mentiri.

RÈGLE D'ACCORD. L'adjectif servant d'attribut à un infinitif se met au neutre.

EXEMPLE. Il est honteux de mentir, *tournez :* mentir est honteux, *turpe est mentiri.*

REMARQUE. L'infinitif est considéré comme un nom neutre.

Graculus rediit mœrens.

Mettez au nominatif l'adjectif ou le nom qui suit immédiatement les verbes *revenir, rester, devenir, sembler, être appelé, être élu*, et autres de même signification, quand ces verbes sont à un mode personnel.

EXEMPLES. Le geai revint tout chagrin, *graculus rediit mœrens ;* Aristide mourut pauvre, *Aristides mortuus est pauper ;* je m'appelle lion, *ego nominor leo.* Dans ces exemples, *mœrens, pauper* et *leo* sont attributs.

COMPLÉMENT DES ADJECTIFS.

Le complément des adjectifs est marqué en français par les prépositions *de* et *à*, et en latin par différents cas.

ADJECTIFS QUI GOUVERNENT LE GÉNITIF.

Avidus laudum.

RÈGLE DE COMPLÉMENT. Les adjectifs *avidus*, avide ; *cupidus*, qui désire ; *studiosus*, qui a du goût pour ; *peritus*, habile dans ; *expers*, qui manque ; *patiens*, qui endure ; *rudis*, qui ne sait pas ; *memor*, qui se souvient ; *immemor*, qui ne se souvient pas, gouvernent le génitif.

EXEMPLES. Avide de louanges, *avidus laudum ;* habile dans la musique, *peritus musicœ ;* qui endure le froid, *patiens frigoris*; qui manque de courage, *expers virtutis*; qui se souvient d'un bienfait, *memor beneficii*. Dans le premier exemple, *laudum* est le complément de l'adjectif *avidus*; dans le deuxième exemple, *musicæ* est le complément de *peritus*.

Cupidus videndi.

RÈGLE DE COMPLÉMENT. Mettez au gérondif en *di* l'infinitif qui sert de complément aux adjectifs *cupidus*, *peritus*, etc.

EXEMPLE. Curieux de voir, *cupidus videndi*; de voir la ville, *videndi urbem* et mieux *videndæ urbis* (de la ville devant être vue).

Il est mieux d'employer le participe futur passif, quand le verbe est suivi d'un complément direct.

ADJECTIFS QUI GOUVERNENT LE GÉNITIF OU LE DATIF.

Similis patris ou *patri.*

Similis, semblable; *par, æqualis*, égal; *affinis*, allié, gouvernent le génitif ou le datif.

EXEMPLES. Semblable à son père, *similis patris* ou *patri*; allié au roi, *affinis regis* ou *regi*.

ADJECTIFS QUI GOUVERNENT LE DATIF SEULEMENT.

Mihi utile est.

RÈGLE DE COMPLÉMENT. *Utilis*, utile à; *commodus*, avantageux à; *infensus, iratus*, irrité contre; *assuetus*, accoutumé à; *aptus, idoneus*, propre à, etc., gouvernent le datif.

EXEMPLES. Cela m'est utile (utile à moi), *id mihi utile est*; corps accoutumé au travail, *corpus assuetum labori*.

Aptus ædificando.

L'infinitif, complément de ces adjectifs, se met au gérondif en *do* (le gérondif est ici un véritable datif).

EXEMPLE. Lieu propre à bâtir, *locus aptus ædificando*.

Employez le participe futur passif, quand le verbe est suivi d'un complément direct, le gérondif datif étant très-rare avec un complément direct.

EXEMPLE. Corps accoutumé à supporter le travail, *tournez :* accoutumé au travail devant être supporté, *corpus assuetum tolerando labori.*

REMARQUES. 1. — On trouve quelquefois *assuetus* avec l'infinitif.

Accoutumé à vaincre, *assuetus vincere.*

2. — Après *aptus, idoneus* et *natus,* on peut mettre l'accusatif avec *ad.*

EXEMPLES. Propre au service militaire, *aptus ad militiam ;* né pour les armes, *natus ad arma.*

ADJECTIFS QUI GOUVERNENT L'ACCUSATIF AVEC *ad.*

Propensus ad lenitatem.

RÈGLE DE COMPLÉMENT. *Propensus, pronus, proclivis,* porté à, enclin à, et tous les adjectifs qui marquent un penchant ou une inclination à quelque chose, gouvernent l'accusatif avec *ad.*

EXEMPLES. Porté à la douceur, *propensus ad lenitatem ;* enclin au mensonge, *pronus ad mendacium.*

Pronus ad irascendum.

Mettez au gérondif en *dum* avec *ad* l'infinitif qui sert de complément aux adjectifs *propensus, pronus, proclivis,* etc. (le gérondif en *dum* est un véritable accusatif).

EXEMPLES. Prompt à se mettre en colère, *pronus ad irascendum ;* à venger une injure, *ad ulciscendum injuriam,* et mieux *ad ulciscendam injuriam* (à une injure devant être vengée) ; prêt à combattre, *paratus ad pugnandum.* On dit aussi *paratus pugnare.*

ADJECTIFS QUI GOUVERNENT L'ABLATIF.

Præditus virtute.

RÈGLE DE COMPLÉMENT. *Præditus,* doué de ; *dignus,* digne de ; *indignus,* indigne de ; *contentus,* content de ; *immunis,* exempt de, etc., gouvernent l'ablatif.

EXEMPLES. Jeune homme doué de vertu, *adolescens virtute præditus ;* digne de louange, *dignus laude ;* content de son sort, *contentus suâ sorte.*

REMARQUE. On trouve quelquefois *dignus* avec le génitif.

Mirabile visu.

RÈGLE DE COMPLÉMENT. Après les adjectifs *admirable à*, *facile à*, *difficile à*, etc., l'infinitif français se rend en latin par le supin en *u*.

EXEMPLE. Chose admirable à voir, *tournez :* à être vue, *res visu mirabilis* ou *mirabile visu* (quand on n'exprime pas le mot *chose*, l'adjectif latin se met au neutre : on sous-entend *negotium*).

Chose facile à dire, *res dictu facilis ;* à trouver, *inventu.*

Dans ces exemples, l'infinitif français est pris dans le sens passif.

Difficile est studere grammaticæ.

Si le verbe latin n'a pas de supin, il faut changer la tournure et employer le présent de l'infinitif.

EXEMPLE. La grammaire est difficile à étudier, dites, il est difficile d'étudier la grammaire, *difficile est studere grammaticæ.*

ANNALYSE LOGIQUE. *Studere*, sujet; *grammaticæ*, complément du sujet; verbe, *est*; attribut, *facile.*

SYNTAXE DES COMPARATIFS.

Doctior Petro.

Après le comparatif, exprimé par un seul mot latin, on met le nom à l'ablatif, en supprimant le *que.*

EXEMPLES. Plus savant que Pierre, *doctior Petro ;* la vertu est plus précieuse que l'or, *virtus est pretiosior auro* (on sous-entend *præ*, en comparaison de).

Paulus est doctior quàm Petrus.

On peut, après le comparatif, exprimer *que* par *quàm*, en mettant après le même cas que devant.

EXEMPLES Paul est plus savant que Pierre, *Paulus est doctior quàm Petrus* (sous-entendu *est doctus*); je ne connais personne plus savant que Paul, *neminem novi doctiorem quàm Paulum*, et mieux *quàm Paulus est* (sous-entendu *doctus*).

Cette dernière tournure est indispensable quand le sens ne permet pas de sous-entendre le verbe qui précède le comparatif.

EXEMPLE. J'ai une maison plus belle que la vôtre, *habeo domum pulchriorem quàm tua est.*

Magis pius quàm tu.

Quàm est nécessaire, quand le comparatif est exprimé par deux mots.

EXEMPLE. Il est plus pieux que vous, *magis pius est quàm tu* (sous-entendu *es pius*).

REMARQUE. Presque tous les adjectifs terminés en *eus, ius, uus,* n'ont ni comparatif ni superlatif en latin.

Doctior est quàm putas.

Quand le comparatif est suivi d'un verbe, on exprime *que* par *quàm.*

EXEMPLES. Il est plus savant que vous ne pensez, *doctior est quàm putas* (*ne*, qui suit le comparatif français, ne s'exprime point en latin); rien n'est plus honteux que de mentir, *nihil turpiùs est quàm mentiri.*

SYNTAXE DES SUPERLATIFS.

Nous avons en français deux sortes de superlatifs, le superlatif absolu et le superlatif relatif; le superlatif absolu se connaît par les mots *très, bien, fort.* Le superlatif relatif se connaît par les mots *le plus, la plus* ou par un comparatif précédé de *mon, ton, son, notre, votre, leur.*

EXEMPLE. *Mon meilleur ami,* c'est-à-dire *le meilleur ami de moi.*

Altissima arborum ou *ex arboribus* ou *inter arbores.*

Le superlatif veut le nom pluriel qui le suit au génitif, ou à l'ablatif avec *ex,* ou à l'accusatif avec *inter.*

EXEMPLES. Le plus haut des arbres, *altissima arborum,* ou *ex arboribus,* ou *inter arbores;* le dauphin est le plus rapide de tous les animaux, *delphinus est velocissimum omnium animalium.*

REMARQUE. Le superlatif prend le même genre que le nom pluriel qui le suit ; dans le premier exemple, *altissima* est du féminin, parce que son complément *arborum* est du féminin.

Dans le deuxième exemple, *velocissimum* est du neutre, parce que son complément *animalium* est du neutre.

Ditissimus urbis.

Mais si le complément du superlatif était un nom *singulier*, le superlatif ne s'accorderait pas en genre avec ce nom ; et alors il ne gouverne que le génitif.

EXEMPLE. Le plus riche de la ville, *ditissimus urbis* (sous-entendu *homo*, c'est-à-dire l'homme le plus riche de la ville).

Validior manuum.

Quand on ne parle que de deux choses, au lieu du superlatif qui est dans le français, on met le comparatif en latin.

EXEMPLE. La plus forte des deux mains, *validior manuum* (le mot *deux* ne s'exprime pas).

Maximè omnium conspicuus.

Quand l'adjectif latin n'a point de superlatif, on se sert de *maximè* avec le positif.

EXEMPLE. Le plus remarquable de tous, *maximê omnium conspicuus.*

Unus militum.

Les noms que l'on appelle *partitifs*, c'est-à-dire qui marquent la partie d'un plus grand nombre, comme *unus, quis, aliquis, nemo*, etc., gouvernent les mêmes cas que le superlatif.

EXEMPLES. Un des soldats, *unus militum*, ou *ex militibus*, ou *inter milites*; qui de nous, *quis nostrûm* (et non pas *nostri*); qui de vous, *quis vestrûm* (et non pas *vestri*).

On ne se sert de *nostri, vestri* qu'après un verbe ou un nom qui n'est pas partitif.

EXEMPLE. Seigneur, ayez pitié de nous, *Domine, miserere nostri.*

SYNTAXE DES VERBES.

ACCORD DES VERBES.

D'après la règle *Ego audio*, nous savons que le verbe s'accorde en nombre et en personne avec son sujet.

Petrus et Paulus ludunt.

RÈGLE D'ACCORD. Quand un verbe a deux sujets au singulier, on met ce verbe au pluriel, parce que deux singuliers valent un pluriel.

EXEMPLE. Pierre et Paul jouent, *Petrus et Paulus ludunt.*

Ego et tu valemus.

RÈGLE D'ACCORD. Si les sujets d'un même verbe sont de différentes personnes, le verbe prend la plus noble des deux personnes; la première est plus noble que les deux autres, la seconde est plus noble que la troisième.

EXEMPLES. Vous et moi nous nous portons bien, *ego et tu valemus;* vous et votre frère, vous causez, *tu fraterque garritis.*

REMARQUE. En français, la politesse exige que la première personne se nomme après les autres; c'est le contraire en latin.

COMPLÉMENTS DES VERBES.

COMPLÉMENT DIRECT.

Tout verbe actif a un complément direct. Ce complément répond à l'une des questions *qui* ou *quoi*.

Amo Deum.

Tout verbe actif veut son complément direct à l'accusatif.

EXEMPLES. J'aime Dieu, *amo Deum;* vous instruisez les enfants, *doces pueros;* il écoute le maître, *audit magistrum.*

REMARQUE. *De, du, des*, précède souvent en français le complément direct.

EXEMPLES. J'ai reçu de beaux présents (j'ai reçu quoi? réponse : de beaux présents), *pulchra munera accepi* (ici *de* a le sens de *quelques*); donnez-moi du pain, *da mihi panem*; manger des fruits, *comedere fructus*.

Imitor patrem.

Plusieurs verbes déponents ont la force des verbes actifs et gouvernent l'accusatif.

EXEMPLES. J'imite mon père, *imitor patrem*; nous admirons la vertu, *miramur virtutem*; il accompagnait le général, *comitabatur ducem*.

COMPLÉMENT INDIRECT DES VERBES.

Outre le complément *direct*, certains verbes reçoivent un autre complément qu'on appelle *indirect*: ce complément indirect des verbes est marqué en français par les prépositions *à* et *de*; il répond à l'une des questions : *à qui? de qui?* pour les personnes; *à quoi? de quoi?* pour les choses.

Do vestem pauperi.

Les verbes qui signifient *donner, dire, promettre*, etc., veulent au datif leur complément indirect marqué par *à*.

EXEMPLES. Je donne un habit au pauvre, *do vestem pauperi*; Dieu promet une vie éternelle au juste, *Deus vitam æternam justo promittit*.

Minari mortem alicui.

Les verbes déponents *minari*, menacer; *gratulari*, féliciter, veulent le nom de la chose à l'accusatif, et le nom de la personne au datif.

EXEMPLES : Menacer quelqu'un de la mort, *tournez :* menacer la mort à quelqu'un, *minari mortem alicui*.

Féliciter quelqu'un d'une victoire, *tournez :* complimenter la victoire à quelqu'un, *gratulari victoriam alicui*.

Hæc via ducit ad virtutem.

Quand le verbe exprime quelque mouvement, comme

conduire à, ou une inclination vers quelque chose, comme *exhorter à*, *exciter à*, etc., le complément indirect se met à l'accusatif avec *ad*.

EXEMPLES Ce chemin conduit à la vertu, *hæc via ducit ad virtutem*; je vous exhorte au travail, *te hortor ad laborem*.

Doceo pueros grammaticam.

Les verbes *docere*, instruire; *rogare*, prier; *celare*, cacher, veulent deux accusatifs, le nom de la personne et celui de la chose.

EXEMPLE. J'enseigne la grammaire aux enfants, *tournez:* j'instruis les enfants sur la grammaire, *doceo pueros grammaticam*.

REMARQUE. *Grammaticam* est à l'accusatif, à cause d'une préposition sous-entendue, *ad* ou *secundum*.

Scribo ad te ou tibi epistolam.

Les trois verbes *scribo*, j'écris; *mitto*, j'envoie; *fero*, je porte, veulent leur complément indirect à l'accusatif avec *ad*, ou au datif.

EXEMPLE. Je vous écris une lettre, *scribo ad te* ou *tibi epistolam*.

Accepi litteras à patre meo.

Les verbes *demander*, *recevoir*, *emprunter*, *acheter*, *espérer*, *attendre*, *obtenir*, etc., veulent leur complément indirect à l'ablatif avec *à* ou *ab*.

EXEMPLES. J'ai reçu une lettre de mon père, *accepi litteras à patre meo*; il a demandé de l'argent au roi, *petivit pecuniam à rege*; j'ai acheté un cheval à ce marchand, c'est-à-dire de ce marchand, *emi equum ab hoc mercatore*.

REMARQUE. *A* s'emploie quelquefois dans le sens de *pour*. J'ai acheté un cheval à mon fils, c'est-à-dire pour mon fils, *emi equum meo filio*.

Si le complément indirect du verbe *recevoir* est un nom de chose, on le met à l'ablatif avec *é* ou *ex*; on fait de même après les verbes *allumer à*, *juger à*, *puiser à*, etc.

EXEMPLES. J'ai ressenti une grande joie de votre

lettre, *magnam voluptatem ex tuis litteris accepi;* puiser de l'eau à une fontaine, *haurire aquam ex fonte.*

Id audivi ex amico ou *ab amico meo.*

Les verbes *audire* apprendre; *quærere,* s'informer, veulent leur complément indirect à l'ablatif, avec *à* ou *ab, è* ou *ex;* mais après *cognoscere,* apprendre, c'est toujours *è* ou *ex.*

EXEMPLES. J'ai appris cela de mon ami, *id audivi* EX ou AB *amico meo;* j'ai appris par votre lettre, EX *litteris tuis cognovi.*

Christus redemit hominem A *morte.*

Les verbes *délivrer, racheter, éloigner, arracher, ôter, séparer, détourner,* etc., veulent leur complément indirect à l'ablatif avec *à* ou *ex,* et quelquefois sans préposition.

EXEMPLES. Jésus-Christ a racheté l'homme de la mort, *Christus redèmit hominem à morte;* délivrer quelqu'un de la servitude, *eximere aliquem à* ou *ex servitute,* ou *servitute* sans préposition.

Implere dolium vino.

Les verbes d'*abondance,* de *disette* et de *privation,* veulent leur complément indirect à l'ablatif sans préposition.

EXEMPLES. Emplir un tonneau de vin, *implere dolium vino;* combler quelqu'un de bienfaits, *cumulare aliquem beneficiis;* priver quelqu'un de secours, *nudare aliquem præsidio.*

Admonui eum periculi ou *de periculo.*

Les verbes *avertir, informer,* veulent leur complément indirect au génitif, ou à l'ablatif avec *de.*

EXEMPLES. Je l'ai averti du danger, *admonui eum periculi* ou *de periculo;* plût à Dieu que j'eusse été informé de votre dessein! *utinam factus essem tui consilii certior!*

REMARQUE. Avec *moneo* l'on met bien les accusatifs neutres, *hoc, id, illud, unum;* je les avertis de cela, *hoc eos moneo;* d'une chose, *unum.*

Insimulare aliquem furti.

Les verbes accuser, condamner, absoudre, convaincre, veulent leur complément indirect au génitif.

EXEMPLES. Accuser quelqu'un de larcin, *insimulare aliquem furti;* absoudre quelqu'un du délit d'injure, *absolvere aliquem injuriarum;* il nous a convaincus de son innocence, *nos suæ innocentiæ convicit.*

Avec le verbe *condamner,* le nom de la peine particulière et déterminée se met à l'accusatif avec *ad.*

Condamner quelqu'un aux galères, *damnare aliquem ad triremes;* à tourner la meule, *ad molam.*

On trouve dans les auteurs les expressions suivantes : *damnare capitis* ou *capite,* condamner à mort ; *mulctare pecuniâ,* condamner à une amende ; *mulctare morte,* punir de mort ; absoudre quelqu'un d'une accusation, *absolvere aliquem crimine.* *

Les verbes *accuser, condamner,* suivis d'un infinitif, s'expriment, *accuser* par *arguere,* et *condamner* par *jubere,* avec l'infinitif latin.

EXEMPLES. Il est accusé d'avoir trahi la république, *arguitur prodidisse rempublicam;* il fut condamné à sortir de la ville, *tournez :* il reçut ordre de sortir de la ville, *jussus est ab urbe discedere.*

REMARQUE. Avec *accusare,* il faut employer le subjonctif avec *quod.* Socrate fut accusé de corrompre la jeunesse, *Socrates accusatus est quod corrumperet juventutem.*

COMPLÉMENT DES VERBES PASSIFS.

Amor à Deo.

Le complément du verbe passif se met à l'ablatif avec *à* ou *ab,* quand c'est un nom d'être animé.

EXEMPLES. Je suis aimé de Dieu, *amor à Deo ;* il est loué par ses amis, *ab amicis laudatur;* l'hirondelle n'est pas prise par les autres oiseaux, *hirundo à cæteris alitibus non capitur;* la brebis a été dévorée par le loup, *ovis à lupo vorata est.*

---

* Le mot *crimen* (accusation) se met toujours à l'ablatif.

Mœrore conficior.

Le complément du verbe passif se met à l'ablatif sans préposition, quand c'est un nom de chose.

EXEMPLE. Je suis accablé de chagrin, *mœrore conficior.*

REMARQUE. Avec *probor, improbor, videor, intelligor* et les participes en *dus, da, dum,* on emploie ordinairement le datif.

EXEMPLES. Ce sentiment n'est approuvé ni de lui ni de vous, *hæc sententia neque nobis, neque illi probatur;* je dois pratiquer la vertu, *mihi colenda est virtus.*

COMPLÉMENT DE DIFFÉRENTS VERBES.

VERBES QUI GOUVERNENT LE DATIF.

Studeo grammaticæ.

La plupart des verbes neutres gouvernent le datif.

EXEMPLES. J'étudie la grammaire, *studeo grammaticæ;* nous favorisons la noblesse, *favemus nobilitati;* il a contenté le maître, *satisfecit præceptori.*

Defuit officio.

Les composés du verbe *sum* gouvernent le datif, excepté *absum,* qui veut l'ablatif avec *à* ou *ab.*

EXEMPLES. Il a manqué à son devoir, *defuit officio;* il était présent à ce spectacle, *aderat huic spectaculo.*

Inesse veut le datif ou l'ablatif avec *in.* J'ai le désir d'apprendre, *mihi* ou *in me inest cupiditas discendi.*

Homo irascitur mihi.

Les verbes déponents *irasci,* se mettre en colère; *blandiri,* caresser; *opitulari,* secourir; *minari,* menacer, gouvernent le datif.

EXEMPLES. Cet homme se fâche contre moi, *hic homo irascitur mihi;* il me menace, *minatur mihi.*

REMARQUE. Le verbe *menacer* s'exprime par *minari,* quand il a pour sujet un nom de personne.

Magna calamitas tibi imminet.

On exprime *menacer* par *imminēre, impendēre, instāre,* quand le sujet est un nom de chose.

Exemple. Un grand malheur vous menace, *magna calamitas tibi imminet, impendet, instat.*

VERBES QUI GOUVERNENT L'ABLATIF.

Les verbes neutres qui marquent abondance ou disette gouvernent ordinairement l'ablatif.

Exemples. Il regorge de biens, *abundat divitiis;* il ne manque de rien, *nullâ re caret.*

Gaudere, se réjouir, gouverne aussi l'ablatif; se réjouir du bonheur d'autrui, *gaudere felicitate alienâ.*

Fruor otio.

Les sept verbes déponents qui suivent, et leurs composés, gouvernent l'ablatif : *fruor otio,* je jouis du repos; *fungor officio,* je m'acquitte du devoir; *potior urbe,* je suis maître de la ville; *vescor pane,* je me nourris de pain; *utor libris,* je me sers de livres; *gloriari alienis bonis,* se glorifier des avàntages d'autrui; *lœtor hâc re,* je me réjouis de cela.

Remarque. Certains verbes latins se traduisent en français par des verbes pronominaux. *Utor,* je me sers; *irascor,* je me mets en colère; *festino,* je me hâte; *ambulo,* je me promène, etc.

VERBES QUI GOUVERNENT LE GÉNITIF.

Le verbe *misereri,* avoir pitié, gouverne le génitif.

Exemple. Ayez pitié des pauvres, *miserere pauperum.*

Oblivisci, oublier; *recordari, meminisse,* se souvenir, gouvernent le génitif ou l'accusatif.

Exemple. Je me souviens des vivants, et je ne puis oublier les morts, *vivorum memini, nec possum oblivisci mortuorum.*

INFINITIF SERVANT DE COMPLÉMENT A UN VERBE.

Amat ludere.

Quand deux verbes sont de suite et que le premier

ne marque point de mouvement, on met le second à l'infinitif.

EXEMPLES. Il aime à jouer, *amat ludere*; il cessa de parler, *desiit loqui*.

Eo lusum.

Si le premier verbe signifie mouvement pour aller ou venir en quelque lieu, on met le second au supin en *um*.

EXEMPLES. Je vais jouer, *eo lusum*; je viens jouer, *venio lusum*.

Venio ad studendum.

Quand le second verbe n'a pas de supin, on le met au gérondif en *dum* avec *ad* ou au subjonctif avec *ut*.

EXEMPLES. Je viens étudier, *tournez* : pour étudier, *venio ad studendum*, ou afin que j'étudie, *venio ut studeam* (le verbe *studeo* n'a pas de supin).

Redeo ab ambulando.

Lorsque deux verbes sont de suite, et que le premier signifie mouvement pour venir de quelque lieu, on met le second au gérondif en *do* avec *à* ou *ab*.

EXEMPLE. Je reviens de me promener, *redeo ab ambulando*.

Redibam ab agris invisendis.

Si le second verbe a un complément et qu'il gouverne l'accusatif, il est mieux de se servir du participe en *dus*, *da*, *dum*; et alors on met le participe et le complément à l'ablatif avec *à* ou *ab*, en les faisant accorder.

EXEMPLE. Je revenais de visiter mes terres, *tournez* : de mes terres devant être visitées, *redibam ab agris invisendis*.

Te hortor ad legendum.

Après les verbes qui signifient mouvement vers quelque lieu, ou inclination vers quelque chose, comme *pousser à*, *exhorter à*, etc., on emploie le gérondif en *dum* avec *ad*.

EXEMPLE. Je vous exhorte à lire, *te hortor ad legendum*.

Te hortor ad legendam historiam.

Si le second verbe a un complément et qu'il gouverne l'accusatif, il est mieux de se servir du participe en *dus, da, dum*, que l'on met à l'accusatif avec *ad* en le faisant accorder.

Exemple. Je vous exhorte à lire l'histoire, *tournez :* à l'histoire devant être lue, *te hortor ad legendam historiam.*

Consumit tempus legendo.

Quand *à* devant un infinitif français peut se tourner par *en*, on met cet infinitif au gérondif en *do*.

Exemple. Il passe son temps à lire, *tournez :* en lisant, *consumit tempus legendo.*

Consumit tempus in legendâ historiâ.

Si le second verbe a un complément et qu'il gouverne l'accusatif, on se sert du participe en *dus, da, dum*, que l'on met à l'ablatif avec *in*, en le faisant accorder.

Exemple. Il passe son temps à lire l'histoire, *tournez :* dans l'histoire devant être lue, *consumit tempus in legendâ historiâ.*

Dedit mihi libros legendos.

Quand *à* devant un infinitif français peut se tourner par *pour* avec l'infinitif passif, on se sert du participe en *dus, da, dum.*

Exemple. Il m'a donné des livres à lire, c'est-à-dire pour être lus, *dedit mihi libros legendos.*

Vidi eum ingredientem.

Après les verbes *voir, sentir, écouter, entendre, admirer*, l'infinitif français se met en latin au participe présent, que l'on fait accorder avec le complément des verbes *voir, sentir*, etc.

Exemples. Je l'ai vu entrer, *tournez :* j'ai vu lui entrant, *vidi eum ingredientem ;* vous l'entendrez parler, *illum loquentem audies.*

COMPLÉMENTS CIRCONSTANCIELS.

Les noms de matière, de mesure, de distance, d'instrument, de moyen, de cause, de manière, de temps, de lieu, etc., forment différents compléments qu'on appelle *circonstanciels*.

NOM DE MATIÈRE.

Vas ex auro.

Le nom qui exprime la matière dont une chose est faite, se met à l'ablatif avec *è* ou *ex*.

EXEMPLES. Un vase d'or, *vas ex auro*; une statue d'airain, *signum ex ære*; un temple de marbre, *templum ex marmore*.

Le nom de matière se change souvent en adjectif.

EXEMPLES. Un vase d'or, *vas aureum*; une statue d'airain, *signum æreum*; un temple de marbre, *templum marmoreum*.

NOM DE MESURE.

Velum longum tres ulnas.

Le nom qui marque la mesure se met à l'accusatif et rarement à l'ablatif.

EXEMPLES. Un voile long de trois aunes, *velum longum tres ulnas;* ce mur a trois pieds de large, *tournez:* est large de trois pieds, *hic murus est latus tres pedes.*

Dans ces deux exemples, le nom de mesure est complément d'un adjectif; s'il était complément d'un nom, il se mettrait au génitif : une vigne de quatre arpents, *vinea quatuor jugerum.*

Duobus digitis major me non es.

Si le nom de mesure est précédé d'un comparatif, il se met toujours à l'ablatif.

EXEMPLE. Vous n'êtes pas plus grand que moi de deux doigts, *duobus digitis major me non es.*

NOM DE DISTANCE.

Le nom qui marque la distance se met à l'accusatif ou à l'ablatif sans préposition.

EXEMPLES. Il est éloigné de vingt pas, *abest* ou *distat viginti passus* ou *viginti passibus*; ma maison de campagne est située à un mille de la mer, *tournez :* à mille pas depuis la mer, *mea villa sita est mille passus à mari*; cette plaine est à dix milles environ de la ville, *hic campus abest ab urbe circiter millia passuum decem.*

Hinc decimo passu cecidit.

Le lieu précis ou une chose est arrivée se met à l'ablatif sans préposition ou à l'accusatif avec *ad*, et alors on se sert du nombre ordinal *primus*, *secundus*, *tertius*, etc.

EXEMPLE. Il est tombé à dix pas d'ici, *hinc decimo passu* ou *ad decimum passum cecidit.*

NOM D'INSTRUMENT.

Le nom de l'instrument dont on se sert pour faire quelque chose se met à l'ablatif sans préposition.

EXEMPLES. Frapper de l'épée *ou* avec l'épée, *ferire gladio ;* le loup attaque avec ses dents, le taureau avec ses cornes, *lupus dente, taurus cornu petit.* De quoi le loup se sert-il pour attaquer ? réponse : de ses dents. *Dente* est un nom d'instrument.

NOM DE MOYEN.

Le nom de moyen, c'est-à-dire le nom qui indique par quel moyen une chose se fait, se met à l'ablatif sans préposition.

EXEMPLES. Il a acheté votre bienveillance par des flatteries, *tuam benevolentiam blanditiis collegit* (par quel moyen a-t-il acheté votre bienveillance? réponse : par des flatteries. *Blanditiis* est un nom de moyen); avec le travail on vient à bout de tout, *labore omnia vincuntur.*

NOM DE CAUSE.

Le nom de cause, c'est-à-dire le nom qui indique

par quel motif, par quelle cause une chose arrive, se met à l'ablatif sans préposition.

EXEMPLE. Il est mort de faim, *fame interiit.*

NOM DE MANIÈRE.

Le nom de manière, c'est-à-dire le nom qui indique de quelle manière une chose arrive, se met à l'ablatif sans préposition.

EXEMPLES. Il a combattu avec un grand courage, *magno animo pugnavit* (comment a-t-il combattu? réponse : avec un grand courage. *Animo* est un nom de manière); ils engagèrent la bataille avec une très-grande vigueur, *vi summâ prælium commiserunt.*

REMARQUE. Si le nom n'est pas accompagné d'un adjectif, il faut tourner par un adverbe.

EXEMPLES. Combattre avec courage, *tournez :* courageusement, *fortiter dimicare ;* agir avec prudence, *tournez :* prudemment, *prudenter agere ;* avec empressement, *diligenter,* etc.

NOM DE LA PARTIE.

Le nom de la partie se met à l'ablatif sans préposition.

EXEMPLES. Il le prend par la main, *cum manu prehendit;* il était faible d'une épaule, *erat debilis humero.*

NOM DU PRIX, DE LA VALEUR.

Hic liber constat viginti assibus.

Le nom qui marque le prix, la valeur de quelque chose, se met à l'ablatif sans préposition.

EXEMPLE. Ce livre coûte vingt sols, *hic liber constat viginti assibus.*

NOM D'ACCOMPAGNEMENT.

Le nom d'accompagnement se met à l'ablatif avec la préposition *cum.*

EXEMPLES. Annibal vint en Italie avec une armée nombreuse, *Annibal venit in Italiam cum magno exercitu;* l'assassin fut arrêté avec une arme, c'est-à-dire porteur d'une arme, *interfector cum telo comprehensus est.*

NOMS DE TEMPS.

Les principales questions de temps sont : la question *quandò*, la question *quandiù*, la question *à quo tempore* et la question *quanto tempore*.

Question *quandò* (quand).

Veniet die dominicâ.

Si l'on veut marquer *quand* une chose se fait, s'est faite ou se fera, *quandò*, le nom de temps se met à l'ablatif sans préposition.

Exemples. Il viendra dimanche (quand viendra-t-il? reponse : dimanche. C'est la question *quandò*), *veniet die dominicâ*; il partira le mois prochain, *proficiscetur mense proximo*; à trois heures, *horâ tertiâ* (à la question *quandò* l'on se sert du nombre ordinal); l'an mille, *anno millesimo*; les arbres fleurissent au printemps, *florent arbores vere.*

Question *quandiù* (pendant combien de temps).

Regnavit tres annos ou *tribus annis.*

Quand on veut marquer pendant combien de temps une chose a duré ou durera, *quandiù*, le nom de temps se met à l'accusatif ou à l'ablatif sans préposition, et l'on se sert du nombre cardinal.

Exemples. Il a régné trois ans (combien de temps a-t-il régné? réponse: trois ans. C'est la question *quandiù*), *regnavit tres annos* ou *tribus annis*; ce champ s'est reposé plusieurs années, *hic ager multos annos quievit*; il a dormi toute la nuit, *totâ nocte* ou *totam noctem dormivit.*

Question *à quo tempore* (depuis quand).

Tertium annum regnat.

Quand on veut marquer depuis quand une chose se fait, *à quo tempore*, le nom de temps se met à l'accusatif et l'on se sert du nombre ordinal.

Exemples. Il y a trois ans qu'il règne (depuis quand règne-t-il? réponse : depuis trois ans. C'est la question *à quo tempore*), *tertium annum regnat*, mot à mot : il règne pour la troisième année ; il y a bien des années que je suis lié avec votre père, tournez : depuis plusieurs années je suis lié avec votre père, *multos annos utor familiariter patre tuo.*

Si le temps est passé et qu'il ne dure plus, on met le nom de temps à l'accusatif ou à l'ablatif précédé de *abhinc*, et l'on se sert du nombre cardinal.

EXEMPLE. Il y a trois ans qu'il est mort, *abhinc tres annos* ou *abhinc tribus annis mortuus est.*

REMARQUE. *Abhinc* est un adverbe de temps, il signifie à partir de ce moment.

On peut aussi mettre l'accusatif avec *ante.*

EXEMPLE. Il y a six mois que tu as médit de moi, *ante hos sex menses maledixisti mihi* (littéralement : avant ces derniers six mois).

Question *quanto tempore* (en combien de temps).

Quand on veut marquer en combien de temps une chose s'est faite ou se fera, *quanto tempore*, le nom de temps se met à l'ablatif sans préposition et quelquefois à l'accusatif avec *intra.*

EXEMPLES. Dieu a créé le monde en six jours, *Deus mundum creavit sex diebus;* ils périrent tous dans l'année, *omnes intra annum exstincti sunt.*

RÈGLES PARTICULIÈRES.

Dans suivi d'un nom de temps s'exprime par *post* avec l'accusatif, quand il peut se tourner par *après.*

EXEMPLE. Je partirai dans trois jours, c'est-à-dire après trois jours, *post tres dies proficiscar.*

Avec *ante* et *post* on met le nombre cardinal ou ordinal.

EXEMPLE. Il est mort quatre ans après, *quatuor post annis* ou *quarto post anno mortuus est,* mot à mot : la quatrième année après.

Dans ces deux derniers exemples *post* est adverbe.

Le nom qui exprime l'âge se met à l'accusatif avec le participe *natus.*

EXEMPLE. Il est âgé de vingt ans, *est natus viginti annos* (né depuis vingt ans).

On emploie le verbe *agere*, quand l'année n'est pas encore accomplie.

EXEMPLE. Il était dans sa dixième année, *decimum annum agebat*.

Ces expressions : il avait moins de quinze ans, il était âgé de plus de quarante ans, se traduisent ainsi : *erat minor quindecim annis, erat major quadraginta annis*.

NOMS DE LIEU.

Il y a quatre questions de lieu : la question *ubi*, la question *quò*, la question *undè* et la question *quà*.

Question *ubi*, où (*sans mouvement*).

Quand on marque le lieu où l'on est, où l'on fait quelque chose, c'est la question *ubi*.

Sum in Galliâ, in urbe.

A la question *ubi*, le nom de lieu se met à l'ablatif avec *in*.

EXEMPLES. Je suis en France, *sum in Galliâ*, dans la ville, *in urbe*; il se promène dans le jardin, *ambulat in horto* (*horto* est à l'ablatif, parce qu'on ne sort pas du lieu).

Natus est Avenione, Athenis.

On sous-entend la préposition, devant un nom propre de ville et devant le mot *rus*.

EXEMPLES. Il est né à Avignon, *natus est Avenione*, à Athènes, *Athenis*; est-il à la campagne ? *est ne rure* ou *ruri ?*

Habitat Lugduni, Romæ.

Si le nom propre de ville est au singulier et de la première ou de la seconde déclinaison, on le met au génitif.

EXEMPLE. Il demeure à Lyon, *habitat Lugduni*, à Rome, *Romæ*.

Les noms *domus, humus*, se mettent aussi au génitif.

6.

domi, humi..... Est-il à la maison ? *Est-ne domi ?* On dit aussi *militiæ*, *belli*, en temps de guerre (sous-entendu *tempore*).

Cœnabam apud patrem.

Le nom de la personne se met à l'accusatif avec *apud*.

EXEMPLE. Je soupais chez mon père, *cœnabam apud patrem*.

Question *quò*, où (*avec mouvement*).

La question *quò* se connaît lorsque le verbe signifie mouvement pour aller, venir en quelque lieu, partir pour quelque lieu.

Eo in Galliam, in urbem.

A la question *quò*, le nom du lieu où l'on va se met à l'accusatif avec *in*, quand on entre dans le lieu, et avec *ad*, quand on ne va qu'auprès.

EXEMPLES. Je vais en France, *eo in Galliam*, à la ville, *in urbem*; ils vinrent au même ruisseau, *venerunt ad eumdem rivum*.

Ibo Lutetiam, Lugdunum.

On sous-entend la préposition, quand c'est un nom propre de ville, et devant *rus*, *domum*.

EXEMPLES. J'irai à Paris, *ibo Lutetiam*, à Lyon, *Lugdunum ;* je vais à la campagne, *eo rus*, à la maison, *domum*.

Si l'on se sert du verbe *petere* pour exprimer *aller*, on met toujours le nom de lieu à l'accusatif sans préposition : je vais à la ville, *peto urbem*.

Eo ad patrem, ad sacram concionem.

Le nom de la personne et celui de la chose se mettent à l'accusatif avec *ad*.

EXEMPLES. Je vais chez mon père, *eo ad patrem*, au sermon, *ad sacram concionem*.

Question *undè*.

La question *undè* se connaît lorsque le verbe signifie mouvement pour partir, ou venir de quelque lieu.

Redeo ex Galliâ, ex urbe.

A la question *undè*, le nom du lieu d'où l'on part,
d'où l'on vient, se met à l'ablatif avec *è* ou *ex*.

EXEMPLES. Je reviens de la France, *redeo ex Galliâ,*
de la ville, *ex urbe;* il est sorti de sa chambre, *egres-
sus est è cubiculo.*

Redeo Lugduno, Româ.

On sous-entend la préposition quand c'est un nom
propre de ville, et devant *rure, domo.*

EXEMPLES. Je reviens de Lyon, *redeo Lugduno,* de
Rome, *Româ,* de la campagne, *rure,* de la maison,
domo.

Venio à patre, à venatione.

Le nom de la personne et celui de la chose se mettent à l'ablatif avec *à* ou *ab*.

EXEMPLES. Je viens de chez mon père, *venio à patre,*
de la chasse, *à venatione.*

Question *quà*.

Quand on marque le lieu par où l'on passe, c'est la
question *quà*.

A la question *quà*, tous les noms des lieux par où
l'on passe se mettent à l'accusatif avec *per*.

EXEMPLES. J'ai passé par la France, *iter feci per
Galliam,* par Lyon, *per Lugdunum.*

Quand on se sert de *transire*, verbe composé de *ire*,
aller, et *trans*, au delà, on met l'accusatif sans la
préposition *per :* il passa par la ville, *transiit urbem.*

Iter faciam per domum avunculi mei.

Par chez avec un nom de personne, se tourne ainsi :
par la maison de, et se dit en latin *per domum*.

EXEMPLE. Je passerai par chez mon oncle, *iter faciam per domum avunculi mei.*

REMARQUE. Quand après un nom propre de ville se
trouve le nom commun *ville*, *endroit*, on met d'abord
le nom propre au cas marqué dans chaque question,
mais on exprime la préposition devant le nom commun.

EXEMPLES. Ils s'arrêtèrent à Corinthe, lieu célèbre, *constiterunt Corinthi, in loco nobili;* je vais à Rome, ville d'Italie, *eo Romam, in urbem Italiæ,* je reviens de Lyon, ville de France, *redeo Lugduno, ex urbe Galliæ.*

Si le nom commun *ville* est devant le nom propre, il faut exprimer la préposition, et mettre le nom propre au cas de la préposition.

EXEMPLE. Il demeure dans la ville de Lyon, *habitat in urbe Lugduno.*

Domus et *rus,* suivis d'un génitif ou d'un adjectif, prennent la préposition.

EXEMPLE. Il demeure dans la maison de César, dans une campagne agréable, *habitat in domo Cæsaris, in rure amœno.*

TABLEAU DES ADVERBES DE LIEU.

QUESTION *Ubi.*	QUESTION *Quò.*	QUESTION *Undè.*	QUESTION *Quà.*
Où, *ubi.*	Où, *quò.*	D'où, *undè.*	Par où, *quà.*
Ici (où je suis), *hic.*	Ici (où je suis), *huc.*	D'ici (où je suis), *hinc.*	Par ici (où je suis), *hàc.*
Là (où tu es), *istìc.*	Là (où tu es), *istùc.*	De là (où tu es), *istìnc.*	Par là (où tu es), *istàc.*
Là (où il est), *illìc.*	Là (où il est), *illùc.*	De là (où il est), *illìnc.*	Par là (où il est), *illàc.*
Là, y, *ibi.*	Là, y, *eò.*	De là, en, *indè.*	Par là, y, *eà.*
Ailleurs, *alibi.*	Ailleurs, *aliò.*	De quelque part, *alicundè.*	Par quelque endroit, *aliquà.*
Quelque part, *alicubi, uspiam.*	Quelque part, *aliquò.*	De quelque endroit que ce soit, *undècumque.*	Par quelque endroit que ce soit, *quàcumque.*
Partout où, en quelque lieu que ce soit, *ubicumque.*	Partout où, en quelque lieu que se soit, *quòcumque.*		
Au même lieu, *ibidem.*	Au même lieu, *eòdem.*	Du même lieu, *indidem.*	Par le même lieu, *eàdem.*
Nulle part, *nusquàm.*	Nulle part, *nusquàm.*		
Dehors, *foris.*	Dehors, *foràs.*		
Dedans, *intùs.*	Dedans, *intrò.*		

UNION DES PROPOSITIONS.

Les conjonctions, le *qui* relatif et les modes du verbe servent à unir les propositions. Toute réunion de propositions formant un sens complet s'appelle phrase.

On appelle proposition *absolue*, celle qui offre par elle-même un sens complet.

EXEMPLE. Fuyons l'oisiveté, car elle est la source de tous les vices.

Cette phrase renferme deux propositions absolues; ces deux propositions sont indépendantes l'une de l'autre, sous le rapport de la construction; chacune d'elles forme un sens complet.

Les conjonctions *et, ou, ni, mais, car, donc, or,* servent souvent à unir des propositions absolues.

Nous allons traduire en latin ces diverses conjonctions.

Et, en latin, *et, ac, atque, que* (après un mot).

Ou, en latin, *aut, vel, ve* (après un mot). Cette conjonction établit une distinction, une séparation dans les choses dont on parle. Écrivez *ou* lisez.

Ni, en latin, *nec, neque,* se redouble souvent.

Mais, *autem, at, sed, verum, vero,* marque une opposition, une restriction (*verò* et *autem* se placent toujours après un mot).

Car, *nam, namque, enim* (après un mot), annonce la cause ou le motif de la proposition antécédente. Ne faites pas cela, car Dieu le défend.

Donc, *ergo, igitur;* c'est pourquoi, *itaque,* servent à tirer une conséquence de ce qui a été dit : Dieu est juste, donc il récompense la vertu.

Il y a des conjonctions qu'on nomme transitives, parce qu'elles marquent un passage, une transition d'une chose à une autre.

Or, en latin, *atqui, verò, autem;* au reste, *cœterùm,* sont des conjonctions transitives.

PROPOSITION PRINCIPALE.

PROPOSITION SUBORDONNÉE.

On appelle proposition *principale*, celle qui a sous sa dépendance une ou plusieurs propositions.

On appelle proposition *subordonnée*, celle qui est placée sous la dépendance d'une autre proposition.

Exemples.

Prop. principales.		Subordonnées.
Je crois	—	que Dieu est bon.
J'irai vous voir	—	lorsque le printemps sera venu.
Tu serais heureux	—	si tu bornais tes désirs.
J'ai acheté une maison	—	qui est fort belle.
J'estime heureux celui	—	qui aime la vertu.

Dans ces exemples, la proposition subordonnée est unie à la principale par les conjonctions *que, lorsque, si*, et l'adjectif relatif *qui*.

REMARQUE. La proposition subordonnée, précédée d'un *qui* relatif, prend le nom d'*incidente*.

Cette proposition complète le sens d'un nom ou d'un pronom.

PROPOSITIONS SUBORDONNÉES QUI SE SUIVENT.

Prop. principale.	1re subordonnée.	2e subordonnée.
Priez Dieu —	afin qu'il vous accorde les choses —	dont vous avez besoin.

SYNTAXE DU *QUI* RELATIF.

La syntaxe du *qui* relatif comprend deux sortes de règles, les règles d'accord et les règles de complément.

RÈGLES D'ACCORD.

Deus qui regnat.

Le *qui* relatif s'accorde en genre et en nombre avec le nom ou pronom qui précède, et que l'on nomme antécédent.

EXEMPLES. Dieu qui règne, *Deus qui regnat;* ma mère qui est malade, *mater mea quæ ægrotat;* l'animal qui court, *animal quod currit.*

Pater et mater qui amantur.

Quand le relatif *qui*, *quæ*, *quod* a deux antécé-dents, on le met au pluriel; et si les antécédents sont de différents genres, le relatif s'accorde avec le plus noble.

EXEMPLE. Le père et la mère qui sont aimés, *pater et mater qui amantur.*

Virtus et vitium quæ sunt contraria.

Si les deux antécédents sont des noms de choses, le relatif se met au pluriel neutre.

La vertu et le vice qui sont opposés, *virtus et vitium quæ sunt contraria.*

A QUEL CAS FAUT-IL METTRE LE *qui* RELATIF ?

1re RÈGLE. — Lorsque le *qui* relatif est sujet, il se met au nominatif.

EXEMPLE. Dieu qui règne est tout-puissant, *Deus qui regnat est omnipotens* (*qui* est au nominatif comme sujet de *regnat*).

2e RÈGLE.—Quand le relatif *qui*, *quæ*, *quod* est complément, il se met à différents cas, selon le mot dont il dépend.

RÈGLES DE COMPLÉMENT.

Qui RELATIF COMPLÉMENT D'UN NOM.

Le *qui* relatif, complément d'un nom, se met au génitif.

EXEMPLE. Dieu dont nous admirons la providence, *Deus cujus providentiam miramur* (*cujus* est au génitif, parce qu'il est complément du nom *providentiam*).

Qui RELATIF COMPLÉMENT D'UN ADJECTIF.

Le *qui* relatif, complément d'un adjectif, se met au cas que demande cet adjectif.

EXEMPLES. La récompense dont vous êtes digne (on peut demander : digne de quoi?), *merces quâ dignus es* (*quâ* est l'ablatif, parce que *dignus* gouverne l'ablatif); l'enfant à qui cela est utile, *puer cui id utile est* (*cui* est au datif, parce que l'adjectif *utilis* gouverne le datif).

Qui RELATIF COMPLÉMENT D'UN VERBE.

Le *qui* relatif, complément d'un verbe, se met au cas que demande ce verbe.

EXEMPLES. Dieu que j'aime, *Deus quem amo* (*quem* est à l'accusatif, parce qu'il est complément direct d'*amo*); la grammaire que j'étudie, *grammatica cui studeo* (*cui* est au datif, parce que *studeo* gouverne le datif); la grammaire que je veux étudier, *grammatica cui volo studere* (*cui* est le complément du verbe *studere*).

Autres exemples.

Envoyez qui vous voudrez, *mitte quem voles*, sous-entendu *mittere* (*quem* est le complément direct du verbe *mittere*); les livres dont je me sers, *libri quibus utor* (*quibus* est à l'ablatif, parce que le verbe *utor* gouverne l'ablatif); Romulus par qui Rome fut fondée, *Romulus à quo Roma condita fuit*; le chagrin dont je suis accablé, *mœror quo conficior.*

Qui RELATIF COMPLÉMENT D'UNE PRÉPOSITION.

Le *qui* relatif, complément d'une préposition, se met au cas que demande cette préposition.

EXEMPLE. Celui par qui j'ai obtenu ma grâce, c'est-à-dire par le moyen duquel, *is per quem veniam impetravi* (*quem* est à l'accusatif, parce que *per* gouverne l'accusatif).

PROPOSITION INFINITIVE.

CONJONCTION *que* NON EXPRIMÉE EN LATIN.

Une proposition subordonnée, précédée en français de la *conjonction que*, se traduit souvent en latin par une proposition infinitive.

EXEMPLE. Je crois que Dieu est saint; *tournez :* je crois Dieu être saint, *credo Deum esse sanctum.*

La proposition *Deum esse sanctum* est une proposition *infinitive.* On l'appelle ainsi, parce que le verbe est à l'infinitif. Le sujet et l'attribut de la proposition infinitive sont à l'accusatif.

Après quels verbes faut-il employer la proposition infinitive?

Après les verbes *croire, savoir, ignorer, promettre, penser, raconter, avouer, annoncer,* et tous ceux qui expriment la déclaration, l'énoncé d'un fait, *la conjonction que* ne s'exprime pas en latin, et l'on emploie la proposition infinitive.

EXEMPLE. Je crois que Dieu est saint, *credo Deum esse sanctum.*

A quel temps de l'infinitif latin faut-il mettre le verbe français?

Les temps de l'infinitif sont le présent, le parfait, le futur simple et le futur antérieur.

En s'attachant au sens bien plus qu'à la forme du verbe français, on trouvera facilement le temps de l'infinitif latin qui doit être employé.

EXEMPLES. Je crois que vous pleurez, tournez je crois vous pleurer, *credo te flere.* Le présent de l'infinitif remplace le présent de l'indicatif.

Je crois que ma mère a pleuré (ma mère avoir pleuré), *credo meam matrem flevisse.* Le parfait de l'infinitif remplace le parfait de l'indicatif.

Je crois qu'elle pleurera (elle devoir pleurer), *credo illam fleturam esse.* Le futur de l'infinitif remplace le futur de l'indicatif.

Autres exemples de la proposition infinitive.

Je ne pense pas que vous soyez heureux (vous être heureux), *non puto te esse felicem.* Le présent de l'infinitif remplace le présent du subjonctif.

Je ne crois pas qu'il ait encore dîné (lui avoir dîné), *non credo illum jam prandisse.* Le parfait de l'infinitif remplace le parfait du subjonctif.

Pensez-vous qu'il soit savant (lui être savant), *existimasne eum esse doctum.*

Quand le présent du subjonctif marque l'avenir, il se traduit par le futur de l'infinitif.

EXEMPLE. Je ne crois pas qu'il vienne demain (lui devoir venir), *non credo illum cras venturum esse.*

TRADUCTION DE L'IMPARFAIT.

L'imparfait est le seul temps qui présente quelques difficultés. Les règles suivantes aideront à les résoudre.

Credebam, credidi, credideram illum legere.

Mettez au présent de l'infinitif l'imparfait de l'indicatif et celui du subjonctif, quand le premier verbe est à l'un des trois parfaits.

EXEMPLE. Je croyais, j'ai cru, j'avais cru qu'il lisait (lui lire), *credebam, credidi, credideram illum legere.*

L'action de lire et celle de croire se faisaient en même temps; elles étaient présentes dans le même moment. De là le présent *legere.*

Je ne croyais pas, je n'ai pas cru, je n'avais pas cru que vous fussiez malade, *tournez :* vous être malade, *non credebam, non credidi, non credideram te ægrotare.*

Exceptions.

Si le second verbe marque un temps plus ancien que le premier, mettez ce second verbe au parfait de l'infinitif latin.

EXEMPLE. Il ne s'aperçut pas que la ville était prise, *tournez :* avoir été prise, *non sensit urbem captam esse* (*urbem capi* voudrait dire qu'on prenait la ville).

Quelquefois l'imparfait du subjonctif est pris dans le sens du futur; il faut alors le traduire par le futur de l'infinitif.

EXEMPLE. Si je croyais que vous vinssiez bientôt, je vous attendrais (vous devoir venir), *si putarem te brevi venturum esse, te exspectarem.*

Credo, credam, illum legisse.

Mettez au parfait de l'infinitif l'imparfait de l'indicatif, quand le premier verbe est au présent ou au futur.

EXEMPLE. Je crois, je croirai qu'il lisait (lui avoir lu), *credo, credam illum legisse.*

L'action de lire est accomplie quand celle de croire a lieu; de là le parfait *legisse.*

TRADUCTION DU PLUS-QUE-PARFAIT.

Traduisez le plus-que-parfait de l'indicatif et celui du subjonctif par le parfait de l'infinitif.

EXEMPLES. Je croyais que vous aviez lu ce livre ; *credebam te legisse hunc librum;* je ne savais pas que vous fussiez arrivé, *nesciebam te advenisse.*

TRADUCTION DES DEUX CONDITIONNELS ET DU FUTUR ANTÉRIEUR.

Traduisez le conditionnel présent par le futur de l'infinitif.

EXEMPLE. Je pensais que vous viendriez demain, *putabam te cras venturum esse.*

Traduisez par le futur antérieur de l'infinitif le conditionnel passé et le futur antérieur de l'indicatif.

EXEMPLES Je crois que vous seriez venu si, etc. , *credo te venturum fuisse si,* etc. ; je crois que vous aurez terminé cette affaire quand, etc. , *credo te hanc rem confecturum fuisse quùm,* etc.

DE OU QUE exprimé par *ut* avec le subjonctif.

Après les verbes *conseiller, désirer, prier, faire en sorte, recommander, avoir soin,* et autres de même signification, *de* óu *que* s'exprime par *ut* avec le subjonctif; s'il suit une négation, au lieu de *ut non,* on met *ne.*

EXEMPLES. Je vous conseille de lire, *tournez :* que vous lisiez, *tibi suadeo ut legas;* de ne pas jouer, *ne ludas.*

Ayez soin de vous bien porter, *cura ut valeas;* de ne pas tomber malade, *ne in morbum incidas;* je vous prie de venir, *te rogo ut venias.*

CONCORDANCE DES TEMPS DU SUBJONCTIF AVEC CEUX DE L'INDICATIF.

A quel temps du subjonctif latin faut-il mettre l'infinitif français?

Tibi suadeo ut legas.

1ʳᵉ RÈGLE. — Si le premier verbe est au présent ou au futur de l'indicatif, le second se met au présent du subjonctif.

EXEMPLE. Je vous conseille, je vous conseillerai de lire, *tibi suadeo, tibi suadebo ut legas*; je vous recommande d'écrire, *tibi præcipio ut scribas*.

Tibi suadebam ut legeres.

2ᵉ RÈGLE. — Mais si le premier verbe est à l'un des trois parfaits, on met le second à l'imparfait du subjonctif.

EXEMPLE. Je vous conseillais, je vous ai conseillé, je vous avais conseillé de lire, *tibi suadebam, suasi, suaseram ut legeres*; je vous avais recommandé d'écrire, *tibi præceperam ut scriberes*.

DE OU QUE exprimé par *ne*.

Après *craindre, appréhender, avoir peur*, etc., *de* ou *que*, suivi de *ne* seulement, s'exprime par *ne*, avec le subjonctif.

EXEMPLE. Je crains que le maître ne vienne, *timeo ne præceptor veniat*.

Mais, après ces verbes, *que* ou *de*, suivi de *ne pas* ou *ne point*, s'exprime par *ut* ou *ne non*.

EXEMPLE. Je crains que le maître ne vienne pas, *timeo ut* ou *ne non præceptor veniat*.

Craindre signifiant *faire difficulté*.

Quand le verbe *craindre* signifie *faire difficulté*, on l'exprime par *dubitare*, avec l'infinitif, et s'il signifie *ne pas oser*, on l'exprime par *non audere*.

EXEMPLES. Il ne craint pas d'avouer, *tournez :* il ne fait pas difficulté d'avouer, *fateri non dubitat;* je crains de dire, *tournez :* je n'ose dire, *non audeo dicere*.

Cave ne cadas.

Après les verbes *prendre garde, dissuader, de* ou *que ne* s'exprime par *ne* avec le subjonctif.

EXEMPLES. Prenez garde de tomber, *ou* que vous ne tombiez, *cave ne cadas*; dissuadez-le de partir, *illi dissuade ne proficiscatur.*

Prendre garde signifiant *avoir soin, faire en sorte,* s'exprime par *curare, dare operam,* et *que* par *ut,* avec le subjonctif.

EXEMPLE. Prenez garde que tout soit prêt, c'est-à-dire ayez soin que..., *da operam ut omnia sint parata.*

Si *prendre garde* signifie *remarquer,* on l'exprime par *animadvertere,* et l'on emploie la proposition infinitive.

EXEMPLE. Il ne prend pas garde qu'on se moque de lui, c'est-à-dire il ne remarque pas..., *non animadvertit se derideri.*

DE OU QUE NE exprimé par *ne* ou *quominus.*

Après les verbes *impedire,* empêcher; *prohibere,* défendre; *recusare,* refuser; *obstare,* s'opposer; *deterrere,* détourner, on met le subjonctif avec *ne* ou *quominus.*

EXEMPLES. Dieu nous défend de mentir, *tournez:* défend que nous ne mentions, *Deus prohibet ne mentiamur;* cela m'a empêché de partir, *tournez :* cela a empêché que je ne partisse, *id impedivit ne* ou *quominus proficiscerer.*

DE OU QUE NE exprimé par *quin* ou *quominus.*

Quand il y a une négation ou une interrogation jointe aux verbes *empêcher, défendre, de* ou *que ne* s'exprime par *quin* ou *quominus.*

EXEMPLE. Je ne vous empêche pas, qui vous empêche de partir? *tournez :* que vous ne partiez, *non impedio, quis impedit quin* ou *quominus proficiscaris?*

Cette façon de parler : *je ne puis m'empêcher, me défendre de,* se tourne ainsi : *je ne puis ne pas...* Je ne puis m'empêcher de parler, *tournez:* je ne puis ne pas parler, *non possum non loqui.*

Qui pourrait s'empêcher de rire? *quis possit non ridere?*

DE ou QUE exprimé par *quòd*.

Après les verbes *dolere*, s'affliger ; *queri*, se plaindre ; *mirari*, s'étonner ; *gaudere*, se réjouir ; *gratulari*, se féliciter, etc., *de* ou *que* se tourne par *de ce que* et s'exprime par *quòd* avec le subjonctif ou l'indicatif.

EXEMPLES. Je me réjouis de vous avoir été utile, *tournez :* de ce que je vous ai été utile, *gaudeo quòd tibi profuerim* ; je m'affligeais d'avoir perdu mon ami, *dolebam quòd meum amicum amiseram* ; l'homme de bien se réjouit d'être utile aux autres, *vir bonus gaudet quòd aliis prosit.*

QUE exprimé par *dum* ou *donec*.

Après *attendre,* *que* signifie *jusqu'à ce que*, et se traduit par *dum* ou *donec*, avec le subjonctif.

EXEMPLE. Attendez que le roi soit arrivé, *exspecta dum* ou *donec rex advenerit.*

Ne confondez pas *s'attendre* avec *attendre :* *s'attendre* signifie *penser* et se traduit par *existimare* avec l'infinitif. Je m'attendais que vous m'écririez, *te ad me scripturum esse existimabam.*

Quand *s'attendre* signifie *prévoir,* il s'exprime par *prævidere.*

EXEMPLE. Je m'étais bien attendu qu'il en serait ainsi, *ita futurum sanè prævideram.*

QUE exprimé par *cur*.

Après *être cause,* *que* signifie *pourquoi,* et se traduit par *cur*, avec le subjonctif.

EXEMPLE. La maladie a été cause que je n'ai pas été vous voir, *morbus causa fuit cur te non inviserim.*

QUE exprimé par *num, ne, an*.

Quand le verbe *douter* n'est accompagné ni d'une négation ni d'une interrogation, on tourne *que* par *si*, et on l'exprime par *num* ou *par ne* et quelquefois par *an* avec le subjonctif.

EXEMPLES. Je doute qu'il se porte bien, *tournez :* s'il se porte bien, *dubito num valeat* ; je doute qu'il soit riche, *dubito sit ne dives* ou *num sit dives.*

QUE exprimé par *quin.*

Quand le verbe *douter* est accompagné d'une négation ou d'une interrogation, on exprime *que* par *quin* (*quin* renferme le *ne* français suivant).

EXEMPLES. Je ne doute pas qu'il ne se porte bien, *non dubito quin valeat.*

Qui doute que la vertu ne soit aimable? *quis dubitat quin virtus sit amabilis?*

Ne confondez pas *se douter* avec *douter;* après *se douter, suspicari, prœvidere,* on emploie la proposition infinitive.

EXEMPLE. Je me doutais bien que la chose irait mal, *c'est-à-dire* je soupçonnais que..., *suspicabar rem malè cessuram.*

VERBES A L'INDICATIF DANS LE FRANÇAIS, QU'IL FAUT METTRE
AU SUBJONCTIF EN LATIN.

Nescis quis ego sim.

Qui ou *quel* interrogatif entre deux verbes, veut le second au subjonctif latin.

EXEMPLES. Vous ne savez pas qui je suis; en latin qui je sois, *nescis quis ego sim.*

Thémistocle découvre qui il est, *Themistocles quis sit aperit.*

Dites-moi quelle heure il est, *dic mihi quota hora sit.*

Écrivez-moi ce que vous faites, c'est-à-dire quelle chose vous faites, *ad me scribe quid agas.*

Écrivez-moi ce qui se passe là où vous êtes, c'est-à-dire quelle chose se passe..., *ad me scribe quid istic agatur.*

REMARQUE. *Ce qui, ce que,* s'exprime par *quid* quand on peut le tourner par *quelle chose,* comme dans l'exemple précédent; mais *ce qui, ce que,* s'exprime par *quod* quand on ne peut pas le tourner par *quelle chose,* parce qu'alors il n'est pas interrogatif.

EXEMPLE. Il a fait ce que je lui avais commandé, *fecit quod ei prœceperam.*

Scire velim ubi sis.

Les adverbes de lieu *ubi, quò, quà, undè;* les conjonctions *cur, quare, quomodo,* etc., entre deux verbes, veulent le second au subjonctif en latin.

EXEMPLES. Je voudrais savoir où vous êtes, *scire velim ubi sis;* d'où vous venez, *undè venias;* où vous allez, *quò eas;* s'il a de quoi vous payer, *si habuerit undè tibi solvat;* interrogée pourquoi elle disait cela, *interrogata cur hoc diceret.*

Vides quantùm te amem.

Combien entre deux verbes, veut toujours le second au subjonctif en latin. Il en est de même de l'adjectif interrogatif *uter.*

EXEMPLES. Vous voyez combien je vous aime, *vides quantùm te amem;* je dirai en peu de mots combien la liberté est douce, *quàm dulcis sit libertas breviter proloquar.*

Je ne sais lequel des deux a été le plus éloquent, *nescio uter eloquentior fuerit (eloquentior* et non *eloquentissimus,* parce qu'on ne parle que de deux personnes.)

A quel temps du subjonctif faut-il mettre le verbe latin après les mots qui exigent l'emploi de ce mode ?

Nescio quid agas.

Mettez les temps de l'indicatif français aux temps correspondants du subjonctif latin, excepté les deux futurs.

Exemples.

Je ne sais		Nescio	
	ce que vous faites,		quid agas.
	ce que vous faisiez,		quid ageres.
	ce que vous avez fait,		quid egeris.
	ce que vous aviez fait,		quid egisses.

Le futur de l'indicatif après *quin, an, num,* etc., se met au participe en *rus, ra, rum,* pour l'actif; en *dus, da, dum,* pour le passif, avec *sim, sis, sit.*

EXEMPLES. Je ne sais s'il écoutera, *nescio an audi-*

turus sit (*nescio an audiat*, voudrait dire : je ne sais s'il écoute).

Je ne sais s'il sera écouté, *nescio an audiendus sit.*

Si le verbe français est au subjonctif et qu'il marque l'avenir, mettez en latin le participe en *rus, ra, rum*, avec *sim, sis, sit*, pour exprimer le présent du subjonctif; *essem, esses, esset*, pour l'imparfait, *fuissem, fuisses, fuisset*, pour le plus-que-parfait du subjonctif.

Exemples. Je doute que le roi vienne bientôt, *dubito num rex brevi venturus sit;* je doutais qu'il vînt bientôt, *dubitabam num brevi venturus esset;* je doute qu'il fût venu, *dubito num venturus fuisset.*

Si le verbe français est au conditionnel présent, on emploie le participe en *rus, ra, rum*, avec *essem, esses, esset;* s'il est au conditionnel passé, on emploie le même participe avec *fuissem, fuisses, fuisset.*

Exemple. Je ne savais s'il partirait, *nesciebam an profecturus esset;* je ne sais s'il serait parti, *nescio an profecturus fuisset.*

SYNTAXE DES CONJONCTIONS.

Quùm signifiant *lorsque, pendant que, comme*, veut le subjonctif devant l'imparfait et le plus-que-parfait.

Exemples. Lorsque la ville d'Athènes florissait, *quùm Athenæ florerent;* comme on le menait au supplice, c'est-à-dire pendant qu'on le menait, *quùm ad supplicium duceretur;* comme ils avaient pris un cerf de belle taille, *quùm cepissent cervum vasti corporis.*

Quùm signifiant *puisque* gouverne toujours le subjonctif.

Exemples. Puisque vous le voulez, *quùm id velis;* puisque vous l'avez voulu, *quùm id volueris;* comme la chose est ainsi, c'est-à-dire puisque la chose est ainsi, *quùm ità se res habeat.*

Dùm signifiant *tandis que*, ne veut le subjonctif que que devant l'imparfait.

7

EXEMPLE. Tandis qu'un chien portait de la chair, *dum canis ferret carnem.*

Dùm signifiant *pourvu que, jusqu'à ce que,* veut toujours le subjonctif.

EXEMPLE. Pourvu que je porte mon bât, *clitellas dùm portem meas.*

Dùm signifiant *tant que* gouverne l'indicatif.

EXEMPLE. Tant que vous serez heureux, vous aurez beaucoup d'amis, *dùm* ou *donec eris felix, multos numerabis amicos.*

Si CONDITIONNEL.

Si gouverne l'indicatif, lorsque le fait est présenté comme certain.

Je veux si je puis, *volo si possum.*

Si gouverne le subjonctif, lorsque le fait est présenté comme douteux.

Si on nous donne des otages, *tournez :* si des otages sont donnés à nous, *si obsides nobis dentur.*

Si régit le subjonctif devant l'imparfait et le plus-que-parfait.

EXEMPLE. Si tu le faisais, si tu l'avais fait à cause de moi, *id si faceres, si fecisses causâ meâ.*

Quand après *si* il y a un second verbe au futur, on met bien le premier verbe au même futur.

EXEMPLE. Si vous lisez ce livre, j'en serai charmé, *hunc librum si leges, lætabor.*

Au lieu du futur simple, on peut employer le futur antérieur. Si vous venez, vous me ferez plaisir, *si veneris, pergratum mihi feceris.*

Ut signifiant *afin de, afin que,* marque le but, l'intention, et gouverne le subjonctif.

EXEMPLE. Étudiez, afin de faire des progrès, *stude ut progrediaris.*

Ut signifiant *en sorte que,* exprime un fait, un résultat, et gouverne le subjonctif.

Ut signifiant *comme, de même que,* veut l'indicatif.

EXEMPLE. Comme l'on dit, *ut aiunt.*

Les conjonctions *postquàm,* après que; *ubi, ut,* dès

que ; les locutions conjonctives *statim ut*, *ut primùm*, prennent l'indicatif

EXEMPLE. Après que César fut arrivé, il assiégea la ville, *postquàm Cæsar advenit, urbem obsedit.*

Antequàm et *priusquàm* gouvernent le subjonctif.

EXEMPLE. La tempête menace avant d'éclater, *tournez :* avant qu'elle n'éclate, *tempestas minatur antequàm surgat.*

Quamvis et *licet* signifiant *quoique*, veulent toujours le subjonctif.

EXEMPLE. Quoique vous soyez riche, vous n'êtes pas heureux, *licet dives sis, non felix es.*

SYNTAXE DES PARTICIPES.

Il y a en latin deux participes de l'actif, comme *amans*, aimant, *amaturus*, devant aimer ; deux du passif, comme *amatus*, aimé, *amandus*, devant être aimé.

Les participes sont de véritables adjectifs qui s'accordent en genre. en nombre et en cas avec le nom auquel ils se rapportent ; et, de plus, ils gouvernent le même cas que les verbes d'où ils viennent.

EXEMPLES. Un coq cherchant de la nourriture, trouva une perle, *gallus escam quærens, margaritam reperit;* Cicéron devant prononcer un discours, *Cicero orationem habiturus;* l'enfant ayant été interrogé, répondit, *puer interrogatus, respondit;* devant être interrogé, il craignait, *interrogandus, timebat.*

ABLATIF ABSOLU.

Quand le participe ne se rapporte ni au sujet ni au complément du verbe principal, il se met à l'ablatif et s'accorde avec le nom auquel il est joint.

Cet ablatif s'appelle *absolu*, c'est-à-dire indépendant, parce que sous le rapport de la construction, il ne dépend pas de la proposition principale.

EXEMPLES. Les parts étant faites, le lion parla ainsi, *partibus factis, sic locutus est leo*; la lettre étant déjà écrite, votre esclave est venu, *scriptâ jam epistolâ, venit puer tuus.*

CAS QU'ON NE PEUT EMPLOYER L'ABLATIF ABSOLU.

Première règle.

On ne peut employer l'ablatif absolu, quand le participe se rapporte au complément du verbe principal.

Le participe se rapporte ordinairement au complément du verbe, quand ce complément est un des pronoms *le, la, les, lui, leur.*

EXEMPLES. La ville ayant été prise, l'ennemi la pilla; *tournez :* l'ennemi pilla la ville prise, *urbem captam hostis diripuit*; les citoyens devant être passés au fil de l'épée, le vainqueur leur pardonna, *tournez :* le vainqueur pardonna aux citoyens devant être passés..., *civibus ferro necandis victor pepercit.*

Deuxième règle.

On ne peut employer l'ablatif absolu quand le participe se rapporte au sujet du verbe.

EXEMPLE. Cicéron étant consul sauva la république, *tournez :* lorsque Cicéron était consul, *quùm Cicero esset consul, rempublicam servavit.*

ÉQUIVALENTS DE L'ABLATIF ABSOLU.

L'ablatif absolu équivaut à une proposition subordonnée précédée d'une conjonction : on emploie l'ablatif absolu pour exprimer diverses circonstances de temps, de condition, de cause, etc.

CIRCONSTANCE DE TEMPS.

Alexander, relictis armis, se in flumen injecit (postquam arma reliquit), Alexandre, ayant quitté ses armes, s'élança dans le fleuve.

Pompeius, captis Hierosolymis, ex fano nihil attigit (quùm cepisset Hierosolymas), après avoir pris Jérusalem, Pompée n'enleva rien du temple.

CIRCONSTANCE DE CONDITION, D'HYPOTHÈSE.

Pietate adversus Deum sublatâ, omnis humana societas tollitur (*si pietas tollitur*), si l'on ôte la piété envers Dieu, toute la société est détruite.

Reluctante naturâ, labor est irritus (*si natura reluctatur*), si la nature est rebelle, le travail est stérile.

CIRCONSTANCE DE CAUSE, DE MOTIF.

Amissis bonis, miser factus est (*quia bona amiserat*), il devint malheureux, parce qu'il avait perdu ses biens.

CIRCONSTANCE D'OPPOSITION.

Perditis omnibus rebus, virtus se etiam sustentat (*quamvis omnes res essent perditæ*), quand même tout serait perdu, la vertu se soutient encore.

PARTICIPES FRANÇAIS QUI MANQUENT EN LATIN.

Le verbe *sum* n'a ni le participe présent *étant* ni le participe passé *ayant été*. On se sert des conjonctions *lorsque, après que, puisque.*

EXEMPLES. Cicéron étant consul, la conjuration fut découverte, *tournez :* lorsque Cicéron était consul, la conjuration fut découverte ; *quùm Cicero esset consul, detecta fuit conjuratio.*

On peut aussi employer l'ablatif absolu et dire : *Cicerone consule, detecta fuit conjuratio.*

Cicéron, ayant été consul, fut néanmoins envoyé en exil, *postquàm Cicero fuerat consul, tamen in exilium actus est.*

Le participe passé actif, comme *ayant aimé*, manque en latin (excepté dans quelques verbes déponents) ; on le tourne par *lorsque, puisque.*

EXEMPLES. Un rat ayant rencontré un éléphant, *mus elephanto quùm fuisset obvius;* les Grecs ayant pris Troie, Énée vint en Italie, *quùm Græci Trojam expugnassent, Æneas in Italiam venit.*

On peut aussi employer l'ablatif absolu et dire : *Trojâ à Græcis expugnatâ, Æneas in Italiam venit.*

Le participe passé passif manque en latin quand le verbe est neutre et souvent quand il est déponent : alors on tourne par l'actif, et l'on se sert des conjonctions *quùm, postquàm.*

EXEMPLES. Étant favorisé de Dieu, il vint à bout de son entreprise, *quùm Deus ei favisset, consilium perfecit suum;* ayant été poursuivi par des voleurs, il s'échappa, *quùm latrones eum persecuti essent, evasit.*

DE L'INTERROGATION.

En latin, pour marquer l'interrogation, on se sert de *ne*, que l'on place après le premier mot *, et la réponse se fait par le verbe de l'interrogation.

EXEMPLES. Avez-vous vu le roi? *vidisti ne regem?* oui, *vidi* (je l'ai vu); avez-vous reçu ma lettre? *accepisti ne meas litteras?* non, *non accepi* (je ne l'ai pas reçue).

On se sert aussi de *num* pour marquer l'interrogation, quand on suppose que la réponse doit être négative.

EXEMPLE. Dormez-vous? *num dormis?* non, *non dormio.*

Si l'interrogation est accompagnée d'une négation, on met *nonne* et quelquefois *annon* devant le premier mot.

EXEMPLE. N'avez-vous pas vu le roi? *nonne vidisti regem?* non, *non vidi.*

Si l'interrogation tient lieu de *lorsque*, on l'exprime par *quùm* avec l'indicatif.

EXEMPLE. Avait-il soupé, il s'en allait, tournez : lorsqu'il avait soupé, *quùm cœnaverat, abibat.*

Qui interrogatif.

Le *qui* interrogatif n'a point d'antécédent : on le connaît, quand il peut se tourner par *quelle personne?*

---

* On trouve quelquefois *an* devant le premier mot. *An abiit jam?* est-il déjà parti?

Quis vestrûm, ou *ex vobis*, ou *inter vos?*

Le *qui* interrogatif s'exprime par *quis*, *quæ*, *quod* ou *quisnam*, *quænam*, *quodnam*, et le nom pluriel qui suit se met au génitif, ou à l'ablatif avec *è*, *ex*, ou à l'accusatif avec *inter*.

EXEMPLES Qui de vous? *quis vestrûm*, ou *ex vobis*, ou *inter vos?* Qui est content de son sort? *quis suâ sorte contentus est?*

Uter est doctior, tune an frater?

Qui des deux ou *lequel des deux*, s'exprime par *uter*, *utra*, *utrum*, et les deux noms qui suivent se mettent au même cas que *uter*; on met *ne* après le premier et *an* devant le second; le superlatif français se met au comparatif latin.

EXEMPLE. Lequel des deux est le plus savant, de vous ou de votre frère? *uter est doctior, tune, an frater?*

Qui interrogatif est tantôt le sujet et tantôt le complément du verbe suivant :

1° Il est le sujet quand on peut le tourner par *qui est celui qui*.

EXEMPLE. Qui vous a appelé? c'est-à-dire qui est celui qui vous a appelé? *quis te vocavit?*

2° Il est le complément, quand on peut le tourner par *qui est celui que*.

EXEMPLE. Qui appelez-vous? c'est à-dire qui est celui que vous appelez? *quem vocas?*

Que interrogatif.

Que interrogatif se tourne par *quelle chose*, et s'exprime par *quid*, lorsque le verbe suivant gouverne l'accusatif.

EXEMPLE. Que faites-vous? *tournez :* quelle chose faites-vous? *quid agis?*

Mais si le verbe suivant gouverne un autre cas, il faut exprimer le mot *chose*.

EXEMPLE. Qu'étudiez-vous? c'est-à-dire quelle chose étudiez-vous? *cui rei studes.*

Quoi ou *que* au commencement d'une phrase, se tourne par *quelle chose*, et s'exprime par *quid*.

EXEMPLE. Quoi de plus beau que la vertu? *quid virtute pulchrius?* Que sera-ce, si... *quid futurum est, si?*

REMARQUES. 1. *Quid* étant toujours pris substantivement ne s'accorde pas avec le nom, mais il le veut au génitif.

EXEMPLE. Si je trouve quelque loisir, *si quid datur otii.*

2. *Qui* interrogatif devant un futur de l'indicatif ou un conditionnel présent, veut le verbe au présent du subjonctif en latin. Qui croira? *quis credat* (ici le futur est pris dans le sens conditionnel)? Qui n'admirerait pas cette action? *quis non illud factum miretur?*

Quel, quelle.

Quel, quelle, s'expriment par *quis, quæ, quod* ou *quisnam, quænam, quodnam*, et s'accordent avec le nom suivant en genre, en nombre et en cas.

EXEMPLES. Quelle mère n'aime pas ces enfants? *quæ* ou *quænam mater liberos suos non amat?* quel avantage y a-t-il dans la vie? *quod commodum habet vita?* ou mieux : *quid commodi habet vita?*

Quel, suivi d'un nom de chose, s'exprime mieux par *quid* avec le génitif.

Quel, quelle, signifiant *quantième* s'expriment par *quotus, quota, quotum*, et l'on répond par le nombre ordinal.

EXEMPLE. Quelle heure est-il? sept heures. *Quota hora est? septima.*

Quel, quelle, quand on peut ajouter le mot *grand*, s'expriment par *quantus, quanta, quantum.*

EXEMPLE. Quel malheur nous menace! *c'est-à-dire* quel grand malheur! *quanta nobis instat pernicies!*

Quis te redemit? Jesus-Christus.

La réponse se met ordinairement au même cas que la demande.

EXEMPLE. Qui vous a racheté? Jésus-Christ, *quis te redemit? Jesus-Christus.*

Le verbe de la demande est toujours sous-entendu dans la réponse ; ainsi, quand on dit : Qui vous a racheté? et que l'on répond , Jésus-Christ, c'est comme si l'on disait : Jésus-Christ m'a racheté. *Jesus-Christus* est donc au nominatif comme sujet de *redemit* sous-entendu.

DES NÉGATIONS.

La négation la plus usitée est *non*.

Quand on défend , on met *ne* avec le subjonctif ou l'impératif, ou bien l'on se sert de *noli* pour le singulier, *nolite* pour le pluriel, avec l'infinitif.

EXEMPLE. N'insultez pas les malheureux, *ne insultes* ou *ne insulta miseris;* ou bien , *noli insultare miseris.*

Lorsque le verbe est à la troisième personne , on se sert toujours de *ne* avec le subjonctif.

EXEMPLES. Qu'il ne dise pas, *ne dicat;* qu'il ne sorte pas de la maison , *ne exeat domo.*

Les mots *nullus, nihil, nunquam, nemo , nusquam, nondum*, renferment la négation *non*.

EXEMPLE. Je ne vous conseillerai jamais cela, *hoc tibi nunquam suadebo.*

Ne.... plus se rend par *non jam :* Je ne le verrai plus , *eum non jam videbo.*

Non, placé devant une autre négation , la détruit.

EXEMPLES. *Non nemo*, quelqu'un ; *nonnulli*, quelques-uns; *nonnihil*, quelque chose ; *nonnunquam*, quelquefois.

Non, placé après une autre négation , affirme plus fortement.

EXEMPLES. *Nemo non*, *nullus non*, tous sans exception : *nemo non videt*, il n'y a personne qui ne voie. — *Nihil non*, toutes choses ; *nunquam non*, toujours.

Nec, *neque* répétés après d'autres négations, n'empêchent pas la phrase d'être négative.

EXEMPLE. Personne ne pouvait ni avancer, ni reculer, *nemo poterat nec progredi, nec regredi.*

7.

Rien sans négation se traduit par *quidquam.*

EXEMPLE. Est-il rien de plus utile ? *est ne quidquam utilius ?*

SYNTAXE DES PRONOMS.

PRONOMS *me*, *te*, *se*, *nous*, *vous*, *le*, *la*, *les*, *en*, *y.*

Les pronoms *me*, *te*, *se*, *nous*, *vous*, se mettent au cas que gouverne le verbe ou l'adjectif dont ils dépendent.

EXEMPLES. Il m'a obéi, c'est-à-dire il a obéi à moi, *mihi paruit;* je vous ai donné un livre, c'est-à-dire j'ai donné à vous, *tibi dedi librum;* cela nous sera utile, *id nobis erit utile;* vous me louez, *me laudas;* vous me favorisez, *mihi faves.*

Le, *la*, *les*, se mettent toujours au cas du verbe suivant, et ils s'accordent en genre et en nombre avec le nom dont ils tiennent la place.

EXEMPLE. Je vous ai promis un livre, je vous le donnerai, *tibi promisi librum*, *hunc tibi dabo.*

Si *le* n'est pas précédé d'un nom auquel il se rapporte, on le tourne par *cela*, et on l'exprime par *hoc*, *id*, *illud.*

EXEMPLE. Je ne le ferai pas, *tournez :* je ne ferai pas cela, *hoc non agam.*

Lui, *leur*, se tournent toujours par *à lui*, *à elle*, *à eux*, et ils sont gouvernés par un verbe ou par un adjectif.

EXEMPLES. Vous lui direz, *tournez :* vous direz à lui, *dices ei;* cela leur est facile, *tournez :* est facile à eux, *id illis facile est.*

En se tourne par *de lui*, *d'elle*, *d'eux*, *d'elles*, et il est gouverné ou par un nom, ou par un adjectif, ou par un verbe.

EXEMPLES J'ai vu votre maison et j'en ai admiré la beauté, c'est-à-dire, la beauté d'elle, *vidi tuam domum, et illius pulchritudinem miratus sum;* vous en êtes bien content, *illâ sanè contentus es;* j'aime cet enfant et j'en suis aimé, c'est-à-dire, je suis aimé de lui, *hunc puerum diligo, et ab eo diligor.*

Y se tourne par *à lui, à elle, à eux, à elles,* et se met au cas du verbe suivant.

EXEMPLE. L'affaire est très-importante, j'y donnerai mes soins, c'est-à-dire à elle, *res est gravissima, huic operam dabo.*

Pronom se.

1° On exprime *se* par *sui, sibi, se,* en le mettant au cas du verbe, quand le sujet est un nom de personne faisant sur elle-même l'action marquée par le verbe.

EXEMPLES. L'orgueilleux se loue; comme c'est l'orgueilleux qui se loue lui-même, dites : *superbus se laudat;* il se nuit, *sibi nocet;* cet homme s'est tué, *hic homo se occidit.*

2° Si le pronom *se* tient la place d'un nom de chose, on tourne la phrase par le passif.

EXEMPLES. Ce mot se trouve dans Phèdre, *tournez :* ce mot est trouvé, *vox illa invenitur apud Phædrum;* la santé se conserve par la tempérance, *valetudo continentiâ sustentatur;* la mémoire s'augmente par l'exercice, *memoria curâ augetur.*

3° Si le pronom *se* tient la place d'un nom de personne qui ne fasse pas sur elle-même l'action marquée par le verbe, on emploie encore le tour passif.

EXEMPLE. Il ne s'effraye pas de vos menaces, *tournez :* il n'est pas effrayé, *minis non terretur tuis.*

4° Dans les trois phrases suivantes, les sujets sont regardés comme des noms de personne :

Le poisson se glisse dans les veines, *venenum sese in venas insinuat;* si l'occasion se présente, *si se dederit occasio;* si la chose se passe ainsi, *si res itâ se habeat.*

5° Quand *se* tient la place de deux sujets faisant l'un

sur l'autre l'action marquée par le verbe, on ajoute l'adverbe *invicem* au pronom *suî, sibi, se,* à moins qu'il ne soit complément d'une préposition.

EXEMPLES. Pierre et Jean se louent, *Petrus et Joannes se invicem laudant;* ils se battent, *inter se pugnant.*

PRONOM INDÉFINI *on.*

Le pronom indéfini *on* se rend en latin de différentes manières.

Le verbe qui suit *on, l'on,* est-il actif? tournez par le passif.

EXEMPLE. On aime la vertu, *tournez :* la vertu est aimée, *virtus amatur.*

On peut se rendre en latin par *homines, quisque, omnes* et d'autres équivalents.

EXEMPLES. On loue la probité, *homines laudant probitatem* (les hommes louent), *quisque laudat probitatem* (chacun loue), *laudamus probitatem* (nous louons la probité).

Le sujet *homines* peut se sous-entendre avec certains verbes.

On dit *aiunt;* on rapporte, *ferunt, memorant, perhibent.*

Si le verbe qui suit *on,* est accompagné d'une négation, on tourne par personne ne, *nemo,* et le verbe se met à la troisième personne du singulier.

EXEMPLE. On ne peut être heureux sans la vertu (personne ne peut), *nemo sine virtute potest esse beatus.*

Quand on, lorsqu'on, se tournent par *celui qui, ceux qui.*

EXEMPLE. Quand on désire le bien d'autrui, on perd justement le sien, *tournez :* celui qui désire, *qui bonum alienum appetit, meritò amittit proprium.*

Dans cette phrase, le pronom indéfini *on* ne s'applique qu'à une partie des hommes.

Si on, si l'on, se tournent par si quelqu'un, *si quis.*

EXEMPLE. Si l'on vous demande, *si quis te interroget*

(ici le pronom indéfini *on* ne s'applique qu'à une seule personne).

REMARQUE. On ne dit pas *si aliquis*, mais *si quis*. Après *si*, *nisi*, *ne*, *num*, *sive*, *quo*, on retranche *ali*. On dit *si quando* pour *si aliquando*.

Quand le verbe qui suit *on*, *l'on* est neutre ou déponent, on emploie l'une des tournures déjà indiquées.

EXEMPLE. On admire la vertu, *homines admirantur virtutem*, ou *quisque admiratur virtutem*.

Les Latins emploient la troisième personne du singulier des temps passifs, lorsque le verbe n'a point de complément dont on puisse faire le sujet du verbe passif.

EXEMPLE. Non-seulement on ne porte pas envie aux jeunes gens, mais on leur est même favorable, *adolescentibus non modo non invidetur, verum etiam favetur*.

On raconte, *narratur*; on rapporte, *fertur*; on pleure, *fletur*.

Ce tour a souvent lieu pour les verbes neutres : on va, *itur*; on est venu, *ventum est*; on combat, *pugnatur*; on a combattu, *pugnatum est*.

PRONOMS *il*, *elle*, *le*, *la*, *les*, *lui*, *leur*.

1re RÈGLE. Emploi de *sui, sibi, se*.

Exprimez *il*, *elle*, *lui*, etc., par *sui*, *sibi*, *se*, quand ces pronoms se rapportent au sujet du verbe.

EXEMPLES. César prit tout sur lui (qui lui? réponse : César), *Cæsar in se omnia assumpsit;* Pythius assembla chez lui les pêcheurs (qui lui? réponse : Pythius), *piscatores ad se Pythius convocavit.*

2e RÈGLE. Emploi de *sui, sibi, se*.

Exprimez encore *il*, *elle*, *le*, *la les*, *lui*, *leur* par *sui*, *sibi*, *se*, quand ces pronoms se rapportent au sujet principal de la phrase.

EXEMPLE. Le renard dit qu'il n'était point coupable de la faute (qui il? réponse : le renard; qui est-ce qui a dit? le renard; il faut *se*), *vulpes negavit se esse culpæ proximam* (*negavit* au lieu de *dixit non*); Diogène ordonna qu'on le jetât à la voirie (qui le? Diogène; qui est-ce qui a ordonné? Diogène; il faut *se*), *Diogenes jussit se projici inhumatum* (soi être jeté sans sépulture).

3ᵉ RÈGLE. Emploi du pronom *ipse*.

Si l'emploi du pronom réfléchi *sui*, *sibi*, *se*, formait quelque équivoque, il faudrait se servir de *ipse*, *ipsa*, *ipsum*.

EXEMPLE. Néron ordonna à son affranchi de le tuer, *Nero liberto suo imperavit ut ipsum occideret* (*ipsum* désigne Néron, *se* désignerait l'affranchi).

4ᵉ RÈGLE. Emploi des pronoms *is*, *ea*, *id*, *ille*, *illa*, *illud*.

Quand les pronoms *il*, *elle*, *le*, *la*, *les*, *lui*, *leur* ne se rapportent point au sujet de la proposition principale, on les exprime par *is*, *ea*, *id*, ou par *ille*, *illa*, *illud*.

EXEMPLE. Je me défie de cet homme, je crois qu'il ment (qui il? réponse: cet homme; qui est-ce qui croit? c'est moi; il faut *illum*); ainsi dites: *huic homini diffido, credo illum mentiri*.

REMARQUE. *Il*, *elle* ne peuvent jamais se rapporter à un sujet de la première ou de la seconde personne.

Son, sa, ses, leur, leurs.

Son, sa, ses après un seul verbe.

1ʳᵉ RÈGLE. *Son*, *sa*, *ses*, *leur*, *leurs* après un seul verbe, s'expriment par *suus*, *sua*, *suum*, quand ils se rapportent au sujet de ce verbe.

Pour connaître s'ils se rapportent au sujet du verbe, faites l'interrogation suivante: *de qui?*

EXEMPLE. Un père aime ses enfants. Les enfants de qui? réponse: du père.

Comme le mot de la réponse est le même que le sujet du verbe; servez-vous de *suus*, *sua*, *suum*; ainsi dites: *pater amat suos liberos*.

2ᵉ RÈGLE. *Son*, *sa*, *ses*, *leur*, *leurs* se tournent par *de lui*, *d'elle*, *d'eux*, *d'elles* et s'expriment par *ejus*, *eorum*, *earum*, quand ils ne se rapportent pas au sujet du verbe.

EXEMPLE. Mais il n'aime pas leurs défauts. Les défauts de qui? réponse : des enfants.

Comme le mot de la réponse n'est pas le même que le sujet du verbe, servez-vous de *ejus*, *eorum*, *earum*; ainsi dites : *at eorum vitia odit.*

3ᵉ RÈGLE. Cependant, quand le verbe est de la première ou de la seconde personne, on se sert de *suus*, *sua*, *suum*, pourvu qu'il se rapporte à un second complément.

EXEMPLE. J'ai rendu à César son épée, *suum Cæsari gladium restitui.*

Son, *sa*, *ses*, *leur*, *leurs* après deux verbes.

1ʳᵉ RÈGLE. *Son*, *sa*, *ses*, *leur*, *leurs* après deux verbes s'expriment par *suus*, *sua*, *suum*, pourvu qu'ils se rapportent au sujet de l'un des deux verbes [*].

EXEMPLES. La mère vous prie de pardonner à son fils (que vous pardonniez), *mater te orat ut filio suo ignoscas* (son ici se rapporte au sujet du premier verbe); j'écris à mon ami de me confier son affaire (qu'il me confie), *ad amicum scribo ut suum mihi negotium committat* (son ici se rapporte au sujet du second verbe).

2ᵉ RÈGLE. Mais on exprime *son*, *sa*, *ses* par *ejus* ou *illius*; *leur*, *leurs* par *eorum*, *earum*, quand ils ne se rapportent ni à l'un ni à l'autre de ces deux sujets.

EXEMPLE. Je vous prierai de prendre ses intérêts (que vous preniez), *te rogabo ut illius commodis inservias.*

Son, *sa*, *ses* ne peuvent jamais se rapporter à un sujet de la première ou de la seconde personne.

---

[*] A moins que les verbes ne soient tous deux de la troisième personne, car alors il faut que *son*, *sa*, *ses* se rapportent au sujet du premier verbe pour éviter l'ambiguïté.

Son, sa, ses, leur, leurs au commencement d'une phrase.

Ejus indoles est optima.

1re RÈGLE. *Son, sa, ses,* au commencement d'une phrase, s'expriment par *ejus* ou *illius; leur, leurs* par *eorum, earum,* quand le verbe n'a pas de complément auquel ils se rapportent.

EXEMPLE. Son caractère est excellent, *tournez :* le caractère de lui, *ejus indoles est optima.*

Sua eum commendat modestia.

2e RÈGLE. *Son, sa, ses,* même au commencement d'une phrase, s'expriment par *suus, sua, suum,* quand ils se rapportent au complément du verbe suivant : ce qui arrive lorsqu'ils sont suivis de *le, la, les,* ou précédés d'un *que* relatif.

EXEMPLES. Sa modestie le rend recommandable, *sua eum commendat modestia;* l'enfant que sa modestie rend recommandable, *puer quem sua commendat modestia.*

Sua hominem perdet ambitio.

Changez la tournure dans les deux exemples suivants et autres de même signification.

L'ambition de cet homme le perdra, *tournez :* son ambition perdra cet homme, *sua hominem perdet ambitio;* le penchant de chacun l'entraîne, *tournez :* son penchant entraîne chacun, *trahit sua quemque voluptas.*

Tuus frater uxorque ejus venient.

Son, sa, ses, leur, leurs s'expriment par *ejus, eorum, earum,* quand il y a deux sujets ou deux compléments unis par une des conjonctions *et, ou, ni.*

EXEMPLE. Votre frère et son épouse viendront, *tuus frater uxorque ejus venient.*

On pourrait décomposer ainsi cette phrase : votre frère viendra, son épouse viendra.

Je passe sous silence Socrate et ses disciples, *omitto Socratem discipulosque ejus.*

SYNTAXE DES ADVERBES.

COMPLÉMENT DES ADVERBES.

Les adverbes de temps et de lieu gouvernent le génitif.

EXEMPLES. En quel lieu du monde? *ubi terrarum?* *ubi* équivaut à *in quo loco.*

Nulle part, en aucun lieu du monde, *nusquam gentium.*

Pridiè, la veille ; *postridiè*, le lendemain, veulent le génitif ou l'accusatif.

EXEMPLES. La veille des calendes, *pridiè calendarum* ou *pridiè calendas* (on sous-entend *ante*); le lendemain des ides, *postridiè iduum* ou *idus* (sous-entendu *post*); le lendemain de ce jour, *postridie ejus diei.*

En, ecce, voici, voilà, veulent après eux le nominatif et quelquefois l'accusatif. Voici, voilà le loup, *en*, *ecce, lupus* (sous-entendu *adest*); *en, ecce, lupum* (sous-entendu *aspice*).

Ergò, employé pour *causâ*, veut le génitif et se met après son complément : à cause de lui *ou* pour l'amour de lui, *illus ergo.*

Instar, comme, veut le génitif, et se met après son complément : comme une montagne, *montis instar.*

Obviam, au-devant, veut le datif ; aller au-devant de quelqu'un, *ire obviam alicui.*

Clam, à l'insu de, veut l'ablatif; à l'insu du roi, *clam rege.*

L'adverbe *propè*, comparatif *propius*, superlatif *proximè*, gouverne l'accusatif. Près du camp, *propè castra;* plus près de la ville, *propiùs urbem.* On trouve aussi cet adverbe suivi de l'ablatif avec *à*-ou *ab.* Près de la Sicile, *propè à Siciliâ.*

Longè, loin de, veut l'ablatif avec *à.* Loin de la mer, *longè à mari.*

Procul, loin de, veut l'ablatif avec *à* ou sans préposition. Loin de la terre, *procul à terrâ.*

ADVERBES DE QUANTITÉ.

Les adverbes de quantité s'expriment de différentes manières en latin, selon les différents mots auxquels ils sont joints.

ADVERBES DE QUANTITÉ JOINTS A UN NOM.

Devant un nom de choses qui ne se comptent pas, on exprime :

Que *ou* combien, par	*quantùm*,	
Peu,	*parùm*,	
Beaucoup,	*multùm*,	avec le génitif.
Moins,	*minùs*,	
Plus,	*plùs*,	
Autant, tant,	*tantùm*,	
Assez,	*satis*,	
Trop,	*nimis*, *nimium*,	

EXEMPLES. Que d'eau, *quantùm aquæ;* peu de vin, *parùm vini;* beaucoup de sel, *multùm salis;* trop de grêle, *nimis grandinis.*

Devant un nom de choses qui ne se comptent pas, mais qui peuvent se dire grandes ou petites, on exprime ordinairement :

Que *ou* combien, par	*quantus, a, um.*
Peu,	*parvus, a, um.*
Beaucoup,	*magnus, a, um.*
Moins,	*minor, minus.*
Plus,	*major, majus.*
Autant, tant,	*tantus, a, um.*
Assez,	*satis magnus, a, um.*
Trop,	*nimius, a, um* ou
	nimis magnus, a, um.

Ces adjectifs s'accordent avec le nom auquel ils sont joints.

EXEMPLES. Que de science, *quanta doctrina* (quelle grande science); peu de science, *parva doctrina* (une science petite); beaucoup d'orgueil, *magna superbia* (un orgueil grand); moins de gloire, *minor gloria* (une gloire moindre); trop de témérité, *nimia temeritas* (une témérité trop grande); plus d'éloquence, *major eloquentia* (une éloquence plus grande).

REMARQUE. On dit aussi *multùm superbiæ, minùs gloriæ, plùs eloquentiæ.* Il n'a pas autant de savoir que de présomption, *non in eo inest tantùm doctrinæ quantùm arrogantiæ.*

Devant un nom pluriel de choses qui se comptent, on exprime :

Que *ou* combien, par	*quot* ou *quàm multi,* æ, a.
Peu,	*pauci,* cæ, ca.
Beaucoup,	*multi,* æ, a.
Moins,	*pauciores,* ra.
Plus,	*plures,* ra.
Autant, tant,	*tot* ou *tàm multi,* æ, a.
Assez,	*satis multi,* æ, a.
Trop,	*nimis multi,* æ, a.

Ces adjectifs s'accordent avec le nom pluriel auquel ils sont joints.

EXEMPLES. Que ou combien de livres, *quot* ou *quàm multi libri;* peu de soldats, *pauci milites* (des soldats peu nombreux); beaucoup d'amis, *multi amici* (des amis nombreux).

REMARQUES. *Combien* signifiant *combien peu,* s'exprime par *quotusquisque, quotaquæque :* combien y en a-t-il qui soient éloquents? *quotusquisque est disertus?*

Quand l'adverbe *combien* signifie *combien de personnes,* on l'exprime toujours par *quàm multi.* Vous voyez combien nous sommes ici, *vides quàm multi hic adsimus,* et non pas *quot adsimus* (*quot* et *tot* ne s'emploient que devant un nom exprimé).

ADVERBES DE QUANTITÉ JOINTS A UN ADJECTIF OU A UN ADVERBE.

Devant un adjectif ou un adverbe, on exprime :

Que *ou* combien, par	*quàm* ou *ut.*
Peu, -	*parùm,*
Beaucoup, bien, fort,	*multùm, valdè.*
Moins,	*minùs.*
Plus,	*magis* ou *le comparatif.*
Tant, aussi, si,	*tàm.*
Assez,	*satis.*
Trop, -	*nimis* ou *le comparatif.*

EXEMPLES. Que *ou* combien il est modeste! *quàm* ou *ut modestus est!* peu modeste, *parùm modestus;* trop sage, *nimis sapiens* ou *sapientior;* qu'il est beau! *quàm pulcher est!* (*quantùm pulcher* serait un solécisme).

Combien peu, *quàm parùm;* peu de temps, *parùm diù;* moins agréablement, *minùs jucundè;* plus agréablement, *jucundiùs.*

REMARQUES. Si grand, aussi grand, s'expriment par *tantus, a, um;* si petit, aussi petit, par *tantulus, a, um.*

ADVERBES DE QUANTITÉ JOINTS A UN COMPARATIF OU A UN VERBE D'EXCELLENCE.

Devant un comparatif ou un verbe d'excellence, comme *excello, præsto, supero, malo,* on exprime :

Que *ou* combien, par	*quantò.*
Un peu,	*paulò.*
Bien, beaucoup,	*multò* ou *longè.*
Autant, tant,	*tantò.*

EXEMPLES. Qu'il est, *ou* combien est-il plus savant! *quantò doctior est!* un peu plus savant, *paulò doctior;* bien *ou* beaucoup plus savant, *multò doctior.*

Vous l'emportez autant sur les autres, *tantò præstas aliis.*

Devant les adverbes *ante* et *post* on emploie *multò, quantò, paulò.*

Multò ante, longtemps avant; *non multò post,* peu

de temps après ; *quantò ante,* combien auparavant ; *paulò ante,* un peu auparavant.

Devant un superlatif on emploie *multò* ou *longè.*

EXEMPLE. Il est de beaucoup le plus riche, *est multò* ou *longè ditissimus.*

ADVERBES DE QUANTITÉ JOINTS A UN VERBE ORDINAIRE.

Devant un verbe ordinaire, on exprime :

Que *ou* combien, par	*quàm, quantùm, ut.*
Peu,	*parùm.*
Beaucoup,	*multùm, valdè.*
Moins,	*minùs.*
Plus,	*magis, plùs, ampliùs.*
Autant, aussi, si,	*tantùm, tàm.*
Assez,	*satis.*
Trop,	*nimis, nimiò plùs, plùs æquo.*

EXEMPLES. Que *ou* combien il est aimé ! *quàm* ou *quantùm amatur !* il est peu aimé, *parùm amatur,* etc. ; vous ne savez pas combien je vous aime, *nescis quantùm te amem ;* nous admirons beaucoup la vertu , *virtutem multùm* ou *valdè admiramur.*

Un peu, devant un adjectif ou un verbe, s'exprime par *leviter.* Un peu blessé , *leviter vulneratus ;* il se fâche un peu, *leviter irascitur.*

Plus devant *odisse* se rend par *pejus :* je le haïssais plus, *eum pejus oderam.*

ADVERBES DE QUANTITÉ JOINTS A UN VERBE DE PRIX
OU D'ESTIME.

Les principaux verbes de *prix* sont *esse,* valoir ; *constare,* coûter ; *emere,* acheter ; *vendere,* vendre.

Les principaux verbes d'*estime* sont *æstimare, facere,* estimer, faire cas de.

Devant un verbe de *prix* ou d'*estime,* on exprime :

Que *ou* combien, par	*quanti.*
Peu,	*parvi.*
Beaucoup,	*magni.*
Moins,	*minoris.*
Plus,	*pluris.*
Tant, autant, aussi, si,	*tanti.*
Assez,	*satis magni.*
Trop,	*nimio pluris.*

EXEMPLES. Que ou combien il est estimé! *quanti æstimatur!* il est si estimé, *tanti fit* ou *æstimatur;* je les estime peu, j'en fais peu de cas, *illos parvi facio.*

Je ne vends pas plus cher que les autres, *non vendo pluris quàm cæteri;* je vends même à meilleur marché, *vendo etiam minoris;* combien avez-vous acheté votre maison? *quanti domum tuam emisti?*

On dit *pluris facere*, estimer plus, et non pas *majoris.*

<h3 style="text-align:center">LE PLUS, LE MOINS.</h3>

1° *Devant un adjectif.*

Le plus devant un adjectif s'exprime par le superlatif ou par *maximè* avec le positif; *le moins* s'exprime par *minimè* avec le positif.

EXEMPLES. Le plus savant de tous, *omnium doctissimus* ou *maximè doctus;* le moins savant de tous, *omnium minimè doctus.*

2° *Devant un verbe ordinaire.*

Le plus devant un verbe ordinaire se rend par *maximè* ou *plurimum; le moins*, par *minimè.*

EXEMPLES. Il a le plus besoin de secours, *opis maximè indiget;* c'est le livre dont je me sers le plus, tournez : je me sers le plus de ce livre, *eo libro utor plurimùm.* C'est vous que cela intéresse le moins, *id ad te minimè omnium pertinet.*

3° *Devant un verbe de prix ou d'estime.*

Avec un verbe de prix et d'estime on met *maximi, plurimi, minimi.*

EXEMPLES. L'enfant que j'estime le plus *tournez :* le plus de tous, *puer quem plurimi omnium facio;* l'enfant que j'estime le moins, *puer quem minimi omnium facio.*

4° *Devant un adjectif suivi du* qui *ou* que *relatif.*

Le plus s'exprime par le superlatif, le *qui* ou *que* relatif par *qui, quæ, quod* avec le subjonctif.

EXEMPLES. Il est le plus savant que je connaisse, *est omnium quos noverim doctissimus.*

Le moins s'exprime par *minimè* avec le positif, le *qui* relatif par *qui*, *quæ*, *quod* avec le subjonctif.

EXEMPLE. Il est le moins savant que je connaisse, *est omnium quos noverim minimè doctus*.

QUE après PLUS, MOINS, *quàm*.

RÈGLE. De quelque manière qu'on exprime *plus*, *moins*, le *que* suivant se rend toujours par *quàm*.

Exemples.

Plus Moins	}	de courage que de prudence.
Plùs *Minùs*	}	*fortitudinis quàm prudentiæ.*
Plus Moins	}	de villes que de bourgs.
Plures *Pauciores*	}	*urbes quàm vici.*
Il est	} plus moins }	estimé que son frère.
Pluris *Minoris*	}	*æstimatur quàm frater.*

Vous avez moins de courage que de prudence, est *tibi minor animus quàm prudentia*.

QUE après AUTANT, AUSSI.

1° Devant un nom de choses qui ne se comptent pas, *que* précédé de *autant* s'exprime par *quantùm* avec le génitif.

EXEMPLE. Autant de modestie que de science, *tantùm modestiæ, quantùm doctrinæ*. On dit aussi *tanta modestia, quanta doctrina*.

2° Devant un nom de choses qui se comptent, *que* se rend par *quot*.

EXEMPLE. Autant de fruits que de fleurs, *tot fructus, quot flores*.

3° Devant un adjectif ou un adverbe, *que* se rend par *quàm*.

EXEMPLE. Il est aussi prudent que brave, *tàm prudens est quàm fortis.*

4° Devant un verbe ordinaire, *que* précédé de *autant* s'exprime par *quantùm*.

EXEMPLE. Je vous aime autant que vous m'aimez, *tantùm te amo, quantùm me amas.*

5° Devant un verbe de prix ou d'estime, on emploie *quanti.*

EXEMPLE. Je vous estime autant que vous m'estimez, *tanti te facio, quanti me facis.*

Autant que, au commencement d'une phrase, s'exprime par *quantùm.*

EXEMPLE. Autant que je puis prévoir, *quantùm prospicere possum.*

Autant, aussi, à la fin d'une phrase, s'expriment par les adverbes suivants :

S'ils se rapportent à un nom de choses

	qui ne se comptent pas,	*tantùmdem.*
	qui se comptent,	*totidem.*
—	à un adjectif,	*item.*
—	à un verbe ordinaire,	*tantùmdem.*
—	à un verbe de prix,	*tantidem.*

EXEMPLES. Vous avez beaucoup de loisir, je n'en ai pas autant, *habes multùm otii, non habeo tantùmdem.*

J'ai beaucoup de livres, vous n'en avez pas autant, *sunt mihi libri benè multi, non sunt tibi totidèm.*

TABLEAU DES ADVERBES DE QUANTITÉ.

ADVERBES DE QUANTITÉ.	Avec le génitif devant un nom de choses qui ne se comptent pas.	Quand la chose qui ne se compte pas peut se dire grande.	Devant un nom pluriel de choses qui se comptent.	Devant un adjectif ou un adverbe.	Devant un verbe ordinaire.	Devant un verbe de prix ou d'estime.	Devant un comparatif, un superlatif, un verbe de supériorité.
Que *ou* combien,	*quantùm,*	*quantus, a, um,*	*quot* ou *quàm multi, æ, a,*	*quàm,*	*quàm* ou *quantùm,*	*quanti,*	*quantò.*
Peu,	*parùm,*	*parvus, a, um,*	*pauci, cæ, ca,*	*parùm,*	*parùm,*	*parvi,*	(un peu) *paulò.*
Beaucoup,	*multùm,*	*magnus, a, um,*	*multi, æ, a,*	*multùm, valdè,*	*multùm, valdè.*	*magni,*	*multò* ou *longè.*
Moins,	*minùs,*	*minor, minus,*	*pauciores, es, ra,*	*minùs,*	*minùs,*	*minoris,*	. . . .
Le moins,	*minimùm,*	*minimus, a, um,*	*paucissimi, æ, a,*	*minimè,*	*minimè,*	*minimi,*	. . . .
Plus,	*plùs,*	*major, majus,*	*plures, plura,*	*magis* ou le comparatif,	*magis, plùs,*	*pluris,*	. . . .
Le plus,	*plurimùm,*	*maximus, a, um,*	*plurimi, æ, a,*	*maximè,*	*maximè, plurimùm,*	*plurimi,*	. . . .
Autant, tant,	*tantùm,*	*tantus, a, um,*	*tot* ou *tam multi, æ, a,*	*tàm,*	*tantùm* ou *tàm,*	*tanti,*	*tantò.*
Assez,	*satis,*	*satis magnus a, um,*	*satis multi, æ, a,*	*satis,*	*satis,*	*satis magni,*	. . . .
Trop,	*nimis, nimiùm,*	*nimius, a, um,*	*nimis multi, æ, a,*	*nimis* ou le comparatif,	*nimis,*	*nimio pluris,*	. . . .

Voyez adverbes de quantité devant *refert, interest,* page 181.

QUATRIÈME PARTIE.

SYNTAXE PARTICULIÈRE.

NOM DE QUALITÉ.

Le nom qui exprime une qualité bonne ou mauvaise se met à l'ablatif ou au génitif.

EXEMPLE. Un enfant d'un bon naturel, *puer egregiâ indole* ou *egregiæ indolis*; d'un mauvais naturel, *pravâ indole* ou *pravæ indolis*.

REMARQUE SUR LA RÈGLE D'APPOSITION.

Quelquefois le nom apposé se rapporte à un pronom sous-entendu. Il faut avoir soin de rétablir ce pronom, afin de saisir le sens de la phrase.

EXEMPLE. *Non eadem vult senex quæ puer voluit,* il ne veut pas dans sa vieillesse ce qu'il voulait dans son enfance (*ille senex, ille puer*).

SUPPLÉMENT A LA SYNTAXE DES ADJECTIFS.

I.—Les adjectifs en *bundus* gouvernent l'accusatif, quand ils viennent d'un verbe qui régit ce cas.

EXEMPLE. Ravageant les campagnes, *populabundus agros.*

II. — L'adjectif qui suit immédiatement le verbe *sum* se met à l'accusatif, quand le nom qui précède est au génitif.

EXEMPLE. Il importe à un jeune homme d'être laborieux, *refert adolescentis esse impigrum* (sous-entendu *eum*).

III. — L'adjectif qui suit immédiatement le verbe *sum* se met au datif, quand le nom qui précède est au datif.

EXEMPLE. Il ne m'est pas permis d'être paresseux, *mihi non licet esse pigro. Pigro* est attiré au datif par *mihi.*

IV. — Lorsque deux adjectifs sont joints ensemble, le premier se change en adverbe.

EXEMPLE. Les vrais sages, *verè sapientes;* c'est-à-dire les hommes vraiment sages.

V. — Quand les noms de choses sont du même genre, on peut mettre l'adjectif au genre de ces noms.

EXEMPLE. Sa douceur et sa modestie sont grandes, *ejus mansuetudo et modestia sunt magnæ.*

SUPPLÉMENT A LA SYNTAXE DES COMPARATIFS ET DES SUPERLATIFS.

Majori virtute præditus.

Quand l'adjectif français se rend en latin par deux mots (un adjectif et un nom), l'on exprime *plus* par *major, majus; moins,* par *minor, minus,* que l'on fait accorder avec le nom.

EXEMPLES. Plus vertueux, *majori virtute præditus;* moins vertueux, *minori virtute præditus.*

Felicior quàm prudentior. — Feliciùs quàm prudentiùs.

Quand, après un comparatif, le *que* est suivi d'un adjectif ou d'un adverbe, cet adjectif ou cet adverbe se met encore au comparatif et au même cas que le premier.

EXEMPLES. Il est plus heureux que prudent, *tournez :* que plus prudent; *felicior est quàm prudentior ;* ils envoyèrent un général plus hardi qu'habile; *tournez :* que plus habile, *miserunt ducem audaciorem quàm peritiorem.*

Il a vaincu avec plus de bonheur que de prudence,

tournez : plus heureusement que plus prudemment, *vicit feliciùs quàm prudentiùs.*

REMARQUE. On ne répète pas *magis*, quand la comparaison est exprimée par ce mot. Il est plus pieux que brave, *est magis pius quàm fortis*, et non *quàm magis fortis.*

Optimus quisque illi favet.

Quand le superlatif pluriel n'est pas suivi d'un complément, ajoutez *quisque* au superlatif latin.

EXEMPLE. Les plus honnêtes gens le favorisent, littéralement : chaque homme le plus honnête le favorise, *optimus quisque illi favet.*

TEL QUE, TEL, TEL répété.

Tel que se rend par *is qui* ou par *talis qualis.*

EXEMPLE. Je ne suis pas tel que vous; *tournez :* celui lequel vous êtes, *non is sum qui tu* (sous-entendu *es*), *qui* au nominatif comme sujet de *es.*

On peut dire aussi : *non sum talis qualis tu.*

Dans cette phrase, *tel* signifie semblable; je ne suis pas tel que vous, c'est-à-dire semblable à vous.

Il n'est pas tel que vous pensez; *tournez :* il n'est pas celui lequel vous pensez qu'il est, *non is est quem putas* (sous-entendu *eum esse*).

Quand *tel* suivi de *que* ne peut pas se tourner par *le même* ou *semblable*, on exprime *que* par *ut* avec le subjonctif.

EXEMPLES. La libéralité doit être telle qu'elle ne nuise à personne, *ea debet esse liberalitas ut nemini noceat.*

La force de la vertu est telle, que nous l'aimons même dans un ennemi, *ea vis est probibatis ut illam vel in hoste diligamus.*

TEL.

Tel, quand il n'est pas suivi de *que*, s'exprime par *is* ou *talis*.

EXEMPLE. Tel a été mon père, *is* ou *talis fuit pater meus*.

Lorsque *tel*, au commencement d'une phrase, est suivi de *qui*, on tourne *tel* par quelques-uns, *quidam*, ou par il y en a qui, *sunt qui*.

EXEMPLE. Tel rit aujourd'hui, qui pleurera demain; *tournez*, quelques-uns rient, *quidam hodiè rident, qui cras flebunt*.

Quand *tel* peut se tourner par *de cette sorte*, on l'exprime par *hujus modi* en bonne part, et *istius modi* en mauvaise part.

EXEMPLES. Qui n'aimerait de tels enfants? *Quis hujus modi puerulos non amet?* Qui ne haïrait de telles gens? *Quis istius modi homines non oderit?*

TEL répété.

Tel répété se rend par *qualis*, *talis*, ou par *qui* suivi de *is*, *ea*, *id*. Tel père, tel fils, *qualis pater, talis filius;* ou bien, *qui pater est, is est filius*. La proposition principale se trouve la seconde; c'est comme s'il y avait : le fils est tel que le père, mais la phrase est renversée.

LE MÊME QUE, MÊME, NE PAS MÊME.

Le même, la même, s'expriment par *idem, eadem, idem*, et que par *qui, quæ, quod*. On peut aussi exprimer *que* par *ac* ou *atque*.

EXEMPLES. Vous n'êtes pas le même à mon égard que vous avez été autrefois, *non idem es erga me, qui fuisti olim*, ou *atque fuisti olim; qui* au nominatif comme sujet de *fuisti*.

Ma mère n'est pas aujourd'hui la même que je l'ai vue autrefois, *non eadem est hodiè mater mea, quam vidi olim* (sous-entendu *eam esse*).

Je me sers des mêmes livres que vous, *iisdem libris utor, quibus tu* (sous-entendu *uteris*).

Le même, devant un nom ou un pronom, s'exprime par *idem*. Le même homme , *idem homo.*

Même, après un nom ou un pronom, s'exprime par *ipse, ipsa, ipsum.* L'homme même, *homo ipse;* moi-même, *ego ipse;* vous-même, *tu ipse.*

Quand *même* se rapporte au sujet du verbe, on le met au nominatif, quoiqu'en français il soit joint à un complément direct ou indirect.

EXEMPLE. L'avare se nuit à lui-même, *tournez :* l'avare lui-même nuit à soi, *avarus sibi ipse nocet.*

Mais si *même* ne se rapporte pas au sujet, on le fait accorder avec le complément. Le temps ronge le fer même, *vetustas ferrum ipsum exedit.*

Ne pas même s'exprime par *ne quidem ,* que l'on sépare, en mettant un mot entre *ne* et *quidem.*

EXEMPLE. Je ne l'ai pas même vu, *eum ne vidi quidem.*

De même que si , signifiant *comme si ,* s'exprime par *non secùs ac , perindè ac , tanquàm.*

EXEMPLE. Je l'aime de même que s'il était mon frère, *illum perinde amo ac si esset frater meus.*

De même , non suivi de *que ,* se rend par *item.* Il n'en est pas de même des Romains. *de Romanis non item* (*non item* ne peut se placer qu'à la fin de la phrase)

Et même s'exprime par *imo , quin etiam.*

<h3 style="text-align:center">AUTRE QUE, AUTREMENT QUE.</h3>

Autre s'exprime par *alius, alia, aliud* et *que* par *quàm , ac , atque.*

EXEMPLES. Il n'est pas autre qu'il n'était autrefois, *non alius est quàm erat olim* (on n'exprime pas *ne* après autre); il parle autrement qu'il ne pense, *aliter loquitur ac* ou *atque sentit.*

Au lieu de *quàm* et de *ac,* on répète quelquefois *alius, aliter.*

EXEMPLES. Les devoirs du soldat sont autres que ceux du général, *tournez :* autres sont les devoirs du soldat, autres les devoirs du général, *alia sunt militis, alia imperatoris officia.*

Il parle autrement qu'il ne pense, *tournez* : il parle autrement, il pense autrement, *aliter loquitur, aliter sentit.*

Tout autre signifiant *quelque autre que ce soit*, s'exprime par *quivis alius, quilibet alius;* tout autrement, *longè aliter*, et *que* par *ac, atque.*

EXEMPLE. Tout autre peuple que le peuple romain eût perdu courage, *quivis alius populus ac romanus despondisset animum.*

Mais si *tout autre* signifie *tout différent*, il s'exprime par *longè alius.*

EXEMPLE. Vous êtes tout autre que vous n'étiez, c'est-à-dire tout différent, *longè alius es atque eras.*

Après *lequel des deux* (en latin *uter*), *autre* s'exprime aussi par *uter, utra, utrum.*

EXEMPLE. Examinez lequel des deux a dressé des embûches à l'autre, *quære uter utri insidias fecerit.*

L'un... l'autre, les uns... les autres, quand on parle de plus de deux, s'expriment par *alius, alia, aliud*, que l'on répète.

EXEMPLE. Les uns jouent, les autres chantent, *alii ludunt, cantant alii.*

Mais si l'on ne parle que de deux, on se sert de *alter* répété, ou de *unus, alter.*

EXEMPLE. L'un dit oui, l'autre dit non, *alter* ou *unus ait, negat alter.*

Quand *l'un* est répété, et *l'autre* aussi répété, on les tourne par l'adjectif *différent*, et on les traduit par *alius, alia, aliud*, de cette manière.

EXEMPLES. Les uns aiment une chose, les autres une autre, *tournez :* différentes personnes aiment différentes choses, *alii aliis rebus delectantur.*

Les uns s'en allèrent d'un côté, les autres de l'autre, *alii alio dilapsi sunt.*

Ni l'un ni l'autre (quand le sujet est un pronom) s'expriment par *neuter, neutra, neutrum; l'un l'autre* par *uterque, utraque, utrumque;* ils sont ordinairement suivis de *alter, altera, alterum*, et alors on n'exprime pas *se.*

Exemples. Ils ne s'aiment ni l'un ni l'autre, *neuter alterum amat*, littéralement : aucun des deux n'aime l'autre.

Ils se haïssent l'un l'autre, *uterque alterum odit*.

L'un des deux, l'un ou l'autre s'expriment par *alteruter, alterutra, alterutrum*.

Exemple. Je vous enverrai l'un ou l'autre, *alterutrum ad te mittam*.

L'un après l'autre s'exprime par *singuli, œ, a*.

Exemple. Il se mit à manger les grenouilles l'une après l'autre, *ranis cœpit vesci singulis*.

L'un et l'autre, tous deux se rendent par *uterque*.

Exemple. L'un et l'autre furent tués, *uterque occisus est*.

QUEL, QUELLE suivis de QUE.

Quel, quelle, suivis de *que,* s'expriment par *quicumque, quœcumque, quodcumque;* et si la chose peut se dire grande, par *quantuscumque, quantacumque*.

Exemple. Quelle que soit sa mémoire, il oublie cependant bien des choses, *quantacumque sit ejus memoria, multa tamen obliviscitur*.

QUI QUE CE SOIT QUI.

Qui que ce soit qui s'exprime par *quicumque;* si l'on ne parle que de deux, on se sert de *utercumque, utracumque*.

Exemple. Qui que ce soit des deux partis qui remporte la victoire, nous périrons, *utracumque pars vicerit, peribimus*.

QUELQUE QUE, suivi d'un nom.

I. — Si c'est un nom de choses qui ne se comptent pas, on l'exprime par *quicumque, qualiscumque;* et si la chose peut se dire grande, par *quantuscumque, quantacumque,* etc.

Exemple. Quelque parti que vous preniez, *quodcumque consilium capias*.

II. — Si c'est un nom de choses qui se comptent, on exprime *quelque que,* par *quotcumque* ou *quamvis multi, œ, a*.

EXEMPLE. Quelques services que vous rendiez à un ingrat, vous ne lui en rendrez jamais assez, *quotcumque apud ingratum officia posueris, nunquàm satis multa contuleris.*

QUELQUE QUE, suivi d'un adjectif.

Si *quelque que* est suivi d'un adjectif, d'un adverbe ou d'un participe, on l'exprime par *quamvis*, et si c'est le participe d'un verbe de prix, par *quanticumque.*

EXEMPLES. Quelque savant qu'il soit, il ignore cependant bien des choses, *quamvis sit doctus, multa tamen ignorat* ; quelque estimable que soit la science, *quanticumque æstimanda sit doctrina.*

Quelque grand que s'exprime par *quantuscumque, quantacumque;* quelque petit que, par *quantuluscumque, quantulacumque.*

LE PREMIER, LE SECOND ; CELUI-CI, CELUI-LA.

Le premier, le second, quand on ne parle que de deux, s'expriment *le premier* par *prior,* et *le second* par *posterior,* ou par *alter* répété.

EXEMPLE. Le premier riait toujours, le second pleurait sans cesse, *prior semper ridebat, posterior semper flebat.*

Mais si l'on parle de plus de deux, servez-vous de *primus, secundus.*

Celui-ci, celui-là, s'expriment, *celui-ci* par *hic, celui-là* par *ille.*

EXEMPLE. Celui-ci riait toujours, celui-là pleurait sans cesse, *hic semper ridebat, ille semper flebat.*

Celui des deux qui s'exprime par *uter, utra, utrum.*

EXEMPLE. Celui des deux qui se dédira, payera l'amende, *uter demutaverit, pecuniâ mulctabitur.*

CELUI, CELLE suivis d'un nom.

En latin, les pronoms *hic, is, ille* ne sont jamais

employés avec un génitif pour représenter un nom précédent : il faut répéter ce nom.

EXEMPLES. Les qualités de l'âme sont bien préférables à celles du corps, *animi dotes corporis dotibus longè præstant;* la vie des hommes est plus courte que celle des corneilles, *brevior est vita hominum quàm cornicum vita.* (On peut ne pas répéter le nom, quand il doit être mis au même cas, et dire *brevior est hominum quàm cornicum vita.*)

Remarques sur certains adjectifs.

Quicumque et *quisquis* sont relatifs; ils ont donc toujours un antécédent exprimé ou sous-entendu. — *Quicumque hoc faciet, malus erit civis,* quiconque agira ainsi, sera un mauvais citoyen. L'antécédent de *quicumque* est *is* sous-entendu. *Is* est sujet de *erit;* *quicumque* est sujet de *faciet.*

Les adjectifs *qualis, quantus* et *quot* sont également relatifs. L'antécédent de *quàlis* est *talis,* celui de *quantus* est *tantus,* celui de *quot* est *tot.*

Quot et *tot* sont indéclinables.

Les adjectifs neutres *id, idem, hoc, illud, aliquid, quidquam* et l'adverbe *nihil* se construisent quelquefois avec le génitif.

EXEMPLES. Je vous donne le même conseil, *idem consilii tibi do,* littéralement : la même chose de conseil; je ne désire aucune récompense, *nihil præmii expeto,* littéralement : rien de récompense.

SUPPLÉMENT A LA SYNTAXE DES VERBES.

Turba *ruit* ou *ruunt.*

Quant le sujet est un nom *collectif,* le verbe peut se mettre au pluriel. On appelle *collectif* un nom substantif qui, quoique au singulier, signifie plusieurs personnes ou plusieurs choses.

EXEMPLES. La foule se précipite, *turba ruit* ou

ruunt; une grande multitude de brigands s'étaient réunis, *magna multitudo latronum convenerant.*

ACCORD DU VERBE AVEC LE DERNIER SUJET.

Quand un verbe a plusieurs sujets différents, il s'accorde quelquefois avec le dernier, mais il est censé répété pour les autres.

EXEMPLE. La vie, les biens et la liberté nous ont été donnés par nos parents, *vita, patrimonium et libertas nobis à parentibus concessa est.*

ACCORD DU VERBE AVEC LE SUJET PRINCIPAL.

Le verbe s'accorde avec le sujet principal.

EXEMPLE. Tullie, nos délices, demande avec instance votre petit présent, *Tullia, deliciæ nostræ, tuum munusculum flagitat.*

VERBES AU PASSIF DANS LE FRANÇAIS, QU'IL FAUT TOURNER PAR L'ACTIF EN LATIN.

Quand un verbe au passif dans le français est neutre ou déponent en latin, il faut tourner le passif en actif, et pour cela on prend le complément pour en faire le sujet, et le sujet pour en faire le complément.

EXEMPLES. Je suis favorisé de la fortune, *tournez :* la fortune me favorise, *mihi favet fortuna (favet* n'a point de passif); je suis satisfait de mon fils, *tournez :* mon fils me satisfait, *mihi filius satisfacit;* il est admiré de tout le monde, *tournez :* tout le monde l'admire, *illum omnes admirantur.*

REMARQUE. S'il n'y a point de complément dont on puisse faire le sujet, on donne un sujet au verbe d'après le sens de la phrase.

EXEMPLE. Cicéron était admiré quand il parlait, *omnes admirabantur Ciceronem quum diceret.* On aurait pu dire, *quisque admirabatur* ou *Romani admirabantur Ciceronem.*

VERBES A L'ACTIF DANS LE FRANÇAIS, QU'IL FAUT TOURNER PAR LE PASSIF EN LATIN.

Il faut changer l'actif en passif quand il y a amphibologie, c'est-à-dire équivoque.

EXEMPLE. Vous dites que Pierre aime Paul : vous ne pouvez pas mettre : *dicis Petrum amare Paulum*, parce qu'on ne saurait qui est celui qui aime, si c'est Pierre qui aime Paul, ou si c'est Paul qui aime Pierre. Il faut donc changer l'actif en passif de cette manière : vous dites que Paul est aimé de Pierre, *dicis Paulum à Petro amari.*

Il n'y a pas amphibologie en latin, quand le sens permet de distinguer le complément du sujet.— *Puto te optare sapientiam*, je pense que tu désires la sagesse. Il est évident que *te* est le sujet du verbe *optare.*

Musica me juvat ou *delectat.*

Les verbes *juvat*, *delectat*, il fait plaisir ; *manet*, il est réservé ; *decet*, il convient, et *fugit*, *fallit*, *præterit*, employés pour exprimer le verbe français *ignorer*, veulent au nominatif le nom de la chose qui fait plaisir, qui convient, etc., et le nom de la personne à l'accusatif.

EXEMPLES. La musique me fait plaisir, *mot à mot :* me réjouit, *musica me juvat* ou *delectat ;* une gloire éternelle nous est réservée, *mot à mot :* nous attend, *gloria æterna nos manet.*

REMARQUE. Quand *attendre* a pour sujet un nom de chose, on l'exprime par *manere ;* quand c'est un nom de personne, par *exspectare.*

Nous ignorons bien des choses, *mot à mot :* bien des choses nous échappent, nous trompent, nous passent, *multa nos fugiunt, fallunt, prætereunt ;* vous savez cela *ou* vous n'ignorez pas cela, *id te non fugit, fallit, præterit.*

Id mihi accidit, evenit, contingit.

Les verbes *accidit, evenit, contingit,* il arrive ; *con-*

ducit, *expedit*, il est avantageux; *placet*, il plaît, etc., veulent le nom de la personne au datif.

EXEMPLES. Cela m'est arrivé, *id mihi accidit*; cela vous est avantageux, *hoc tibi expedit*.

Hoc ad me pertinet.

Les trois verbes *pertinere*, *attinere*, *spectare*, concerner, regarder, avoir rapport à, veulent le nom de la personne à l'accusatif avec *ad*.

EXEMPLES. Cela me regarde ou me concerne, *hoc ad me pertinet* ou *spectat*; pour ce qui me regarde, *quod ad me attinet*.

Mihi opus est amico.

Notre locution française *j'ai besoin*, se tourne ainsi : *besoin est à moi de*. Le nom de l'objet dont on a besoin se met à l'ablatif.

EXEMPLE. J'ai besoin d'un ami, *mihi opus est amico*.

On peut aussi se servir des verbes *egere*, *indigere*, avec le génitif ou l'ablatif. *Amici* ou *amico indigeo*.

Interdico tibi domo meâ.

Le verbe *interdico* veut le nom de la personne au datif et le nom de la chose à l'ablatif.

EXEMPLE. Je vous interdis ma maison, *interdico tibi domo meâ*; on lui a interdit l'eau et le feu, *illi aquâ et igni interdictum est*.

Est mihi liber.

Quand on se sert du verbe *sum* pour signifier *avoir*, on met le nom de la personne au datif.

EXEMPLE. J'ai un livre, *tournez :* un livre est à moi, *est mihi liber*; nous avons des fruits mûrs, *sunt nobis mitia poma*.

Hoc erit tibi dolori.

Le verbe *sum*, avec deux datifs, sert à traduire les verbes *causer*, *apporter*, *procurer*.

EXEMPLE. Cela vous causera de la douleur (sera à douleur à vous), *hoc erit tibi dolori*.

Les verbes *do*, *verto*, *tribuo*, prennent également deux datifs. — Vous me faites un crime de ma bonne foi, *tournez :* vous donnez ma bonne foi à crime à moi, *das mihi crimini meam fidem.*

Deus amat virum bonum, illique favet.

Quand deux verbes n'ont qu'un complément en français, et que les verbes latins gouvernent différents cas, on met le nom au cas du premier verbe, et l'on se sert d'un pronom pour le mettre au cas du second.

EXEMPLE. Dieu aime et favorise l'homme de bien, *tournez :* Dieu aime l'homme de bien et favorise lui, *Deus amat virum bonum, illique favet.*

VERBES *pœnitet*, *pudet*, *piget*, etc.

Les cinq verbes *pœnitet*, *pudet*, *piget*, *tœdet*, *miseret*, demandent que la tournure française soit changée. — Je me repens de ma faute, *tournez :* le repentir de ma faute me tient, *me pœnitet culpæ meæ. Pœnitet* équivaut à *pœnitentia tenet.*

Mon frère a honte de sa paresse, *tournez :* la honte de sa paresse tient mon frère ; *fratrem meum pigritiæ suæ pudet. Pudet* équivaut à *pudor tenet. Pigritiæ* est au génitif comme complément de *pudor* ; *Fratrem* est à l'accusatif comme complément direct de *tenet.* L'enfant qui se repent, c'est-à-dire que le repentir tient, *puer quem pœnitet.*

Incipit me pœnitere culpæ meæ.

Tous les verbes, excepté *volo*, *nolo*, *malo*, *audeo*, *cupio*, deviennent unipersonnels devant *pœnitet*, *piget*, etc. — Je commence à me repentir de ma faute, *tournez :* le repentir de ma faute commence à me tenir, *incipit me pœnitere culpæ meæ.* Vous devez être fâché de votre négligence, *tournez :* le regret de votre négligence doit vous tenir, *debet te pigere tuæ negligentiæ.*

Avec les verbes *pœnitet*, *miseret*, *piget*, etc., la demande et la réponse se mettent à l'accusatif.

EXEMPLE. Qui a pitié des paresseux? personne, *quem miseret pigrorum? neminem.*

VERBES *refert*, *interest*, il importe à, il est important pour, il est de l'intérêt de.

Refert, interest regis.

Après *refert*, *interest*, le nom de la personne se met au génitif.

EXEMPLES. Il importe au roi, *refert* ou *interest regis*; il importe au sénat, *refert senatûs*; le roi qui a intérêt, c'est-à-dire à qui il importe, *rex cujus interest*.

REMARQUE. On sous-entend *re* ou *causâ* devant ces génitifs. *Interest* causâ *regis*, il importe pour le roi.

Ad honorem nostrum interest.

Lorsque les verbes *refert*, *interest*, ont pour complément un nom de chose, on met ce nom à l'accusatif avec *ad*.

EXEMPLE. Il importe à notre honneur, *ad honorem nostrum interest*.

Refert, interest meâ, tuâ, nostrâ, vestrâ, suâ.

Avec *refert*, *interest*, ces pronoms *me*, *te*, *nous*, *vous*, *lui*, *leur*, s'expriment par *meâ*, *tuâ*, *nostrâ*, *vestrâ*, *suâ :* on sous-entend *causâ*.

EXEMPLES. Il m'importe, *refert*, *interest meâ;* il vous importe, *tuâ;* il nous importe, *nostrâ.*

Le maître croit qu'il lui importe, en latin on dit : le maître croit importer à soi, *magister credit suâ referre.* (On ne met *suâ* que quand *lui* se rapporte au sujet de la phrase, autrement ce serait *ejus.*)

Que m'importe qui je serve, *quid meâ refert cui serviam?*

Si après *il importe,* ces pronoms *à moi, à toi,* etc., sont suivis d'un adjectif ou d'un nom, l'on met au génitif cet adjectif ou ce nom.

EXEMPLES. Il importe à vous seul, *interest tuâ unius*; il importe à moi César, *refert meâ Cæsaris.*

Ces locutions : il nous importe à tous deux, il vous importe, il leur importe à tous deux, se tournent ainsi : il importe à l'un et à l'autre de nous, de vous, d'eux, *utriusque nostrûm, vestrûm, illorum in- terest.*

Après *refert, interest*, mettez la proposition subor- donnée au subjonctif avec *ut* ou à l'infinitif.

EXEMPLE. Il nous importe d'agir ainsi, *nostrâ refert ut sic agamus* ou *sic agere;* de ne pas dire, *ne dicamus* ou *non dicere.*

ADVERBES DE QUANTITÉ DEVANT *refert, interest.*

Première règle.

Combien, peu, beaucoup, autant, assez, avec *re- fert, interest*, s'expriment par *quanti, parvi, magni, tanti, satis magni.* Cependant les adverbes *quantùm, parùm, multùm, tantùm, satis*, sont également usi- tés.

EXEMPLES. Il m'importe beaucoup, *meâ magni* ou *multùm refert;* il vous importe peu, *tuâ parvi* ou *parùm refert;* combien il importe aux rois, *quanti* ou *quantùm regum interest.*

Deuxième règle.

Avec *refert, interest*, plus, le plus, moins, trop, le moins ne peuvent s'exprimer que par *magis, maximè, minùs, nimis* et *minimè.*

EXEMPLES. Il vous importe plus, *tuâ magis inte- rest;* il m'importe moins, *meâ minùs interest;* c'est à mon père qu'il importe le moins, *patris mei minimè refert.*

REMARQUE. Après *autant, que* suivi de *peu* s'ex- prime par *quàm.*

EXEMPLE. Il vous importe autant qu'il m'importe peu, *tuâ tàm magni refert, quàm parvi meâ.*

VERBE UNIPERSONNEL *est*, il appartient à, il est de, c'est le devoir de, c'est à...

Le verbe unipersonnel *est*, veut son complément au génitif.

EXEMPLE. Il est d'un roi, il appartient à un roi de défendre ses sujets, *est regis tueri subditos.*

REMARQUE. On sous-entend *negotium* devant ce génitif; c'est comme s'il y avait : *est negotium regis,* c'est l'affaire d'un roi.

Est meum, tuum, nostrum, vestrum, suum.

Quand on se sert du verbe *est* pour exprimer *il appartient à, c'est à*, ces pronoms *à moi, à toi, à nous, à vous, à lui, à eux*, se rendent en latin par *meum, tuum, nostrum, vestrum, suum.*

EXEMPLES. C'est à moi de parler *ou* il m'appartient de parler, *meum est loqui* (sous-entendu *negotium*).

Le maître croit que c'est à lui de... ou qu'il lui appartient de... *tournez :* le maître croit être son affaire, *magister credit suum esse* (on ne met *suum* que quand *lui* se rapporte au sujet de la phrase, autrement ce serait *ejus*).

Mais, si ces pronoms, *à moi, à toi*, etc., peuvent se tourner par *mien, tien, notre, votre*, on les exprime par *meus, tuus, noster, vester*, que l'on fait accorder avec le nom.

EXEMPLE. Ce livre est à moi, *tournez :* ce livre est le mien, *hic liber est meus.*

REMARQUE. Avec les unipersonnels *est, refert, interest*, la réponse, quand elle se fait par un pronom, se met à un autre cas.

EXEMPLES. A qui importe-t-il? à moi, *cujusnam interest? meâ* ; à qui appartient-il de parler? à vous, *cujus est loqui? tuum.*

NOMINATIF AVEC UN INFINITIF.

L'infinitif des verbes *esse, haberi, vocari, fieri, dici* et autres de même signification est quelquefois suivi d'un nominatif. Ce nominatif se rapporte au sujet de la proposition principale.

EXEMPLES. *Volo et esse et haberi gratus*, je veux être reconnaissant et le paraître (*gratus* se rapporte à *ego* sous-entendu sujet de *volo*).

Clodius cupit fieri tribunus plebis, Clodius désire devenir tribun du peuple (*tribunus* se rapporte à *Clodius* sujet de *cupit*).

TRADUCTION DES VERBES PASSIFS.

Les temps des verbes passifs devront être traduits par des temps français qui rendent exactement la pensée de l'auteur.

EXEMPLES. *Tempestas sedatur*, la tempête se calme; *tempestas sedata est*, la tempête est calmée; *domus ædificatur*, la maison se construit, on construit la maison; *domus ædificata est*, la maison est construite; *illud templum ex marmore constructum est*, ce temple est bâti en marbre.

OBSERVATION SUR LES VERBES *doceri*, *rogari*, *celari*.

Pour tourner ces verbes par le passif, il faut faire attention à leur signification : *doceri* veut dire être instruit; *rogari*, être prié; *celari*, être tenu dans l'ignorance.

Comme cela ne peut se dire que d'une personne et non pas d'une chose, ces verbes veulent toujours pour sujet le nom de la personne.

EXEMPLES. On enseigne la grammaire aux enfants, *tournez :* les enfants sont instruits sur la grammaire, *pueri docentur grammaticam*.

Les enfants à qui l'on enseigne la grammaire, *tournez :* les enfants qui sont instruits sur la grammaire, *pueri qui docentur grammaticam*.

La grammaire que l'on enseigne aux enfants, *tournez :* la grammaire sur laquelle les enfants sont instruits, *grammatica quam pueri docentur* (*tournez de même cette phrase :* la grammaire qui est enseignée aux enfants).

On me demande cela, on me cache cela, *rogor eam rem, celor eam rem.*

SUPPLÉMENT A LA SYNTAXE DES PROPOSITIONS.

RÈGLES PARTICULIÈRES AU *qui* RELATIF.

Qui, quæ, quod, entre deux noms auxquels il se rapporte également, s'accorde mieux avec celui qui suit.

EXEMPLE. -L'animal que nous appelons lion , *animal quem vocamus leonem.*

Il est élégant de n'exprimer l'antécédent qu'après le *qui* ou *que* relatif, et alors on met l'antécédent au même cas que le relatif.

EXEMPLE. La lettre que vous avez écrite m'a été très-agréable ; au lieu de dire : *litteræ, quas scripsisti, mihi fuerunt jucundissimæ ,* dites : *quas scripsisti litteras , eæ mihi fuerunt jucundissimæ.*

Exprimez deux fois le *qui* relatif, lorsqu'il dépend de deux verbes qui ne gouvernent pas le même cas.

EXEMPLE. Les pauvres que nous devons aimer et secourir sont nos frères, *pauperes quos amare et quibus opitulari debemus sunt fratres nostri.*

RELATIF AVEC LES PRONOMS PERSONNELS.

Le relatif *qui, quæ, quod* est toujours de la même personne que son antécédent. On dit donc *ego qui legi,* moi qui ai lu ; *nos qui legimus,* nous qui avons lu.

ANTÉCÉDENT DU *qui* RELATIF SOUS-ENTENDU.

L'antécédent du *qui* relatif est quelquefois sous-entendu, surtout quand il serait au même cas.

EXEMPLES. *Qui alienum bonum appetit merito amittit suum ,* celui qui désire le bien d'autrui perd justement le sien (l'antécédent de *qui* est *homo*) ; *quod non de-*

bebam solvi, j'ai payé ce que je ne devais pas (*id quod non debebam*); *quæ dixisti mihi placent*, ce que vous avez dit me plaît (*ea quæ dixisti*).

Qui RELATIF SUIVI DU SUBJONCTIF.

Le *qui* relatif suivi du subjonctif équivaut souvent à un pronom personnel suivi de la conjonction *ut*.

EXEMPLES. *Cæsar misit legatos qui hoc dicerent*, César envoya des députés pour annoncer cette nouvelle (*qui* équivaut à *ut illi*); *non sum is qui sic agam*, je ne suis pas capable d'agir ainsi, littéralement : je ne suis pas tel que j'agisse ainsi (*qui* équivaut à *ut ego*).

Qui RELATIF ÉQUIVALENT DE *is ut*, *talis ut*, tel que.

Quelquefois le *qui* relatif équivaut à *is ut*, *talis ut*, tel que.

EXEMPLES. *Sunt qui dicant*, il y a des gens qui disent, littéralement : *ii ut dicant*, tels qu'ils disent.

Hæc sunt quæ debeant dolorem tuum lenire, ces réflexions devraient adoucir votre douleur, littéralement : *ea ut debeant*, telles qu'elles devraient.

CONSTRUCTION PARTICULIÈRE AU *qui* RELATIF ET A CERTAINES CONJONCTIONS.

Le subjonctif se construit souvent avec le *qui* relatif et les conjonctions *si*, *quod*, *quia*, *quoniam*, *dum*, etc., quand le verbe principal est à l'infinitif ou au subjonctif.

EXEMPLES. Il faut avouer qu'il y a un Dieu qui gouverne le monde, *fatendum est esse Deum qui res humanas regat* (*regat* au subjonctif à cause de l'infinitif *esse*).

On dit que Cléanthe fut condamné à une amende, parce qu'il avait beaucoup d'embonpoint, *dicitur Cleanthum pecuniâ mulctatum fuisse, quòd esset corpore pingui* (*esset* au subjonctif à cause de *mulctatum fuisse*).

Horatius leur recommanda de couper le pont, pendant qu'il soutiendrait lui-même l'attaque des Étrusques, *Horatius eos monuit ut pontem interrumperent, dum ipse Etruscorum impetum exciperet* (*exciperet* au subjonctif à cause du subjonctif *interrumperent*).

PROPOSITION INFINITIVE.

Les locutions suivantes : *persuasum habeo*, je suis persuadé ; *spes me tenet*, j'ai l'espoir ; *fama est*, le bruit court, demandent une proposition infinitive.

EXEMPLE. Soyez persuadé qu'un enfant (qui honore ses parents) sera aimé de Dieu, *persuasum habe puerum* (*qui parentes veretur*) *à Deo amatum iri*.

Dans cet exemple, ce n'est pas le verbe de la proposition incidente qui se met à l'infinitif, c'est l'autre verbe qui est ordinairement le dernier.

Jubere, ordonner, demande l'infinitif.

EXEMPLE. César ordonna à ses soldats d'avancer, *Cæsar jussit suos procedere*.

Il en est de même de *vetare*, défendre.

EXEMPLE. Qu'est-ce qui empêche de dire la vérité ? *quid vetat dicere verum ?*

Les verbes *dolere*, s'affliger ; *queri*, se plaindre ; *mirari*, s'étonner ; *gaudere*, se réjouir, sont quelquefois suivis d'une proposition infinitive.

EXEMPLE. Je me réjouis de vous avoir été utile, *gaudeo me tibi profuisse*.

Credo me legisse.

Quand les verbes *croire, espérer, promettre, menacer, se souvenir*, sont suivis d'un infinitif français, il faut employer la proposition infinitive, en ayant soin de rétablir en latin le sujet sous-entendu.

EXEMPLES. Je crois avoir lu, *tournez :* moi avoir lu, *credo me legisse.*

Vous croyez être heureux, *tournez : vous être heureux, credis te esse beatum*.

Il espère partir bientôt, *tournez : soi devoir partir, sperat se brevi profecturum esse*

Je me souviens d'avoir lu, *tournez : moi lire, memini me legere* (après *memini* on met mieux le présent que le parfait de l'infinitif).

EMPLOI DES PÉRIPHRASES *fore ut , futurum esse ut*.

Employez *fore ut* ou *futurum esse ut* avec le présent du subjonctif latin, pour traduire le futur de l'indicatif français, quand le verbe manque de supin.

EXEMPLE. Je crois que vous vous repentirez, *tournez : je crois devoir arriver que vous vous vous repentiez, credo fore ut te pœniteat*.

Employez *fore ut* avec l'imparfait du subjonctif pour traduire notre conditionnel présent.

EXEMPLE. Je croyais que vous vous repentiriez, *credebam fore ut te pœniteret*.

On se sert encore de *fore ut* avec le parfait du subjonctif, pour exprimer le futur antérieur et le parfait du subjonctif, quand ils marquent l'avenir.

EXEMPLES. Vous croyez qu'il aura bientôt terminé cette affaire, *credis fore ut brevi illud negotium confecerit*.

Je ne crois pas qu'il ait terminé sitôt cette affaire, *non credo fore ut tàm citò illud negotium confecerit*.

EMPLOI DE LA PÉRIPHRASE *futurum fuisse ut*.

Employez *futurum fuisse ut* avec l'imparfait du subjonctif pour traduire notre conditionnel passé.

EXEMPLES. Je croyais que vous vous seriez repenti, *tournez : je croyais avoir dû arriver que vous vous repentiriez, credebam futurum fuisse ut te pœniteret*.

Je crois que ces arbres auraient fleuri, *credo futurum fuisse ut hœ arbores florerent*.

Je croyais que la ville aurait été prise, *credebam futurum fuisse ut urbs caperetur*.

Te monitum volo.

Avec *volo*, l'on emploie souvent le participe passé au lieu du présent de l'infinitif.

EXEMPLE. Je veux vous avertir de cela, *tournez :* je vous veux averti de cela, *eâ de re te monitum volo.*

EMPLOI DE L'INFINITIF OU DU SUBJONCTIF D'APRÈS LE SENS DU VERBE.

Les verbes *dire*, *avertir*, *écrire*, suivis de l'infinitif sont pris dans le sens de *conseiller*, d'*exhorter*, et veulent le subjonctif avec *ut*.

EXEMPLE. Dites-lui, avertissez-le de prendre garde à lui, *dic illi, mone illum ut sibi caveat.*

Persuader suivi de l'infinitif signifie *déterminer à* et demande la même construction.

EXEMPLE. Persuadez-lui de partir, *illi persuade ut proficiscatur.*

Lorsque ces mêmes verbes sont suivis de *que*, ils signifient *annoncer*, et demandent pour complément une proposition infinitive.

EXEMPLE. Dites-lui, avertissez-le que je suis arrivé, *dic illi, mone illum me advenisse.*

Persuader suivi de *que* signifie *faire croire*.

EXEMPLE. Il lui persuada que l'ennemi approchait, *ei persuasit hostem appropinquare.*

PROPOSITION INFINITIVE OU SUBJONCTIF AVEC *ut*.

Les verbes *velle*, vouloir ; *nolle*, ne pas vouloir ; *malle*, aimer mieux ; *oportet*, il faut, et la locution *necesse est*, il est nécessaire, veulent l'infinitif ou le subjonctif avec *ut*.

EXEMPLE. Il est nécessaire que vous veniez, *necesse est ut venias* ou *te venire*.

LOCUTIONS LATINES SUIVIES DU SUBJONCTIF AVEC *ut*.

Les locutions suivantes *curæ habere*, avoir soin ; *operam dare*, faire en sorte ; *reliquum est*, il reste, demandent le subjonctif avec *ut*.

EXEMPLES. Faites en sorte de venir, *da operam ut*

venias ; il nous reste à agir, *tournez :* il reste que nous agissions, *reliquum est ut agamus.*

MÉRITER, ÊTRE DIGNE DE OU QUE, *dignum esse ut.*

RÈGLE. Après *mériter, être digne,* de ou *que* s'exprime par *ut* avec le subjonctif.

EXEMPLES. Il mérite de commander, *tournez :* qu'il commande, *dignus est ut imperet.* On dit mieux *dignus est qui imperet* (*qui* tient lieu de *ut ille*).

Il mérite que j'aie pitié de lui, *dignus est ut illius me misereat* ou *cujus me misereat* (*cujus* tient lieu de *ut illius*).

Vous méritez qu'il vous favorise, *dignus es ut tibi faveat* ou *cui faveat* (*cui* tient lieu de *ut tibi*).

Il mérite que je l'honore, *dignus est ut eum colam* ou *quem colam* (*quem* tient lieu de *ut eum*).

Vous méritez qu'il vous rende service, *dignus es ut de te benè mereatur* ou *de quo benè mereatur* (*de quo* tient lieu de *ut de te*).

REMARQUE. *Qui, quæ, quod* est employé pour *ut* et un pronom, et il se met au cas où l'on mettrait le pronom : ainsi quand après *mériter,* il n'y a point de pronom qui se rapporte au sujet du verbe *mériter,* on ne peut pas employer *qui, quæ, quod,* mais il faut se servir de *ut.*

EXEMPLE. Vous méritez bien que j'agisse ainsi, *dignus sanè es ut sic agam,* et non pas *qui sic agam.*

Si DUBITATIF.

Si, après les verbes de doute, comme *douter si, examiner si, ne pas savoir si, délibérer si, demander, juger, s'informer si,* etc., s'exprime par *num* ou par *ne* que l'on met après un mot, et quelquefois par *an* avec le subjonctif.

EXEMPLES. Je me demande si je dois, *dubito num debeam.*

La grenouille demanda à ses petits si elle n'était pas plus grosse que le bœuf, *rana natos interrogavit an esset latior bove* (*an* renferme le plus souvent une négation).

Quand *si* dubitatif est suivi de *ou si*, le premier s'exprime par *utrùm* et le second par *an*.

EXEMPLE. Je ne sais s'il dort ou s'il écoute, *nescio utrùm dormiat an audiat.*

Ou non s'exprime par *nec ne.*

EXEMPLE. Je ne sais s'il dort, ou non, *nescio utrùm dormiat nec ne.*

Dubitare signifiant *hésiter* veut l'infinitif.

EXEMPLES. Il hésitait à accepter, *accipere dubitabat;* il n'hésita pas à livrer bataille, *non dubitavit confligere.*

Nescio an illum unquàm pœniteat.

Si le verbe latin n'a pas de participe futur, mettez simplement le subjonctif, en y joignant quelque adverbe qui marque le futur.

EXEMPLES. Je ne sais s'il se repentira, *nescio an illum unquàm pœniteat.*

Je ne sais s'il se repentirait, *nescio an illum unquàm pœniteret.*

Je ne sais s'il se serait repenti, *nescio an illum unquàm pœnituisset.*

Le futur antérieur après *ne pas savoir si*, et le parfait du subjonctif après *douter que...* se mettent au parfait du subjonctif, quand ils marquent le passé.

EXEMPLE. Je ne sais s'il aura soupé, je doute qu'il ait soupé de si bonne heure, *nescio an, dubito an tàm maturè cœnaverit.*

Mais si ces deux temps marquent l'avenir, ce qui arrive quand ils sont suivis de *lorsque*, mettez-les au participe futur en *rus, ra, rum*, avec *sim, sis, sit,* en changeant *lorsque* en *avant que.*

EXEMPLE. Je ne sais s'il aura terminé, je doute qu'il ait terminé l'affaire, lorsque vous viendrez ici, *nescio an, dubito an priùs rem confecturus sit quàm hùc venias,* c'est-à-dire s'il terminera avant que vous veniez.

Dubito an hìc considam.

Au lieu du participe futur joint au verbe *sum*, les Latins emploient quelquefois le subjonctif.

9

EXEMPLES. Je ne sais si je m'arrêterai ici, *dubito an hìc considam* (Cicéron).

Je ne sais si je ne le placerai pas au premier rang, *dubito an hunc primum ponam* (Cornelius Népos).

Il pardonna aux vaincus à condition qu'ils livreraient leurs biens, *victis pepercit eâ lege ut sua dederent* (Tite-Live).

Une récompense lui fut- accordée, à condition qu'il n'écrirait plus, *ei præmium datum est, sub eâ conditione, ne quid posteà scriberet* (Cicéron).

Nihil meâ refert utrum sim dives an pauper.

Après il n'importe pas, qu'importe, *de* ou *que* s'exprime par *utrùm; ou* s'exprime par *an.*

EXEMPLE. Il ne m'importe pas, que m'importe d'être riche ou pauvre (si je suis riche ou pauvre), *nihil meâ refert, quid meâ refert utrùm dives sim an pauper;* on pourrait dire aussi : *dives ne sim an pauper.*

SUPPLÉMENT AU PRONOM INDÉFINI *on.*

Devant les unipersonnels *pœnitet, pudet, tœdet, miseret, piget,* il faut toujours exprimer le mot *homines.*

EXEMPLE. On se repent d'avoir mal vécu, *homines pœnitet malè vixisse.*

On voit, on trouve des gens qui... s'expriment par *videas, reperias qui... videre est, reperire est qui...,* et le verbe suivant se met au subjonctif.

On voit des gens qui aspirent aux honneurs, *videas homines qui honores appetant (tales ut illi appetant,* tels qu'ils désirent).

ON DIT QUE, ON CROIT QUE, IL SEMBLE, IL PARAÎT QUE.

On dit, on croit que, s'expriment de deux manières :

1° Personnellement, en prenant le sujet du second verbe, pour en faire le sujet des verbes *on dit, on croit,* etc.

Examples. On dit que les cerfs vivent très-longtemps, *tournez :* les cerfs sont dits vivre, *cervi dicuntur diutissimè vivere.*

Il paraît que vous êtes malade, *tournez :* vous paraissez être malade, *videris ægrotare.*

2° D'une manière unipersonnelle, en tournant par la troisième personne du singulier passif, *il est dit que, il est cru que...;* alors on emploie la proposition infinitive.

Exemple. On dit que les cerfs vivent très-longtemps, *tournez :* il est dit que les cerfs..., *dicitur cervos diutissimè vivere.*

Les verbes *on dit, on croit,* deviennent toujours unipersonnels devant *pœnitet, pudet, tædet, miseret, piget.*

Exemple. On dit que vous vous repentez de votre faute, *tournez :* il est dit que..., *dicitur te tuæ culpæ pœnitere.*

SUPPLÉMENT A LA SYNTAXE DES CONJONCTIONS.

La principale conjonction française est *que ;* nous en avons déjà parlé dans différents articles.

Conjonction si.

Nous avons donné, dans la syntaxe générale, les principales règles de la conjonction *si.*

si *remplacé par* que.

Quelquefois, au lieu de répéter *si,* on met *que* en français.

Exemple. Si vous aviez voulu, et que vous eussiez pu, *si voluisses, et potuisses.*

Quand *si* est suivi de *ne* seulement, on le traduit par *nisi,* avec le subjonctif.

Exemple. Si vous ne prenez garde, *nisi caveas.*

Quand *si* est suivi de *ne pas, ne point,* on le traduit par *si non, si minùs,* et ces mots, *au moins, du moins, pour le moins*, s'expriment par *saltem, at certè, at minimùm.*

EXEMPLE. Si vous ne craignez pas les hommes, au moins craignez Dieu, *si non homines, at certè Deum time.*

Si, signifiant *quand, parce que,* ne veut pas le subjonctif; ce qui arrive lorsqu'il est suivi de deux imparfaits ou de deux parfaits.

EXEMPLE. Si je l'appelais, il s'en allait, *tournez:* quand je l'appelais..., *quem si arcessebam, abibat.*

Que si s'exprime par *quòd si; mais si,* par *sin* ou *sin autem; si au contraire, si cela n'était pas,* par *sin aliter, sin minùs.*

Et non marquant opposition s'exprime par *non autem.*

A moins de se traduit par *nisi* suivi du subjonctif.

EXEMPLES. Je ne lirai pas à moins d'être seul (à moins que je ne sois seul), *non legam nisi solus sim.*

La mémoire s'affaiblit, à moins que vous ne l'exerciez (si vous ne l'exercez), *memoria minuitur, nisi eam exerceas.*

SUPPLÉMENT A LA SYNTAXE DES ADVERBES.

QUE *adverbe.*

Le *que* interrogatif adverbe se tourne par *pourquoi,* et s'exprime par *quid* ou *cur;* mais s'il est suivi d'une négation, on le tourne par *pourquoi ne,* et on l'exprime par *quin* ou *cur non.*

EXEMPLES. Que tardez-vous? *quid* ou *cur moraris?*

Que n'accourez-vous ici? *quin* ou *cur non hùc advolas?*

Si le *que* interrogatif peut se tourner par *combien,* on l'exprime avec un verbe de prix par *quanti.*

EXEMPLE. Que vous a coûté cette maison? *tournez:* combien vous a coûté..., *quanti tibi constitit hæc domus?*

QUE *de désir*.

Que ne puis-je! Que je voudrais! *utinam!*

Le *que* de désir se connaît lorsqu'on peut le tourner par *plaise à Dieu que...* , et se rend en latin par *utinam*, avec le subjonctif, sans exprimer *ne*.

EXEMPLE. Que ne puis-je vous entretenir! *utinam tecum loqui possim!*

NE QUE signifiant *seulement*.

Ne que signifiant *seulement*, se rend en latin par *solùm*, *tantùm* ou par *solus*, *sola*, *solum*, que l'on fait accorder avec le nom qui suit.

EXEMPLE. La louange n'est due qu'à la vertu, c'est-à-dire est due seulement..., *laus virtuti solùm debetur;* ou bien, est due à la seule vertu, *laus soli virtuti debetur.*

Si *ne que* signifie *rien autre chose que*, on exprime *rien autre chose* par *nihil aliud*, et *que* par *nisi* ou *quàm*.

EXEMPLE. Il n'a pris que sa robe, c'est-à-dire rie autre chose que..., *nihil aliud nisi togam sumpsit.*

QUE *entre deux négations*.

Si *que*, entre deux négations, est relatif, c'est-à-dire s'il est précédé d'un nom auquel il se rapporte, on l'exprime par *qui*, *quæ*, *quod*, et on le met au cas du verbe.

EXEMPLE. Le sage n'assure rien, qu'il ne prouve, *sapiens nihil affirmat quod non probet.*

Mais s'il est adverbe, on l'exprime par *quin*, *nisi*, *priusquàm*, avec le subjonctif.

EXEMPLE. Je ne partirai pas d'ici que je ne vous aie vu, *non hinc proficiscar, quin* ou *nisi*, ou *priusquàm te viderim.*

QUE *d'admiration*.

Le *que* d'admiration se connaît quand il peut se tourner par *combien;* et il s'exprime de même que *combien*.

Lorsque le *que* d'admiration ou l'adverbe *combien*

est joint au mot *grand*, on l'exprime par *quantus, quanta, quantum.*

EXEMPLE. Que ma joie serait grande ! *quanta esset mea lœtitia !*

Lorsqu'il est joint au mot *petit*, on l'exprime par *quantulus, quantula, quantulum.*

EXEMPLE. Que cette classe est petite ! *quantula est hæc schola !*

Après un *que* d'admiration, la négation française ne s'exprime pas en latin.

EXEMPLES. Que de malheurs n'a-t-il pas essuyés ! *quot et quantas calamitates hausit !*

TANT, TANT QUE.

I. — *Tant* devant un comparatif se rend par *tantò :* tant pis, *tantò pejus ;* tant mieux, *tantò meliùs.*

II. — Si *tant* ne peut pas se tourner par *autant*, c'est-à-dire s'il n'y a pas de comparaison, le *que* suivant s'exprime toujours par *ut*, avec le subjonctif.

EXEMPLES. Il a reçu tant de coups, qu'il en est mort, *tot plagas accepit ut mortuus sit.*

J'estime tant la vertu, que je la préfère à tous les trésors, *tanti facio virtutem, ut eam thesauris omnibus anteponam.*

III. — *Tant que* sign'fiant *aussi longtemps que*, s'exprime par *dùm.*, *donec*, *quandiù.*

EXEMPLES. Tant que vous serez heureux, vous compterez beaucoup d'amis, *donec eris felix, multos amicos numerabis.*

Tant qu'il a vécu, *quandiù vixit.*

IV. — *Tant que* signifiant *non-seulement, mais encore*, s'exprime par *quùm, tùm.*

EXEMPLE. Les philosophes tant anciens que modernes, *philosophi quùm veteres, tùm recentiores.*

V. — *Non pas tant pour... que pour...* s'exprime par *non tàm ut... quàm ut...* avec le subjonctif.

EXEMPLE. Je vous écris, non pas tant pour vous

louer, que pour vous féliciter, *ad te scribo, non tàm ut te laudem, quàm ut tibi gratuler.*

VI. — *Tant... tant il est vrai que...* se rend en latin par *adeò* devant un adjectif ou un verbe ordinaire, par *tanti* devant un verbe de prix, *tantò* devant un comparatif.

EXEMPLES. Tant est rare une amitié fidèle, *adeò rara est fidelis amicitia.*

Tant la sagesse l'emporte sur les richesses, *tantò præstat divitiis sapientia.*

SI adverbe.

Si adverbe de quantité signifie *tellement*; on l'exprime par *tàm, adeò, ità, tanti*, selon le mot dont il dépend; le *que* suivant s'exprime toujours par *ut* avec le subjonctif.

EXEMPLES. Dieu est si bon, qu'il aime les hommes, *Deus est tàm bonus, ut amet homines.*

Il fut si frappé de cette nouvelle, qu'il mourut, *eo nuntio ità perculsus est, ut mortuus sit.*

Il est si estimé que..., *tanti fit ut...*

Si grand s'exprime par *tantus, a., um; si petit* par *tantulus, a, um.* Le *que* suivant se rend par *ut* avec le subjonctif.

EXEMPLES. La bonté de Dieu est si grande qu'il nous aime, *tanta est Dei bonitas, ut nos amet.*

Cette étoile est si petite qu'on ne peut la voir, *hæc stella tantula est, ut perspici non queat.*

Mais quand *si grand* peut se tourner par *aussi grand*, on exprime *que* par *quantus, a, um;* et, quand *si petit* peut se tourner par *aussi petit*, on exprime *que* par *quantulus, a, um.*

EXEMPLES. La terre n'est pas si grande que le soleil, *tournez :* n'est pas aussi grande..., *non tanta est terra, quantus sol.*

Cette classe n'est pas si petite que la nôtre, c'est-à-dire aussi petite, *hæc schola non tantula est, quantula est nostra.*

À PEINE... QUE..., *vix... quùm...*; AUSSITÔT QUE.., *statim ut...*

I. — *A peine* s'exprime par *vix*, et le *que* suivant par *quùm* avec l'indicatif.

EXEMPLE. A peine fut-il arrivé qu'il tomba malade, *vix advenit quùm in morbum incidit.*

Aussitôt que s'exprime par *statim ut; ne pas plutôt que* est la même chose.

EXEMPLE. Aussitôt qu'il fut arrivé, il tomba malade, *statim ut advenit, in morbum incidit.*

II. — *Plus tôt* signifiant *de meilleure heure*, s'exprime par *maturiùs*; s'il signifie *plus vite*, par *citiùs, celeriùs.*

EXEMPLES. Il s'est levé plus tôt qu'à l'ordinaire, *maturiùs solito surrexit.*

Il est arrivé plus tôt qu'on ne pensait, *citiùs venit quàm putabant.*

III. — Quand *plutôt* marque la préférence d'une chose sur une autre, on l'exprime par *potiùs*, et *que de* par *quàm* avec le subjonctif.

EXEMPLE. Combattez plutôt que de devenir esclave, *depugna potiùs quàm servias.*

Après les adverbes et les noms de temps, on exprime *que* par *quùm* (ou *ex quo* quand il peut se tourner par *depuis que*).

EXEMPLES. Présentement que..., *nunc quùm.*

Hier que..., *heri quùm.*

La dernière fois que je vous vis, *proximè quùm te vidi.*

Un jour que j'étais avec vous, *quâdam die quùm tecum essem.*

Il y a longtemps que je vous attends, *diù est quùm te exspecto.* (*Il y a, il y avait*, se tournent par le verbe *être.*)

Du temps que Rome florissait, *tùm quùm Roma floreret.*

Un jour viendra que..., *veniet* ou *erit tempus quùm.*

Il y a des temps que..., *incidunt sæpè tempora quùm.*

Il y a deux ans qu'il est mort, *duo anni effluxere ex quo mortuus est* (sous-entendu *tempore*), et non pas *ex quibus.*

ANTÉCÉDENTS DE QUELQUES ADVERBES.

Certains adverbes sont relatifs; ils ont donc un antécédent exprimé ou sous-entendu. L'antécédent de *quantùm* est *tantùm*, celui de *quàm* est *tàm.*

Les antécédents de *ut* sont *ità*, *tàm* ou *adeò.*

COMME, DE MÊME QUE.

Comme, de même que, dans le premier membre d'une comparaison, s'exprime par *ut* ou *quemadmodùm*, avec l'indicatif; *de même*, dans le second membre, s'exprime par *sic* ou *ità.*

Exemple. Comme le feu éprouve l'or, de même l'adversité éprouve l'homme courageux, *ut* ou *quemadmòdùm ignis aurum probat, sic* ou *ità miseria fortes viros.*

NON-SEULEMENT, MAIS ENCORE.

Traduisez *non-seulement* par *non modò, non solùm; mais encore* par *sed etiàm.*

Quùm et *tùm* mis en opposition ont le même sens.

La locution *quùm, tùm* sert encore à traduire l'expression *mais surtout.*

Exemple. *Quùm in reliquis rebus, tùm in bello,* en toute chose, mais surtout dans la guerre.

TANTÔT *répété.*

Tantôt répété se traduit par les mots *tùm, modò* et *nunc* que l'on répète.

Exemple. *Tùm lego, tùm scribo,* tantôt je lis, tantôt j'écris.

On aurait pu dire, *modò lego, modò scribo* ou bien *nunc lego, nunc scribo.*

9.

INTERJECTIONS *væ! ô! heu! proh!*

L'interjection *væ!* se construit avec le datif.

EXEMPLE. *Væ victis!* malheur aux vaincus!

Les interjections *ô! heu! proh!* se construisent avec le vocatif et l'accusatif.

EXEMPLES. *Spes ô fidissima Teucrûm!* ô toi, l'espoir fidèle des Troyens!

O rem acerbam et luctuosam! ô chose cruelle et déplorable (sous-entendu *dico, sentio*)!

Proh deos immortales! dieux immortels (sous-entendu *testor*)!

PRÉPOSITIONS FRANÇAISES.

Préposition DE.

I. — *De* au commencement d'une phrase, s'exprime par *é* ou *ex*, avec l'ablatif.

EXEMPLE. De tous les vices, il n'en est pas de plus grand que l'orgueil, *ex omnibus vitiis, nullum est majus superbiâ.* (Ici *de* signifie *entre*.)

II. — *De* entre un nom et l'infinitif passif s'exprime par différentes conjonctions, selon le verbe d'où le nom est dérivé.

EXEMPLES. Il tremblait de crainte d'être surpris, *contremiscebat ne deprehenderetur.* (Après *craindre*, *de* s'exprime par *ne*.)

Il a une grande joie d'être le premier, *summâ perfunditur lætitiâ quòd primas teneat.* (Après *se réjouir*, *de* s'exprime par *quòd*.)

III. — Quand *de*, suivi d'un infinitif, peut se tourner par *si*, on l'exprime par *si*.

EXEMPLE. Vous me ferez plaisir de lui écrire (si vous lui écrivez), *pergratum mihi feceris, si ad eum scripseris.*

IV. — Quand *de*, suivi d'un infinitif, peut se tourner par *moi qui, vous qui*, on l'exprime par *qui, quæ, quod* avec le subjonctif.

EXEMPLE. Que vous êtes malheureux d'avoir couru

de vous-même à la mort, *ô te infelicem, qui ultrò ad necem cucurreris.*

Préposition A *devant un infinitif.*

Les exemples suivants vont nous apprendre à traduire la préposition *à* devant un infinitif.

EXEMPLES. Je n'avais rien à vous écrire, *tournez :* que je vous écrivisse, *nihil habebam quod ad te scriberem.*

A l'entendre parler, vous diriez..., *tournez :* si vous l'entendiez parler..., *quem si loquentem audias, dicas...*

REMARQUE. On met élégamment en latin le présent du subjonctif, au lieu de l'imparfait.

Quand *à* peut se tourner par *pour*, on l'exprime par *ut* avec le subjonctif; et s'il suit une négation, c'est par *ne.*

EXEMPLES. A dire vrai, *tournez :* pour dire vrai, *ut verum dicam.*

A ne pas mentir, *ne mentiar.*

Préposition POUR.

Pour s'exprime de différentes manières, suivant ses différentes significations.

I. — Quand *pour* signifie *envers*, il s'exprime par *in* ou *erga*, avec l'accusatif.

EXEMPLE. Mon zèle pour vous, *meum in te* ou *erga te studium.*

II. — Quand *pour* peut se tourner par *de*, on le rend par le génitif.

EXEMPLE. L'amour pour la liberté nous est naturel, *tournez :* l'amour de la liberté..., *amor libertatis nobis est innatus.*

III. — Quand *pour* signifie *au lieu de*, il s'exprime par *pro* avec l'ablatif, ou par *loco* avec le génitif.

EXEMPLE. Pour une épée, il prit un bâton, *pro gladio*, ou *loco gladii, fustem sumpsit.*

IV. — Quand *pour* signifie *à cause de*, il s'exprime par *ob* ou *propter* avec l'accusatif.

EXEMPLE. Je l'aime pour sa modestie, *illum propter modestiam amo.*

V. — Quand *pour* signifie *pour l'amour de*, il se rend par *causâ* ou *gratiâ* avec le génitif.

EXEMPLE. Je ferai volontiers cela pour lui, *id libenter illius causâ faciam;* pour vous, *tuâ causâ.* (Au lieu des génitifs *meî, tuî,* on dit, *meâ, tuâ,* devant *causâ.*)

VI. — Quand *pour* marque l'intention, le motif, il se rend par *in* avec l'accusatif.

EXEMPLE. Employez tous vos soins pour votre santé, *omnem curam in valetudinem confer.*

VII. — *Pour,* signifiant *à l'avantage, au désavantage de,* se rend en latin par le datif.

EXEMPLES. Je craignais pour votre vie, *vitæ tuæ metuebam.*

Demander grâce pour quelqu'un, *veniam alicui petere.*

VIII. — *Pour,* devant un infinitif, s'exprime par *ad* avec le gérondif en *dum,* ou par *ut* avec le subjonctif, ou par *causâ, gratiâ* avec le gérondif en *di.*

EXEMPLE. Il se leva pour répondre, *surrexit ad respondendum,* ou *ut responderet,* ou *respondendi causâ.*

On se sert aussi quelquefois du participe futur en *rus, ra, rum,* que l'on fait accorder avec le sujet : *surrexit responsurus.*

Si *pour* est suivi d'un comparatif, au lieu de *ut,* on se sert de *quò.*

EXEMPLE. Reposez-vous pour mieux travailler, *otiare quò meliùs labores.*

Quand *pour* est accompagné d'une négation, il se rend par *ne* avec le subjonctif.

EXEMPLE. Pour ne pas vous ennuyer, *ne tibi tædium afferam.*

Le relatif *qui, quæ, quod* suivi du subjonctif sert à traduire la préposition *pour* devant un infinitif.

EXEMPLE. Il m'envoya quelqu'un pour m'avertir, *tournez :* quelqu'un qui m'avertît, *misit hominem qui me moneret.*

Pour devant le parfait de l'infinitif, suivi de cès mots *il ne s'ensuit pas que...*, se tourne par *quoique*.

EXEMPLE. Pour avoir salué des méchants, il ne s'ensuit pas que je sois méchant, *quamvis improbos salutaverim, non continuò sum improbus.*

IX. — *Pour peu que* se tourne par *si peu que* et s'exprime par *si vel minimùm*.

EXEMPLES. Pour peu que vous vouliez réfléchir, vous comprendrez la chose, *si vel minimùm cogitare volueris, rem percipies;* pour peu que cela vous plaise, je le ferai, *si vel minimùm id tibi placeat, faciam.*

X. — *Pour*, dans ces façons de parler, *pour moi, pour vous*, se rend par *verò*, que l'on met après le pronom.

EXEMPLES. Pour moi je suis prêt, *ego verò sum paratus.*

Pour vous, il vous importe, *tuâ verò interest.*

XI. — *Pour*, signifiant *eu égard à...* se rend en latin par *ut*, et quelquefois par *pro* qui gouverne l'ablatif.

EXEMPLES. Il avait assez de littérature pour un Romain, c'est-à-dire eu égard à un Romain, *erant multæ ut in homine romano litteræ.*

Il était habile pour ce temps-là, *erat ut illis temporibus eruditus.*

Il est assez savant pour son âge, *pro ætate satis est eruditus.*

REMARQUE. *Avec* s'emploie quelquefois dans le même sens.

EXEMPLE. Avec votre esprit, vous auriez dû comprendre cela, c'est-à-dire eu égard à votre esprit, *pro tuo ingenio hoc intelligere debuisses.*

SANS *devant un infinitif français.*
SANS QUE *devant un subjonctif.*

1re RÈGLE. Quand le verbe qui précède *sans* n'a ni négation ni interrogation, on tourne *sans, sans que*, par *et ne pas*, et on l'exprime par *nec* ou *neque* avec l'indicatif.

EXEMPLES. Il est sorti sans fermer la porte, *tournez :*
et il n'a pas fermé la porte, *exiit, nec fores clausit.*

Il a combattu dix fois sans jamais avoir été vaincu,
pugnavit decies, nec unquàm victus fuit.

Un long temps s'écoula sans qu'on pût saisir le sens
du testament, *consumpta est longi temporis mora, nec
testamenti sensus colligi potuit.*

2ᵉ RÈGLE. Quand le premier verbe est accompagné
d'une négation ou d'une interrogation, on tourne *sans,
sans que* par *que ne,* et on l'exprime par *quin.*

EXEMPLES. Personne ne devient savant, qui peut
devenir savant sans lire beaucoup? *tournez :* qu'il ne
lise..., *nemo fit doctus, quis potest doctus fieri, quin
multa legat ?*

Je n'ai point passé un seul jour sans vous écrire,
*nullus à me prætermissus est dies, quin ad te litteras
darem.*

Quel homme s'est livré à l'étude, sans qu'il en ait
retiré quelque fruit? *quis studio litterarum se penitùs
dedidit, quin ex iis aliquem fructum perceperit?*

REMARQUE. On tourne aussi quelquefois *sans* par
avant que, priusquàm.

EXEMPLE. Je ne partirai pas sans vous avoir dit adieu,
tournez : avant que je vous aie dit adieu, *non proficiscar priusquàm tibi vale dixerim.*

Différentes manières d'exprimer la proposition SANS
devant un infinitif.

1° Par un nom dérivé d'un verbe : sans pleurer,
sine lacrymis ; sans craindre, *sine metu.*

2° Par un adjectif : passer la nuit sans dormir, *noctem insomnem ducere ;* sans blesser sa conscience, *salvâ
fide ;* sans se plaindre, *æquo animo.*

3° Par un adverbe : sans faire semblant de rien,
dissimulanter ; sans y penser, *temerè, imprudenter.*

4° Par un participe : vous comprenez cela sans que
je vous le dise, *id etiam me tacente intelligis ;* sans
rire, *remoto joco ;* sans tarder, *nullâ interpositâ morâ.*

APRÈS *suivi d'un nom.*

Après, suivi d'un nom , s'exprime par *post* avec l'accusatif.

EXEMPLE. Après le dîner, *post prandium.*

Quand *après* marque la seconde place , le second rang , on l'exprime par *secundùm* avec l'accusatif, ou par l'ablatif avec *à* ou *ab.*

EXEMPLE. Après Cicéron , il est, sans contredit , le premier des orateurs , *secundùm Ciceronem ,* ou bien *à Cicerone est oratorum facilè princeps.*

Après, signifiant *immédiatement après,* s'exprime par *sub* avec l'accusatif.

EXEMPLE. Après cette lettre , on lut la vôtre , c'est-à-dire immédiatement après cette lettre…, *sub cas litteras, recitatæ sunt tuæ.*

APRÈS *suivi d'un infinitif français.*

Après, suivi du parfait de l'infinitif actif, se tourne par *après que* et s'exprime par *postquàm,* et le verbe se met à différents temps de l'indicatif, de cette manière :

EXEMPLES. Après avoir lu , j'écris, c'est-à-dire après que j'ai lu…, *postquàm legi , scribo.*

Après avoir lu , j'écrivais, c'est-à-dire après que j'avais lu…, *postquàm legeram, scribebam.*

Après avoir lu , j'ai écrit, c'est-à-dire après que j'eus lu…, *postquàm legi , scripsi.*

Après avoir lu , j'écrirai, c'est-à-dire après que j'aurai lu…, *postquàm legero , scribam.*

AVANT *suivi d'un infinitif français.*

Avant, suivi d'un infinitif, se tourne par *avant que,* et s'exprime par *antequàm , priusquàm,* avec le subjonctif, de cette manière :

EXEMPLES. Je lis , je lirai avant d'écrire, *tournez :* avant que j'écrive, *lego , legam antequàm scribam.*

Je lisais , j'ai lu , j'avais lu avant d'écrire, *tournez :*

avant que j'écrivisse, *legebam, legi, legeram antequàm scriberem.*

Avant, suivi d'un parfait de l'infinitif, peut se rendre par un participe passé, en y ajoutant une négation.

EXEMPLE. Il est parti avant d'avoir terminé l'affaire, c'est-à-dire l'affaire n'étant pas terminée, *infecto negotio profectus est.*

AU LIEU DE, suivi d'un nom.

I. — *Au lieu de* s'exprime par *pro* avec l'ablatif, ou par *loco* avec le génitif.

EXEMPLE. Au lieu d'épée, il se servit d'un bâton, *pro gladio* ou *loco gladii, fuste usus est.*

AU LIEU DE, suivi d'un infinitif.

II. — 1° On le tourne par *lorsque je devrais, tu devrais, il devrait...,* quand il y a obligation de faire la chose.

EXEMPLE. Au lieu de lire, il joue, *tournez :* lorsqu'il devrait lire..., *quùm legere deberet, ludit.*

2° On le tourne par *lorsque je pourrais, tu pourrais, il pourrait...,* quand il n'y a qu'une simple permission de faire la chose.

EXEMPLE. Au lieu de jouer, il lit, *tournez :* lorsqu'il pourrait jouer..., *quùm posset ludere, legit.*

III. — *Au lieu de...,* précédé d'un verbe à l'impératif, s'exprime par *non autem;* et le second verbe se met aussi à l'impératif en latin.

EXEMPLE. Lisez au lieu de badiner, *tournez :* lisez, et ne badinez pas, *lege, non autem nugare.*

IV. — *Au lieu que* se tourne par *au contraire*, et s'exprime par *verò, autem,* que l'on met après un mot.

EXEMPLE. Il lit, au lieu que vous badinez, *tournez :* vous, au contraire, vous badinez, *legit ille, tu verò nugaris.*

V. — Quand *au lieu de*, suivi d'un infinitif, peut se tourner par *bien loin de*, on l'exprime de même.

BIEN LOIN DE, *suivi d'un infinitif.*

Bien loin de, suivi d'un infinitif, s'exprime par *nedùm*, avec le subjonctif, et le membre de la phrase où il se trouve devient le second.

EXEMPLE. Bien loin de m'aimer, il me regarde à peine, *tournez :* il me regarde à peine, bien loin qu'il m'aime, *vix me aspicit, nedùm me amet.*

DIFFÉRENTES LOCUTIONS FRANÇAISES TRADUITES EN LATIN.

Dans les locutions suivantes : *c'est ainsi que, est-ce ainsi que...,* on n'exprime ni *c'est* ni *que.*

EXEMPLES. C'est ainsi qu'il parla, *tournez :* il parla ainsi, *sic locutus est.*

Est-ce ainsi que vous défendez vos amis? *tournez :* défendez-vous ainsi?... *siccine tuos amicos defendis ?*

C'est vous-même que je cherche, *te ipsum quæro.*

Ce n'est pas que se rend en latin par *non quòd;* mais *c'est que* par *sed quòd.*

EXEMPLE. Ce n'est pas que j'approuve, mais c'est que..., *non quòd approbem, sed quòd.*

S'il suit un comparatif, rendez *ce n'est pas que* par *non quò...,* mais *c'est que* par *sed quò.*

EXEMPLE. Ce n'est pas que l'un me soit plus cher que l'autre, *non quò mihi sit alter altero carior.*

S'il suit une négation, par *non quin...*

EXEMPLE. Ce n'est pas que je ne pense, *non quin existimem.*

Ce qui ou *ce que,* suivi de *c'est* et d'un nom, ne s'exprime pas en latin.

EXEMPLE. Ce qui me chagrine le plus, c'est la mauvaise santé de mon père, *tournez :* la mauvaise santé de mon père me chagrine le plus, *patris valetudo me potissimùm sollicitat.*

Ce qui, ce que, s'expriment par *illud,* quand ils sont suivis de *c'est que.*

EXEMPLES. Ce que j'espère, c'est que je vivrai éternellement, *illud spero, me futurum immortalem.*

Ce que je crains, c'est que..., *illud vereor, ne...*

Ce dont je doute, c'est que..., *illud dubito an* ou *num. ...*

Ce qui me console, c'est que..., *illud me consolatur, quòd...*

C'est, devant un infinitif suivi de *que de*, se tourne par *celui qui*.

EXEMPLE. C'est se tromper que de croire, *tournez :* celui qui croit... se trompe, *errat, qui putat.*

AYANT AUTANT DE..., *avec un nom.*
ÉTANT AUSSI..., *avec un adjectif.*

Ayant autant de..., avec un nom, *étant aussi...*, avec un adjectif, se tournent en latin par *eu égard à...*, *pro*, avec l'ablatif du nom.

EXEMPLE. Ayant autant de prudence que vous en avez, étant aussi prudent que vous l'êtes, *pro tuâ prudentiâ.*

REMARQUE. On peut encore tourner, *quelle est votre prudence*, et dire : *quæ tua est prudentia.*

AUTANT *répété.*

Quand *autant* est répété, le premier s'exprime par *quantùm, quàm, quot, quanti,* etc.; le second par *tantùm, tàm, tot, tanti,* selon les mots auxquels ils sont joints.

EXEMPLES. Autant ce jeune homme avait de science, autant il avait de modestie, *quantùm doctrinæ in eo adolescente, tantùm modestiæ inerat.* C'est comme s'il y avait : ce jeune homme avait autant de modestie que de science; mais la phrase est renversée.

Autant d'hommes, autant de sentiments, *quot homines, tot sententiæ.*

Autant la politesse plaît, autant la grossièreté déplaît, *quàm delectat urbanitas, tàm offendit rusticitas.*

D'AUTANT PLUS QUE, D'AUTANT MOINS QUE.

D'autant devant *plus* ou *moins* s'exprime par *eò; plus, moins* s'expriment ensuite selon les mots auxquels ils se rapportent.

Que s'exprime par *quò* s'il est suivi d'un comparatif auquel il se rapporte.

EXEMPLES. Il est d'autant plus modeste, qu'il est plus savant, *eò modestior est, quò doctior.*

Il est d'autant moins estimé, qu'il est plus orgueilleux, *eò minoris fit, quò superbior est.*

On exprime aussi *d'autant* par *tantò*, et *que* par *quantò*.

Que après *d'autant plus*, s'exprime par *quòd*, s'il n'est pas suivi d'un comparatif.

EXEMPLES. Cela a paru d'autant plus surprenant, qu'on ne s'y attendait pas, *id eò mirabilius visum est quòd à nemine exspectabatur.*

Il est d'autant plus prudent, qu'il évite avec soin les mauvaises compagnies, *eò prudentior est, quòd fugit accuratè improborum congressus.*

REMARQUE. *A proportion que* se tourne par *d'autant plus* et s'exprime de même.

EXEMPLE. Il est plus modeste, à proportion qu'il est plus savant, *eò modestior est quò doctior*, c'est-à-dire il est d'autant plus modeste, qu'il est plus savant.

PLUS, MOINS répétés.

Plus, *moins* répétés sont la même chose que *d'autant plus, d'autant moins*, mais la phrase est renversée : ainsi, l'on met *quò* devant le premier *plus* ou *moins*, *eò* devant le second, en exprimant toujours *plus* ou *moins* selon les mots auxquels ils se rapportent.

EXEMPLES. Plus il est savant, plus il est modeste, *quò doctior, eò modestior est.*

Plus il cache sa pauvreté, plus elle paraît, *quò magis paupertatem occultat, eò magis elucet.*

Plus je vous fréquente, plus je vous estime, *quò magis tecum versor, eò pluris te facio.*

Plus on, plus une personne, se tournent par *plus quelqu'un, quò quis*, avec un comparatif; *plus une chose* se tourne par *plus quelque chose, quò quid* (pour *quò aliquis, aliquid*; après *quò* on retranche *ali*).

EXEMPLES. Plus on est vicieux, plus on est malheureux, *tournez :* plus quelqu'un est vicieux…, *quò quis vitiosior, eò miserior est.*

Tout le monde convient que, plus une chose est difficile, plus il faut y apporter de soin ; *fatentur omnes, quò quid difficilius est, eò majorem ad id adhibendam esse curam.*

Le premier *plus on* peut encore s'exprimer par *ut quisque* avec un superlatif, et le second par *ità* avec un superlatif encore.

EXEMPLE. Plus on est vicieux, plus on est malheureux, *ut quisque vitiosissimus, ità miserrimus est.*

Moins on, moins une personne se tournent par *moins quelqu'un ; moins une chose* se tourne par *moins quelque chose.*

EXEMPLE. Moins on a d'ambition, moins on a de soucis, *quò quis minùs habet ambitionis, eò minùs curarum habet.*

PLUS et MOINS mis en opposition.

Quand *plus* et *moins* sont mis en opposition dans la même phrase, cette opposition est marquée par *quò,* *eò.*

EXEMPLE. Moins Caton recherchait la gloire, plus il en obtenait, *quò minùs Cato gloriam appetebat, eò magis assequebatur.*

ASSEZ POUR, ASSEZ PEU POUR.

Assez pour suivi d'un infinitif équivaut à *tant… que, si… que.*

EXEMPLES. Avez-vous assez de loisir pour lire même des fables? *tournez :* avez-vous tant de loisir, que vous lisiez…, *est ne tibi tantùm otii, ut etiam fabulas legas?*

Je ne suis pas assez insolent pour me croire roi, *tournez :* si insolent, que je me croie…, *non sum tàm insolens, ut regem esse me putem.*

Il n'est pas assez estimé pour que je me fie à lui, *tournez :* si estimé, que je me fie…, *non tanti fit, ut ei confidam.*

Assez peu pour équivaut à *si peu que.*

EXEMPLE. J'ai assez peu d'ambition pour mépriser les honneurs, *tournez :* j'ai si peu d'ambition, que je méprise..., *inest in me tàm parùm ambitionis, ut honores despiciam.*

TROP POUR.

Trop pour se tourne par *plus qu'il ne faut pour,* mais on ne traduit pas le verbe *falloir.*

EXEMPLES. Il a avalé trop de poison pour recouvrer la santé, *plùs veneni hausit, quàm ut sanitati restituatur (quàm oportet ut).* On peut dire aussi, *quàm qui sanitati restituatur.*

Il a commis trop de crimes pour que les juges aient pitié de lui, *plura admisit scelera, quàm ut illius judices misereat.* On peut dire aussi, *quàm cujus judices misereat.*

Je suis trop élevé pour que la fortune puisse me nuire, *major sum, quàm ut fortuna mihi nocere possit* (ou *quàm cui*).

Je vous estime trop pour vous blâmer, *pluris te facio, quàm ut te vituperem.*

TROP PEU POUR, NE PAS ASSEZ POUR.

Trop peu pour, ne pas assez pour se tournent par *moins qu'il ne faut pour.*

EXEMPLES. Il a trop peu d'esprit pour conduire cette affaire, *tournez :* il a moins d'esprit qu'il ne faut, *minùs habet ingenii, quàm ut rem gerat* (*oportet* est sous-entendu).

Il avait trop peu de soldats pour vaincre, *pauciores habebat milites quàm ut vinceret.*

Il était trop peu estimé pour..., *minoris œstimabatur quàm ut...*

LE PLUS, LE MOINS QUE JE POURRAI, QU'IL EST POSSIBLE.

Le plus que je pourrai, le plus qu'il est possible, etc., s'expriment en mettant *quàm* devant le superlatif ; le verbe *possum* est quelquefois sous-entendu.

EXEMPLE. Soyez le plus indulgent que vous pourrez, *esto quàm facillimus* (sous-entendu *poteris*).

Le moins s'exprime par *quàm minimè* ou *quàm minimus, minima, minimum*.

EXEMPLES. Soyez le moins indulgent que vous pourrez, *esto quàm minimè facilis* (sous-entendu *poteris*).

Il nuit aux autres le moins qu'il peut, *quàm minimè potest, aliis nocet*.

Mettez le moins de retard que vous pourrez, *quàm minimam poteris moram interpone*.

Autres exemples.

Il a employé le plus de diligence qu il a pu, *adhibuit quàm plurimùm potuit diligentiæ* ou *quàm plurimam potuit diligentiam*.

Il a employé le moins de diligence qu'il a pu, *adhibuit quàm minimùm potuit diligentiæ* ou *quàm minimam potuit diligentiam*.

Il a lu le plus de livres qu'il a pu, *quàm plurimos potuit libros legit*.

Il a lu le moins de livres qu'il a pu, *quàm paucissimos potuit libros legit*.

Je viendrai par la route la plus courte que je pourrai, *veniam quàm brevissimo itinere potero*.

ÊTRE HOMME A..., FEMME A..., *tournez :* ÊTRE CELUI,
CELLE QUI...

RÈGLE. *N'être pas homme à..., femme à..., capable de...,* se tourne par *n'être pas celui, celle qui*, et s'exprime par *non is... qui, non ea quæ*, avec le subjonctif; le second verbe est toujours à la même personne que le premier.

EXEMPLES. Je ne suis pas homme à reculer, *non is sum qui pedem referam*.

Votre mère n'est pas femme à élever mal ses enfants, *non ea est tua mater, quæ liberos suos malè instituat*.

Si *être* ou *n'être pas capable* a pour sujet un nom de chose, on l'exprime par *posse, possum*.

EXEMPLE. Tous les trésors du monde ne sont pas capables de satisfaire son avarice, *thesauri quilibet illius avaritiam satiare non possunt.*

AUTANT QU'HOMME DU MONDE, QUE CHOSE DU MONDE, ETC.

Les locutions *autant qu'homme du monde, que chose du monde* se traduisent ainsi en latin :

Qu'homme du monde,	
Que qui que ce soit,	*quàm qui maximè.*
Que personne,	
Que chose du monde,	*quàm quod maximè.*
Que quoi que ce soit,	
Que jamais,	*quàm quùm maximè.*
Qu'en aucun lieu du monde,	*quàm ubi maximè.*

EXEMPLES. I. — Il est aussi prudent qu'homme du monde, *tournez :* que celui qui l'est le plus, *tàm prudens est quàm qui maximè* (sous-entendu *est prudens*).

II. — Cela m'est aussi agréable que quoi que ce soit, *tournez :* que ce qui me l'est le plus, *id mihi tàm gratum est quàm quod maximè* (sous-entendu *gratum est*)..

III. — Il est aussi paresseux que jamais, *tournez :* que lorsqu'il l'est le plus, *tàm piger est quàm quùm maximè* (sous-entendu *piger est*).

REMARQUE. On emploie *tàm* parce qu'il se rapporte à l'adjectif *piger. Tantùm piger* serait une faute.

IV. — La vieillesse était aussi honorée à Lacédémone qu'en aucun lieu du monde, *senectus tantùm honorabatur Lacædemone quantùm ubi maximè* (sous-entendu *honorabatur*).

V. — Avec un verbe de prix ou d'estime, on se sert de *tanti, quanti* et de *plurimi* au lieu de *maximè.*

EXEMPLES. Il est autant estimé que qui que ce soit, *tanti fit quanti qui plurimi* (sous-entendu *fit*).

Caton l'Ancien était aussi estimé que personne,

Cato Major tanti fiebat, quanti qui plurimi (sous-entendu *fiebat*).

DEVOIR *suivi d'un infinitif.*

Quand *devoir* est suivi d'un infinitif et qu'il exprime l'idée du futur, on emploie le participe en *rus, ra, rum* avec le verbe *esse*.

EXEMPLES. Je dois partir, *profecturus sum;* je devais partir, *profecturus eram.*

Quand le verbe *devoir* marque obligation, on emploie le participe en *dus, da, dum.*

EXEMPLES. Nous devons respecter nos parents, *nobis parentes verendi sunt.*

On doit garder la foi, même à un ennemi, *etiàm hosti fides est servanda.*

IL FAUT *suivi d'un infinitif.*

On se sert souvent du participe en *dus, da, dum* pour traduire le verbe *falloir,* suivi d'un infinitif.

EXEMPLE. Il faut réprimer ses passions, *tournez :* les passions doivent être réprimées, *comprimendæ sunt libidines.*

Exprimez de même par le participe en *dus, da, dum, avoir besoin* suivi d'un infinitif.

EXEMPLE. Il a besoin d'être excité au travail, *is ad laborem est incitandus.*

Serviendum est Deo.

Si le verbe qui suit *devoir, il faut,* ne gouverne pas l'accusatif, servez-vous du participe neutre en *dum,* avec *est,* et mettez au cas du verbe le nom ou le pronom suivant.

EXEMPLE. Il faut servir Dieu, *serviendum est Deo* (Le verbe *servire* gouverne le datif.)

On peut aussi employer *debere, oportet : oportet Deo servire.*

TANT S'EN FAUT *suivi de deux* QUE..., ÊTRE SI ÉLOIGNÉ DE.

Tant s'en faut s'exprime par *tantùm abest,* et les deux *que* suivants par *ut* avec le subjonctif.

EXEMPLE. Tant s'en faut qu'il vous haïsse, qu'au contraire il vous aime, *tantùm abest ut te oderit, ut contrà te amet.*

On peut exprimer *tant s'en faut que* par *adeò non*, et le second *que* par *ut : adeò non te odit, ut contrà te amet*, littéralement : il vous hait si peu qu'au contraire il vous aime.

On peut encore tourner *tant s'en faut que* par *bien loin de*, et l'exprimer de même : *te amat nedùm oderit*, littéralement : il vous aime, bien loin de vous haïr.

PEU S'EN FAUT, IL NE TIENT A RIEN QUE, PENSER, FAILLIR, MANQUER.

Les locutions françaises *peu s'en faut, il ne tient à rien que, penser, faillir, manquer,* ont une même signification. Les exemples suivants nous apprendront à traduire ces locutions.

EXEMPLES. Peu s'en fallut qu'il ne fût tué, *haud multùm abfuit quin occideretur.*

Il ne tint à rien qu'ils ne sortissent contre l'ordre du préteur, *propè factum est ut injussu prœtoris exirent.*

Il a failli tomber, *penè cecidit* (il est presque tombé).

Il a failli mourir, *tantùm non mortuus est* (seulement il n'est pas mort).

IL S'EN FAUT BEAUCOUP QUE..., ÊTRE BIEN ÉLOIGNÉ DE...

Il s'en faut beaucoup s'exprime par *multùm abest....*, *combien s'en faut-il* par *quantùm abest ;* et le *que* suivant par *ut*, avec le subjonctif.

EXEMPLE. Il s'en faut beaucoup que vous surpassiez vos condisciples, *multùm abest ut tuos superes condiscipulos.*

FAUT-IL QUE ! SE PEUT-IL QUE !

Ces façons de parler *faut-il que ! se peut-il que !* mises par exclamation, ne s'expriment pas ; on met le nom ou pronom à l'accusatif et le verbe suivant à l'infinitif.

EXEMPLES. Faut-il que je sois si malheureux! *mene ità miserum esse* (sous-entendu *oportet*)!

Se peut-il que les hommes changent si souvent de sentiment! *adeòne hominibus immutari sæpe sententiam!* c'est-à-dire *potestne fieri sententiam*, etc.

REMARQUE. *Ne* se place après le premier mot de la phrase.

FAIRE *suivi d'un infinitif français.*

Quand le verbe *faire* signifie *faire en sorte*, on l'exprime par *facere* ou *dare operam ut*, avec le subjonctif.

EXEMPLE. Faites-moi savoir, *tournez :* faites en sorte que je sache, *fac ut sciam.*

Faire connaître, quand il a pour sujet un nom de chose, se tourne de la manière suivante :

Votre lettre m'a fait connaître, *tournez :* j'ai connu par votre lettre, *ex litteris tuis cognovi.*

Quand *faire* signifie *contraindre*, *commander*, on l'exprime par *cogere*, *jubere.*

EXEMPLES. Vous me faites mourir, c'est-à-dire vous me contraignez de mourir, *mori me cogis.*

Il le fit tuer, c'est-à-dire il ordonna lui être tué, *jussit eum occidi.*

Quand *faire* signifie *engager*, on l'exprime par *impellere.*

EXEMPLE. Cela m'a fait croire, c'est-à-dire cela m'a engagé à croire, *id me impulit ut crederem.*

Autres manières de rendre le verbe FAIRE.

Nul danger ne put lui faire trahir sa patrie, *nullo periculo adduci potuit ut patriam proderet.*

C'est moi qui ai fait bâtir cette maison, *ego illam domum ædificandam curavi.*

Cela nous fait craindre que, *ex hoc metuimus ne.*

Se faire donner quelque chose par force, *aliquid vi extorquere.*

Faire sa paix avec quelqu'un, *in gratiam redire cum aliquo.*

Faire espérer à quelqu'un que..., *aliquem in spem adducere* (avec la proposition infinitive).

Faire concevoir une bonne opinion de soi, *bonam sui* ou *de se spem concitare.*

Se faire une gloire de équivaut à regarder une chose comme glorieuse, *honestum ducere.*

Se faire admirer de tout le monde, *omnium admirationem movere.*

Faire rire quelqu'un, *risum alicui movere.*

Faire le malade, c'est-à-dire feindre une maladie, *morbum simulare.*

Ne faire que de... se tourne par *tout à l'heure*, et s'exprime par *modò*.

EXEMPLE. Il ne fait que d'arriver, *tournez :* il est arrivé tout à l'heure, *modò advenit.*

Ne faire que... se tourne par *toujours*, et s'exprime par *semper.*

EXEMPLE. Il ne fait que badiner, *tournez :* il badine toujours, *semper nugatur.*

Les autres significations du verbe *faire* se trouvent dans le dictionnaire.

VENIR DE... devant un infinitif français.

Venir de..., devant un infinitif, se tourne par *tout à l'heure, modò.*

EXEMPLE. Il vient de partir, *tournez :* il est parti tout à l'heure, *modò profectus est.*

VENIR A..., N'ALLEZ PAS.

Venir à..., n'allez pas..., devant un infinitif, ne s'expriment pas en latin.

EXEMPLES. S'il vient à savoir cela, *tournez :* s'il sait cela, *id si rescierit.*

N'allez pas vous imaginer, *tournez :* ne vous imaginez pas, *ne existimes* ou *noli existimare.*

ÊTRE PRÈS ou SUR LE POINT DE...

Être près de, au moment de, à la veille de, sur le

point de..., devant un infinitif, se tournent par *bientôt*, et le verbe suivant se met au participe futur en *rus*, *ra*, *rum*.

EXEMPLE. Il était sur le point de partir, *mox profecturus erat*.

La locution latine *in eo ut* sert encore à rendre ces diverses locutions.

EXEMPLE. Miltiade était sur le point de prendre la ville, *Miltiades jam in eo erat ut oppido potiretur*.

ALLER *suivi d'un infinitif.*

Lorsque le verbe *aller* exprime l'idée d'un futur prochain, on le tourne par *bientôt*, et on met le verbe suivant au futur en *rus*, *ra*, *rum*.

EXEMPLE. Mon père va venir, *meus pater venturus est*.

NE MANQUER PAS DE...

Ne manquer pas de..., devant un infinitif, se tourne par certainement, *profectò*.

EXEMPLE. Je ne manquerai pas de lui écrire, *tournez : je lui écrirai certainement, ad illum profectò scribam*.

Mais quand on commande quelque chose, *ne manquez pas*, se tourne par *souvenez-vous*, *memento*, au pluriel, *mementote*.

EXEMPLE. Ne manquez pas de l'avertir, *memento ut illum moneas*.

LAISSER *devant un infinitif.*

Laisser, devant un infinitif, se tourne par *permettre que*, et s'exprime par *sinere*.

EXEMPLE. Vos chants ne me laissent pas dormir, *cantus tui non sinunt me dormire*.

Ne pas laisser de, devant un infinitif, se tourne par *cependant*, *tamen*.

EXEMPLE. Quoique je vous attende vous-même, ne laissez pas de donner une lettre, *quanquàm te ipsum exspecto, da tamen epistolam*.

S'OCCUPER À..., SE METTRE A..., SE MÊLER DE...

Les verbes *s'occuper à*, *se mêler de*, devant un infinitif, ne s'expriment pas en latin.

EXEMPLE. Il s'occupe à lire, *tournez :* il lit, *legit.*

Se mettre à..., devant un infinitif, s'exprime en latin par *cœpisse, cœpi.*

EXEMPLE. Il se mit à pleurer, *flere cœpit.*

AVOIR LA FORCE DE..., LA HARDIESSE DE...

Avoir la force de..., devant un infinitif, s'exprime par *sustinere, audere*, avec l'infinitif latin.

EXEMPLE. Avez-vous bien eu la force de nier cela ? *sustinuisti, ausus es id negare ?*

NE SERVIR QU'A...

Ne servir qu'à..., devant un infinitif, ne s'exprime pas en latin.

EXEMPLE. Cela ne sert qu'à aigrir ma douleur, *tournez :* cela aigrit, *hoc dolorem meum exulcerat.*

SAVOIR *devant un infinitif français.*

Savoir, devant un infinitif, ne s'exprime pas en latin.

EXEMPLE. Il sut profiter de cette occasion, *tournez :* il profita de..., *eâ occasione usus est.*

IL ME TARDE DE..., JE SUIS DANS L'IMPATIENCE DE...

Il tarde de..., *être dans l'impatience de...*, s'expriment par *nihil longius est quàm...*, avec l infinitif, ou *quàm ut...*, avec le subjonctif

EXEMPLE. Il me tarde de vous voir, *nihil mihi longius est, quàm ut te videam.*

IL NE TIENT QU'A...

Il ne tient qu'à moi, qu'à vous, qu'à lui, que cela ne se fasse, *per me, per te, per hunc unum stat quominùs id fiat.*

AVOIR BEAU...

Avoir beau..., devant un infinitif, se tourne par *en vain, frustrà,* ou par *quoique, quamvis.*

EXEMPLE. Vous avez beau crier, *tournez :* vous criez en vain, *frustrà vociferaris ;* ou, quoique vous criiez, *quamvis vociferere.*

AVOIR DE LA PEINE A...

Avoir de la peine à..., devant un infinitif, se tourne par *difficilement.*

EXEMPLE. Il a eu de la peine à obtenir cela, *tournez :* il a obtenu cela difficilement, *ægrè id impetravit.*

N'avoir pas de peine à... se tourne par *facilement.*

A FORCE DE...

Les exemples suivants vont nous apprendre à traduire la locution française *à force de.*

EXEMPLES. A force de travailler, il est devenu savant, *multo labore* ou *multùm laborando doctus evasit ;* obtenir une chose à force de prières, *multis precibus rem impetrare ;* à force de lire, *assiduâ lectione.*

POUR NE PAS DIRE.

Pour ne pas dire s'exprime par *ne dicam,* et le nom ou l'adjectif suivant se met au même cas que celui qui précède, quand on renvoie le premier verbe à la fin.

EXEMPLE. Vous êtes un enfant, pour ne pas dire un badin, *tu puer, ne dicam nugator, es.*

AVOIR LE BONHEUR DE..., AVOIR LE MALHEUR DE...

Avoir le bonheur de... s'exprime par *contingere ut... ;* le malheur de..., par *accidere ut.*

EXEMPLES. J'ai eu le bonheur de voir le roi, *mihi contigit ut regem viderem.*

J'ai eu le malheur d'être vaincu, *mihi accidit ut vincerer.*

AVOIR LIEU, SUJET *ou* RAISON.

Avoir lieu, *sujet* ou *raison*, se tourne par le verbe *être*, et l'infinitif suivant se met au gérondif en *di*.

EXEMPLE. Vous n'avez pas lieu de craindre, c'est-à-dire lieu n'est pas à vous de craindre, *tibi non est timendi locus.*

REMARQUE. On peut encore exprimer *de* par *quòd* ou *cur* avec le subjonctif ; *non est quòd timeas.*

VOUS NE SAURIEZ CROIRE.

Souvent l'imparfait du subjonctif, au commencement d'une phrase, se met en latin au présent du subjonctif, surtout avec *volo*, *nolo*, *malo*, *audeo* et *possum*.

EXEMPLES. Vous ne sauriez croire, *vix credas* ou *vix credideris.*

Vous le prendriez pour un homme sage, *eum sapere putes.*

MALGRÉ.

Malgré, devant un nom de personne, s'exprime par *invitus*, *a*, *um*, que l'on fait accorder avec ce nom.

EXEMPLES. Il a fait cela malgré lui, *id invitus fecit.*
Je l'ai renvoyé malgré lui, *illum invitum dimisi.*
J'ai fait cela malgré lui, *id illo invito feci.*

Malgré, devant un nom de chose, se tourne par *quoique* avec un verbe.

EXEMPLE. Il le tua, malgré ses cris redoublés, *tournez :* quoiqu'il criât beaucoup, *illum quamvis clamitaret, interfecit.*

AU HAUT DE..., AU MILIEU DE..., AU BAS DE...

Le haut, le sommet d'un arbre, d'un rocher, d'une montagne, *summa arbor*, *summa rupes*, *summus mons ;* au haut de l'arbre, *in summâ arbore.*

Le milieu d'un arbre, d'un rocher, d'une montagne, *media arbor*, *media rupes*, *medius mons ;* au milieu du marché, *in medio foro.*

Le bas d'un arbre, d'une montagne, *ima arbor, imus mons;* le pied d'un chêne, *ima quercus.*

Le bout des doigts, *extremi digiti;* la fin de l'année, *extremus annus.*

Le fond de la mer, *imum mare;* au commencement du printemps, *primo vere.*

Comment se fait-il que...? *quid est cur...* avec le subjonctif.

L'opinion publique, *vulgi judicium.*

L'année dernière, *anno superiore.*

Je me trouvais absent, *forté aberam* (j'étais absent par hasard).

Il se trouve heureux, *sibi videtur felix.*

Je vous trouve fort à plaindre, *te habeo miserrimum* (je vous regarde comme).

On ne saurait doutér, *nemo dubitaverit.*

On a raison de dire, *jure dicitur* (il est dit avec raison).

Je suis sensible à vos maux, *tuis malis moveor.*

Je ne suis pas d'humeur à souffrir vos désordres, *non is sum qui nequitiam tuam tolerem.*

Laissez vivre chacun à sa guise, *sine suo more quemque vivere.*

Laissez-moi reposer, *sine ut quiescam.*

Je ne saurais vous approuver en tout, *te ex omni parte probare non possum.*

Il s'agit de nos intérêts, *res nostra agitur.*

Il y va de votre honneur, *in eo tua fama versatur.*

Il se met peu en peine d'être loué ou blâmé, *parùm curat utrùm laudetur an vituperetur.*

Je me mets peu en peine que vous m'écoutiez ou non, *parùm curo utrùm me audias nec ne.*

Il ne tient pas à moi que vous ne soyez heureux, *per me non stat quin sis beatus.*

A quoi tient-il que vous ne soyez heureux? *quid obstat quin sis beatus?*

J'ai pris la liberté de vous écrire, *hoc mihi sumpsi ut ad te scriberem.*

On parla d'Annibal, *mentio facta est de Annibale.*

Toute peine mérite salaire, *sua cuique operæ merces debetur.* (Ici *toute* signifie *chaque.*)

Tout écrivain aime la gloire, *quilibet scriptor gloriâ delectatur.* (Ici *tout* signifie *quel qu'il soit.*)

Il a eu soin de me faire tenir la lettre, *litteras ad me perferendas curavit.* (Après *curare*, on met élégamment le participe en *dus, da, dum.*)

Je me garderai bien de vous quitter, *non committam ut à te discedam.* (Après *se garder bien de, n'avoir garde de*, on exprime *de* par *ut* avec le subjonctif.)

Ce qui me console, c'est que j'ai un ami, *illud me solatur quòd amicum habeo.*

Cela ne sert qu'à aigrir ma douleur, *hoc dolorem meum exulcerat* (cela aigrit).

Plus de cinquante soldats furent tués, *plus* ou *amplius quinquaginta milites cæsi sunt.* (Suppléez *quàm.*)

S'il est d'un lâche de fuir le danger, il est d'un homme courageux dé le braver, *ut est ignavi periculum fugere, ita viri fortis illud contemnere.*

Il faut être insensé pour parler ainsi, *insipiens est qui sic loquitur.*

Voyez-vous, mes amis, *quelle* heureuse traversée nous donnent les dieux? *videtis ne, amici, quàm bona navigatio nobis detur à diis?* (*Quel*, devant un adjectif, se tourne par *combien.*)

Il eût été juste d'agir ainsi, *æquum erat sic agere*; il serait trop long de dire, *longum est dicere*; je pourrais citer d'autres faits, *possum alia narrare* (Dans ces exemples, l'indicatif latin est pris dans le sens de notre conditionnel.)

Louis XIV était petit-fils de Henri IV, *Ludovicus quartus decimus erat nepos Henrici quarti.* (Pour désigner l'ordre des souverains d'une dynastie, le nombre cardinal se traduit par le nombre ordinal.)

Si j'agis ainsi c'est que..., *ita ago quia* avec l'indicatif.

10.

A tout prix, *quoquo modo*. *Quoquo* vient de *quis-quis*.

Tous les cinq ans, *quinto quoque anno* (chaque cinquième année). *Quoque* vient de *quisque*.

J'ai entendu dire à nos anciens, *audivi ex* ou *à majoribus natu*.

Rendre service à quelqu'un, *bene mereri de aliquo*.

Je ne tarderai pas à revenir, *mox revertar*.

Il finit par accorder cela, *hoc tandem concessit*.

Il commença par me blâmer, *me primum vituperavit*.

Il ne fait que parler de cela, *illud semper in ore habet*.

Vous n'avez pas mis de date à votre lettre, *in tuâ epistolâ diem non adscripsisti*.

Ce philosophe disait qu'il lui importait peu, *hic philosophus dicebat suâ parvi refere* (*suâ* tient lieu du génitif *sui*).

Il importe à moi qui enseigne, *refert meâ qui doceo* (*meâ* tient lieu du génitif *mei*).

Au plus fort du combat, *mediâ in mole pugnæ*.

Être l'ami intime de quelqu'un, *uti familiariter aliquo*.

Les maîtres ont pour but de, *id magistris propositum est ut*.

Il est à propos de, cela vaut la peine de, *operæ pretium est* avec l'infinitif.

A l'école de la pauvreté, *paupertate magistrâ*.

Aussitôt après le souper, *statim à cœnâ*.

FIGURES DE SYNTAXE.

Les principales figures de syntaxe sont : l'ellipse, l'inversion, le pléonasme et la syllepse.

L'*ellipse* est le retranchement d'un ou de plusieurs mots ; cette figure donne de la rapidité au discours.

Pour que l'ellipse ne soit pas défectueuse, il faut qu'on puisse suppléer facilement les mots sous-entendus.

ELLIPSE DU VERBE *sum.*

Le verbe *sum* est souvent sous-entendu.

EXEMPLE. *Initium sapientiæ timor Domini* (sous-entendu *est*), la crainte du Seigneur est le commencement de la sagesse.

ELLIPSE DES MOTS *homo* ET *negotium.*

Quand on trouve dans une phrase un adjectif sans aucun nom auquel il appartienne, et que cet adjectif est du masculin, on peut toujours sous-entendre le mot *homo.*

EXEMPLE. *Vindictæ cupidus malum sibi accersit* (sous-entendu *homo*), l'homme avide de vengeance attire à lui le malheur.

Si cet adjectif est au neutre, on sous-entend ordinairement *negotium.*

EXEMPLES. *Triste lupus stabulis* (sous-entendu *negotium*), le loup, chose fâcheuse pour les bergeries.

Perficere inventa non est inglorium, perfectionner les choses inventées, n'est pas une chose sans gloire. Il y a deux ellipses dans cette phrase : *negotia inventa, negotium inglorium.*

ELLIPSE DU MOT *homines.*

On sous-entend ordinairement *homines* avec les adjectifs *nonnulli*, quelques-uns ; *pauci*, peu ; *multi*, beaucoup ; *plerique*, la plupart ; *omnes*, tous ; *cæteri*, les autres.

ELLIPSE DE L'ADJECTIF POSSESSIF.

Les adjectifs possessifs *meus*, *tuus*, *suus*, *noster*, *vester*, sont assez souvent sous-entendus.

EXEMPLE. Il passe son temps à lire, *consumit tempus legendo* (sous-entendu *suum*).

ELLIPSE DU MOT *quàm*.

On sous-entend quelquefois le mot *quàm* avec les adverbes *plus* et *minus*.

EXEMPLE. Il périt plus de 600 hommes, *plus sexcenti perierunt* (sous-entendu *quàm*).

ELLIPSE DES MOTS *centena millia*.

Depuis un million et au-dessus, les Latins comptent par les adverbes de nombre *decies*, *vicies*, etc., et il faut sous-entendre *centena millia*.

EXEMPLE. Un million de sesterces, *decies sertertiûm*, c'est-à-dire *decies centena millia sestertiûm*, dix fois cent mille sesterces.

Vicies sestertiûm (sous-entendu *centena millia*), deux millions de sesterces.

La langue latine renferme beaucoup d'autres ellipses que l'usage apprendra.

DE L'INVERSION.

L'inversion est le changement de l'ordre grammatical. On emploie l'inversion pour présenter telle idée avant telle autre, pour exprimer la cause avant l'effet.

Il y a plusieurs sortes d'inversions : l'inversion du verbe, celle des compléments direct et indirect, celle des compléments circonstanciels, etc.

Le verbe se place souvent à la fin de la proposition.

EXEMPLES. *Plinius Trajanum laudat quòd et amicos diligat, et ipse diligatur*, Pline loue Trajan de ce qu'il aime ses amis, et de ce qu'il en est aimé.

Les compléments se placent avant les mots dont ils dépendent.

EXEMPLES. *Virtutis amor nobis est innatus*, l'amour de la vertu nous est naturel.

Litteras à patre meo accepi, j'ai reçu une lettre de mon père.

L'adjectif se place avant le substantif.

EXEMPLE. *Hominum est infinita multitudo*, il y a une multitude infinie d'hommes.

Le *pléonasme* emploie des mots surabondants pour donner de la force à la pensée.

La *syllepse* règle l'accord d'après l'idée comprise dans le mot. C'est par syllepse qu'on dit : *Magna multitudo convenerant. Multitudo* est du singulier, mais l'idée de *multitude* exprime le pluriel.

MOTS FRANÇAIS TIRÉS DU LATIN.

Un grand nombre de mots français viennent du latin. *Enfance* prend un *a*, *expérience* prend un *e*, à cause des mots latins *infantia*, *experientia*. On écrit *vendre* avec un *e*, *nation* avec un *t*, à cause des mots *vendere* et *natio*. — Pourquoi *occasion* avec deux *c*, *attention* avec deux *t* dans la première syllabe? C'est qu'il y a deux *c* dans *occasio*, deux *t* dans *attentio*. Les mots latins *immensus*, *regnum*, *diligentia*, *hereditas*, nous expliquent l'orthographe des mots français *immense*, *règne*, *diligence*, *hérédité*.

REMARQUE. On appelle *étymologie*, l'origine d'un mot, la source dont il découle véritablement ou dont on le fait découler. De là de véritables et de fausses étymologies.

ORDRE DES MOTS DANS LA PROPOSITION.

Les Latins ne rangent pas les mots dans le même ordre que nous. En français, le sujet se présente le premier ; le verbe et l'attribut viennent ensuite. Nos compléments suivent immédiatement les mots dont ils dépendent.

Dans la langue latine, les noms et les adjectifs ont des cas ; les verbes ont des terminaisons variées. Cela permet de placer les mots dans un autre ordre qu'en français, sans qu'il en résulte la moindre obscurité.

Cet emploi fréquent de l'inversion ne produit aucune obscurité. Dans l'exemple *litteras à patre meo accepi*, la phrase latine commence par le complément direct *litteras*, mais la terminaison *as* indique que le mot est à l'accusatif et qu'il n'est pas sujet.

ORDRE DES PROPOSITIONS DANS LA PHRASE.

Les propositions suivent l'ordre dans lequel les faits se sont passés; il ne faut intervertir cet ordre ni dans les thèmes, ni dans les versions.

EXEMPLE. *Urbem captam hostis diripuit*, l'ennemi prit la ville et la pilla. Je ne traduirai pas : l'ennemi pilla la ville qu'il avait prise.

DE LA CONSTRUCTION.

Pour comprendre une phrase latine, il faut en faire la construction, c'est-à-dire ranger les mots dans le même ordre que nous les rangeons.

On cherchera d'abord le sujet et les mots qui en dépendent; les compléments viendront se placer après les mots qu'ils déterminent. Lorsqu'il y aura plusieurs compléments, le plus court sera placé le premier.

Construisez l'adjectif relatif immédiatement après le nom ou le pronom qui lui sert d'antécédent.

EXEMPLE. *Idem hic agellus liberos meos alet, qui me hactenùs aluit*, construction : *hic idem agellus qui aluit me hactenùs, alet meos liberos*, ce même petit champ qui m'a nourri jusqu'ici, nourrira mes enfants.

La proposition principale est au mode indicatif sans conjonction. Le subjonctif et l'infinitif indiquent une proposition subordonnée.

FIN.

I

L

M

N

FIN DE LA TABLE DES MATIÈRES.

PARIS.— IMPRIMÉ PAR E. THUNOT ET Cᵉ,
Rue Racine, 26, près de l'Odéon.